KB125145

인사부서 · 자영업 · 직장인 · 수험생을 위한

노무 빅데이터

인사부서·자영업·직장인·수험생을 위한

노무 빅데이터

펴낸날 | 2019년 4월 17일 초판 1쇄
지은이 | 홍덕천 노무사(HRC노무법인 · HRC컨설팅(주) 대표)

펴낸이 | 정재형
펴낸곳 | 엠아이 북스
디자인 | 김신정
도운이 | 유지숙 · 문서윤 · 김효숙 · 홍민지 · 홍성표
제 작 | 엠아이컴

출판등록 | 2009년 5월 8일(제301-2009-096호)
주소 | 서울시 중구 서소문로38 127호(중림동, 센트럴타워)
전화 및 팩스 | T 02)2128-0353, F 02)2128-0352
E-mail | micom114@naver.com

값 28,000원
※파본이나 잘못된 책은 바꾸어 드립니다.

ISBN : 978-89-968636-2-5

인사부서 · 자영업 · 직장인 · 수험생을 위한

노무
빅데이터

엠아이 북스

머리말

이 책은 제목 그대로 현장에서 발생빈도가 높은 것들만 모았다. 필자의 인사노무업무 경험과 자문에 근거하여 추려낸 중요한 주제들이다. 직장생활과 일상생활에서 발생하는 노무의 빅데이터라 자부한다. 필자의 인사팀 실무 15년여, 노무사 현장경험 15년여를 통해 쌓아온 노하우다.

노무의 실력을 급속도로 늘려주는 비결이 있다면 많은 사안들을 직접 또는 간접 경험하는 것이다. 그러나 직접경험을 하기에는 그 깊이와 범위가 한정돼 있고 간접경험하기에는 범위가 너무 넓다. 무엇이 중요하고 지엽적인지 구분하기 어렵다.

수많은 사례 중에서 독자들(인사부서 · 자영업 · 직장인 · 수험생 등)의 노무지식과 실무능력을 크게 높일 수 있을 것으로 확신한다. 2019 개정노동법도 반영하였다.

오늘의 필자가 있기까지 감사를 드려야 할 분들을 여기에 적는다면 이 책 한권으로도 부족할 것 같다. 필자를 믿고 길게는 개업할 때부터 짧게는 몇 년전부터 지속하여 은혜를 베풀어주시는 회원사의 대표님들과 경영진분들, 실무진분들께 진심으로 감사드린다.

이 책을 더욱 빛나게 해 주신 엠아이 북스의 정재형 대표님께도 감사드리며, 책이 완성될 때까지 조언과 노고를 아껴주지 않은 유지숙노무사님, 문서윤 노무사님, 아내 효숙씨와 민지, 성표에게도 감사를 표한다.

2019년 4월

HRC노무법인 · HRC컨설팅(주) 여의도 사무실에서

목차

제1장

연차유급휴가

월요일 출근하는데 이 팀장 핸드폰으로 전화가 걸려온다. 김 대리다. 무슨 얘기를 할지 감이 온다.

김 대리 팀장님 저 오늘 연차쓰면 안될까요?
이 팀장 연차휴가는 회사규정에 3일 전에 신청하고 허락받게 되 있는 거 몰라?
김 대리 갑자기 열이나고 기침이 심해서요.
이 팀장 그래도 연차휴가는 허락할 수 없네.
김 대리 연차휴가는 원래 근로자가 원하는 시기에 쓸 수 있는거 아닌가요? 근로기준법에도 그렇게 나와 있고요.
이 팀장 오늘이 결산마감이라 다른 날 쓰길 바라네. 오늘이 결산마감일이 아니라서 바쁘지 않다 해도 규정상 당일 아침에 요청하는 연차휴가는 허락할 수 없네. 자네는 상습적으로 당일 아침에 연차휴가를 청구하닌 결근으로 처리하겠네. 내일 진단서를 떼오면 그걸 보고 연차휴가로 할지말지를 결정하겠네.

종종 있는 일이다. 갑작스런 질병이나 사고 시에는 당일 아침에 휴가를 신청하는 것이 불가피할 것이다. 그러나 사적인 음주나 여행 등 타당한 사유 없이 당일 아침에 연차청구를 하여 업무에 차질을 주는 것은 허용될 수 없다. 3일전, 5일전 신청해야 한다는 규정이 없더라도 그렇다. 직장인들은 이를 잘 유념하여 대처해야겠다.

❶ 1년 미만자의 연차휴가

한 달 만근시마다 1개가 발생한다. 11개월 만근할 때 11개가 발생하고 12개월 채울 때(만1년 될 때) 15개로 뛴다. **12, 13, 14개는 법률상 · 이론상 존재하지 않는다.** 11개를 다 쓰고 만1년을 맞이하더라도 15개를 온전히 부여해야 한다. 만1년 되면 토털 26개로 만2년 될 때까지 사용하게 하여야 한다. 2017.5.29.까지의 입사자는 11개를 다 쓰고 만1년을 맞이할 때 4개만 주면 되었다. 15개에서 1년 미만 때 쓴 개수를 차감할 수 있었기 때문이다. 2017.5.30.부터의 입사자는 차감할 수 없다.

　1년 미만 때 퇴직하는데 휴가를 사용한 적이 없다면 만근 월만큼의 연차휴가개수를 수당으로 지급하여야 한다. 만근월수는 입사일과 퇴사일로 따진다. 1/15일 입사해서 6/14일 퇴직하면 5이므로 5개고 6/13일 퇴사하면 만6개월이 안되므로 4개다.

　　근로기준법 제60조(연차유급휴가) 제2항
　「사용자는 계속하여 근로한 기간이 1년 미만인 근로자 또는 1년간 80퍼센트 미만 출근한 근로자에게 1개월 개근 시 1일의 유급휴가를 주어야 한다.」(위반 시 2년 이하 징역 또는 1천만원 이하 벌금, 양벌규정, 5인 미만 미 적용)

❷ 지각, 조퇴 합산시간이 월8시간인 경우 연차휴가 공제 여부

월 만근조건으로 월1개씩 발생하므로 결근이 있으면 그 달은 연차휴가가 발생하지 않는다. 허락받은 결근도 결근(유단결근)이다. 지각이나 조퇴가 많아서 그 시간들을 모아서 8시간 된다고 해서 결근으로 보면 안 된다. 노쇼만 결근이다. 지각, 조퇴 8시간분의 임금은 공제할 수 있다. 공제하는 대신 연차휴가 1개를 쓴 것으로 간주하려면 당사자와 합의가 있어야 한다. 돈 액수는 같겠지만 본질이 서로 다르기 때문이다. 월은 1일~말일로 보면 되고 중도퇴사시에는 입사일자부터 따지면 된다.

> 근기1455-8372, 1970.9.8.
> 「(주휴일이나 연차휴가 부여 시) 조퇴·지각·외출 등이 있다 해도 만근으로 해석한다.」

❸ 1년 미만자 연차휴가의 사용기한과 보상시점

연차휴가는 **발생시점으로부터 최소 1년간의 사용기한을 주어야 한다.** 2018.7.1.에 입사한 사람은 연말까지 5개의 연차휴가가 발생한다. 12월 만근한 것은 이듬해 1/1에 발생하기 때문에 5개다.

시기	발생한 휴가	사용기한	보상시기
2018.12.31.까지	5개		
2019.6.30.까지	6개	2020.6.30.	2020.7월 급여일 (26개 중 미사용한 휴가에 대해)
2019.7.1.에	15개(새로 발생)		
합	26개		

　　결국 미사용한 휴가를 연차휴가수당으로 받는 시점은 입사 후 25개월째의 월급날이다.
　　이상은 연차휴가를 입사일자기준으로 관리할 때다. 입사일자에 따라 개개인별로 발생시점과 보상시점이 다르게 된다.

④ 회계연도기준으로 관리할 때의 사용기한과 보상시점

개개인별로 관리하는 게 일이 많아지므로 회계연도기준으로 관리하는 방법도 많이 쓴다.

2018.7.1.에 입사한 사람의 예다.

제1파트

시기	발생한 휴가	사용기한	보상시기
2018.12.31.까지	5개(앞 표와 같다)	2019.12.31. (회계년도 말로 끊는다)	2020.1월 급여일 (12.5개 중 미사용한 휴가에 대해)
2019.1.1.에	7.5개(전년도 6개월 치 근무분에 대한 개수로서 15개의 절반)		
합	12.5개		

제2파트

시기	발생한 휴가	사용기한	보상시기
2019.1.1.~6.30	6개	2020.12.31. (회계년도 말로 끊는다)	2021.1월 급여일 (21개 중 미사용한 휴가에 대해)
2020.1.1.에	15개(새로 발생)		
합	26개		

이렇게 두 개의 파트로 구분하는 것이 원칙이다. 발생일로부터 최소 1년간의 사용기한을 주어야 하기 때문이다. 1년 미만자에 대한 연차휴가는 월1개씩 순차적으로 발생하므로 입사 후 만2년 이상 관리를 해주어야 하는 것은 불가피하다.

❺ 회계연도기준으로 관리할 때 가산휴가는 언제

연차휴가에 관한 한 올해 입사한 사람의 입사일자는 이듬해 1/1로 리셋 된다. 2018.7.1.에 입사한 사람의 연차휴가용 입사일자는 2019.1.1.이다. 만2년마다 1개씩 가산되므로 다음 표와 같다.

일자	발생하는 개수	비고
2019.1.1.	7.5개	
2020.1.1	15개	
2021.1.1	15개	이 때 16개가 아니다.
2022.1.1.	16개	입사일자가 2020.1.1.로 리셋되기 때문
2024.1.1.	17개	만2년 경과후 1개 할증

근로기준법 제60조(연차유급휴가) 제4항
「사용자는 3년 이상 계속하여 근로한 근로자에게는 제1항에 따른 휴가에 최초1년을 초과하는 계속근로연수 매2년에 대하여 1일을 가산한 유급휴가를 주어야 한다. 이 경우 가산휴가를 포함한 총 휴가일수는 25일을 한도로 한다.」(위반 시 2년 이하 징역 또는 1천만원 이하의 벌금, 양벌규정, 5인 미만 미 적용)

근로기준과-3836, 2004.7.27.
「2000.1.20.입사한 사람의 연차휴가가 16개가 되는 시점은 2003.1.1.이 아닌 2004.1.1.이다.」

❻ 회계연도기준의 개수가 입사일자기준의 개수보다 적은 경우

퇴직당시에 두 가지 기준의 개수가 일치하긴 어렵다. 거의 갭이 생긴다. 회계연도기준으로 관리하는 것은 입사일자기준에 대한 예외방식이다. **퇴직할 때는 그간 회계연도기준으로 지급한 개수가 입사일자기준 개수보다 적으면 채워주어야 한다.**

근로기준과-5802, 2009.12.31.
「연차휴가 산정기간을 노무관리의 편의를 위해 회계연도를 기준으로 전 근로자에 일률적으로 적용하더라도 근로자에게 불리하지 않아야 하므로 퇴직시점에서 총 휴가일수가 근로자의 입사일을 기준으로 산정한 휴가일수에 미달하는 경우에는 그 미달하는 일수에 대하여 연차유급휴가 미사용수당으로 정산하여 지급하여야 한다.

한편, 퇴직일에 따라 회계연도를 기준으로 연차유급휴가를 산정(입사일 기준 총 62일, 회계연도 기준 총 69일)하는 것이 더 유리한 경우가 발생하면 회계연도 기준에 따라 연차유급휴가 미사용수당을 지급하여야 한다.」

근기68207-620, 2003.5.23.
「퇴직시점에서 회계연도기준으로 부여한 총 휴가일수가 근로자의 입사일을 기준으로 산정한 휴가일수에 미달하는 경우에는 그 미달하는 일수에 대하여 연차휴가근로수당으로 정산해야 한다고 사료됨.」

❼ 회계연도기준의 개수가 입사일자기준의 개수보다 많은 경우

적은 경우에는 앞에처럼 채워서 정산해야 하지만 더 많이 부여된 때에는 회사는 원칙적으로 환수할 수 없다.

취업규칙이나 근로계약서로 환수조항을 두는 경우, 법리상 가능과 불가능이 대립된다고 생각한다.

환수하기 어려운 이유

- 회계연도기준으로 부여한 것은 회사의 규정에 따른 의무의 이행이다.
- 회사의 의무이행은 근로자입장에서는 자신에게 귀속된 임금채권을 의미한다.
- 기 발생한 임금채권은 근로자 자신만이 포기하거나 회사에 반납할 수 있다.
- 근로계약서나 각서를 썼더라도 언제 퇴직할지, 퇴직할 때 얼마가 될 지도 모른 채권을 미리 회사에 상환한다는 약정은 효력을 담보할 수 없다.

환수가 가능한 이유

- 취업규칙으로 회계연도기준을 설정하면 유효하듯이 그에 따라 환수하는 것도 무효라고 단정할 수 없다.
- 법정휴가는 아니지만 취업규칙으로 리프레시휴가조항을 둔 경우, 리프레시휴가 사용 후 예로 한 달 내 퇴직하면 급여에서 환수한다라는 조항도 유효한데, 연차휴가나 리프레시휴가나 모두 의무적으로 부여한 것은 마찬가지므로 연차휴가환수만 위법으로 단정하기 어렵다.
- 입사일자기준이 법 기준보다 하회하지 않고 근로자도 충분히 예측가능한데다 입사 때부터 약정된 것이므로 위법으로 보기 어렵다.

대부분 회사가 환수하지 않고 대세는 환수하기 어렵다고 보므로 대세에 따르는 게 좋겠다.

❽ 퇴직 때 남은 휴가의 강제사용

연차휴가는 근로자가 원하는 시기에 사용하는 것이 원칙이다. 퇴직시점이라고 해서 예외가 되지 않는다. 휴가를 쓰지 않길 원하면 연차휴가수당으로 지급하여야 한다.

　　외환위기 전에는 연차휴가수당이 1.5배가 보통이었다. 이때는 근로자가 연차휴가 미사용수당으로 받는 것이 더 유리하였기에 회사가 남은 휴가사용을 강제하기도 하였다. 지금은 대부분 회사가 1.0배 보상이므로 쓰게 하던 수당으로 보상하든 큰 차이 없다.

　　퇴직할 때 근로자가 원하는 대로 하게 하는 것이 바람직하다고 생각한다.

　　근로기준법 제60조(연차유급휴가) 제5항
　　「사용자는 제1항부터 제4항까지의 규정에 따른 휴가를 근로자가 청구한 시기에 주어야 하고, 그 기간에 대하여는 취업규칙 등에서 정하는 통상임금 또는 평균임금을 지급하여야 한다. 다만, 근로자가 청구한 시기에 휴가를 주는 것이 사업 운영에 막대한 지장이 있는 경우에는 그 시기를 변경할 수 있다.」(위반 시 2년 이하 징역 또는 1천만원 이하 벌금, 양벌규정, 5인 미만 미 적용)

❾ 퇴직 때 남은 휴가를 쓰고 싶은데 강제로 수당으로 보상

앞 케이스와 반대다. 근로자가 수당대신 휴가를 사용하고 퇴직하겠다는 경우는 대부분 돈과 관련된다. 첨예하게 대립되는 경우는 다음과 같다.

- 휴가를 사용함으로서 며칠만 더 재직하면 만1년이 돼서 퇴직금이 발생하거나,
- 상여금 지급기일이 코앞이라 상여금(정기상여나 명절상여 또는 성과급 등) 을 받고 퇴직하고자 하는 경우 및
- 휴가를 사용하면 그 기간동의 주휴수당도 지급받고 퇴직일도 연장되어 급 여와 퇴직금이 증가하기 때문이다.

　이때도 연차휴가는 근로자가 원하는 시기에 주어야 하므로 쓰지 못하게 하고 강제로 수당으로 지급하면 위법의 소지가 있다. 위법이란 연차휴가 를 다 쓰고 난 후의 퇴직일보다 퇴직일이 단축되는데 **그 단축된 기간만큼 은 부당해고가 됨**을 의미한다. 여기에 근로자가 원하는 대로 휴가를 썼더 라면 받을 수 있었던 상여금이나 퇴직금도 미지급됐을 것이므로 이에 대한 부당해고 기간 동안의 임금지급 의무도 따라붙게 된다. 따라서 근로기준법 제60조 제5항처럼(앞 페이지) 법대로 하는 것이 바람직하다.

❿ 취업규칙에 퇴직 때 남은 휴가를 쓰게 할건지 돈으로 줄건지 정한 경우

취업규칙에 남은 휴가에 대해 '수당으로 지급한다' 또는 '다 사용한 후 퇴직 하여야 한다' 등으로 정했다 하더라도 **근로자의 의사에 반하여 강제할 수 없다고** 본다. 근로기준법 제60조 제5항은 강행규정이기 때문이다.
　강행규정은 당사자와 약정을 맺어도 효력이 없다. 취업규칙의 근거조항 도 강행규정을 위반하는 내용은 무효다.
　임금을 받지 않고 일하기로 약정을 맺거나 각서를 써도 무효인 것과 같 다. 출산전후휴가도 3개월이 강행규정인데 근로자가 원해서 두 달만 쓰겠 다고 해서 이를 용인하면 사용자는 형사처분된다.

근로기준법 제3조(근로조건의 기준)

「이 법에서 정하는 근로조건은 최저기준이므로 근로관계 당사자는 이 기준을 이유로 근로조건을 낮출 수 없다.」(위반 시 이 조항의 벌칙은 없지만 각각의 해당조항의 벌칙(연차휴가조항의 벌칙, 출산전후휴가조항의 벌칙 등)이 적용된다.

⑪ 미사용연차휴가보상은 통상임금인가 평균임금인가

법적으로는 휴가 1일당 1일분의 통상임금 또는 평균임금이다. 택일이다. 사례는 90%이상이 통상임금이다. 휴가를 사용하는 날의 유급기준이 통상임금 또는 평균임금이기 때문이다. 휴가사용일의 유급은 따로 계산할 필요 없이 월급을 공제하지 않으면 된다. 미사용휴가에 대해 보상할 때에는 1일분의 통상임금 또는 평균임금을 계산해야 하는데 이는 통상임금(평균임금) 절에서 다룬다.

근로기준법 제60조(연차유급휴가) 제5항

「사용자는 제1항부터 제4항까지의 규정에 따른 휴가를 근로자가 청구한 시기에 주어야 하고, 그 기간에 대하여는 취업규칙 등에서 정하는 통상임금 또는 평균임금을 지급하여야 한다.」(위반 시 2년 이하 징역 또는 1천만원 이하 벌금, 양벌규정, 5인 미만 미 적용)

⓬ 연차휴가는 25개가 최대치, 신입사원 26개와의 관계

연차휴가는 근속 매2년마다 1개씩 늘어난다. 근속 만22년 때 25개에 도달한다. 그 이후에도 계속 25개다. 취업규칙이나 단체협약으로 그 이상 부여하기로 정하면 이때는 강행법규라 하더라도 근로자에게 유리한 것이므로 효력이 있다. 대부분의 회사가 25개를 상한으로 두고 있다.

상한 25개의 의미는 기본개수 15개에 근속가산을 합친 개수를 의미한다. **신입사원의 26개(만1년 된 사람)는 근속가산과 무관하여** 이를 25개로 낮출 수는 없다. 바로 위법이 된다.

근로기준법 제60조(연차유급휴가) 제4항
「사용자는 3년 이상 계속하여 근로한 근로자에게는 제1항에 따른 휴가에 최초 1년을 초과하는 계속 근로 연수 매 2년에 대하여 1일을 가산한 유급휴가를 주어야 한다. 이 경우 가산휴가를 포함한 총 휴가 일수는 25일을 한도로 한다.」(위반 시 2년 이하 징역 또는 1천만원 이하 벌금, 양벌규정, 5일 미만 미적용)

⓭ 1년간 80% 미만 출근자는 몇 개

연차휴가는 1년간 80%이상 출근할 때 15개가 발생한다. 근속가산휴가는 이 15개에 추가된다.

휴직이나 결근이 많아 1년간 80%미만 출근하면 당연히 15개가 발생하지 않는다는 의미다. 이때는 **개근한 달에 대해서만 월1개씩 발생한다.** 근속이 길어서 20개가 발생할 사람도 전 해에 80% 미만 출근하면 그냥 만근

월당 1개다. 1년 미만의 신입사원이 만근 월당 1개씩 발생하는 것과 같다.

근로기준법 제60조(연차유급휴가) 제2항
「사용자는 계속하여 근로한 기간이 1년 미만인 근로자 또는 1년 간 80퍼센트 미만 출근한 근로자에게 1개월 개근 시 1일의 유급휴가를 주어야 한다.」(위반 시 2년 이하 징역 또는 1천만원 이하 벌금, 양벌규정, 5인 미만 미 적용)

⑭ 80%미만 출근율은 연도 중에 퇴직할 때에는 따지지 않는다

3년 8개월 근무하고 퇴직할 때 8개월은 1년의 80% 미만이다. 그러므로 8개월 만근했다면 퇴직할 때 8개의 휴가를 주어야 하는 것 아닌가 하는 의문을 가지는 사람이 많다. 이 8개월분에 대한 연차휴가는 제로다.

출근율 80%여부는 만1년을 놓고 따지기 때문이다. 해를 넘겨서 계속근무하는 자를 전제한 것이다. 연차휴가에서 "연차"는 말 그대로 "만1년"을 베이스로 한다는 뜻이다.

반대로 3년 11개월 근무하고 퇴직하면 11개월은 1년의 80% 이상이다. 그렇다고 15개(+가산휴가)가 발생하지 않는 것과 같다. 만4년을 채우고 퇴직해야 새로 15개(+가산휴가)가 새로 발생하는 것이다.

⑮ 80%출근율을 따질 때 휴직이 다 같은 휴직이 아니다

구분	연차휴가 처리
육아휴직	출근한 것으로 다뤄야 한다. 단, 2018.5.29. 이후부터 시작한 육아휴직기간에 대해서다. 2018.5.29. 이전부터 육아휴직이었던 사람이 이 날 이후에도 계속 휴직중이라 하더라도 이 날 이후의 육아휴직기간은 출근한 것으로 보지 않는다. 이 날 이후 시작한 육아휴직을 1년간 가더라도 연차휴가에 관한 한 출근율은 100%다.
업무상 재해	육아휴직과 같다. 이 휴직기간도 연차휴가에 관한 한 출근한 것으로 쳐야 한다.
개인사정 휴직	회사의 허락을 받고 개인사정상 휴직한 것은 연차휴가에 관한 한 출근한 것으로 보지 않는다. 1년간 휴직기간이 4개월이라면 출근율은 80% 미만이 되는데 나머지 8개월에 대해 만근한 달에 한해 1개씩만 발생한다. 근속가산휴가까지 해서 20개가 발생할 사람도 그냥 만근 월당 1개다.
가족돌봄휴직	남녀고용평등법상의 가족돌봄휴직을 갔다 하더라도 이는 출근한 것으로 보지 않는다. 개인사정에 의한 휴직과 같다.
출산휴가, 연차휴가, 배우자 출산휴가, 난임치료휴가, 생리휴가	이는 휴직이 아니라 휴가다. 법정휴가다. 당연히 출근한 것으로 본다. 법정휴가가 아닌 경조휴가, 여름휴가 등도 출근한 것으로 친다. 휴가가 유급인지 무급인지는 중요치 않다.

⑯ 출근율 계산 때 분모와 분자

소정근로일수(분모)분의 출근일수(분자)다.

① 분모인 소정근로일이란 근로할 의무가 있는 날을 말한다. 주휴일, 토요일, 관공서공휴일, 근로자의 날은 근로의무가 없는 날이니 분모에서 빠진다. 관공서공휴일은 회사마다 휴일일수도 평일일수도 있어서 회사마다 소정근로일수는 다르다. 사용자의 귀책사유로 인한 휴업기간도 소정근로일에서 뺀다.

적법쟁의행위기간도 빼지만 쟁의행위기간이 1년간 지속됐다면 연차휴가는 발생하지 않는다. 이를 피하기 위해 아침마다 출근하여 10분 정도씩 조회만 하고 파업에 들어간다면 이는 출근으로 보지 않는다. 조회의 목적은 그 날 업무를 위한 것인데 업무와 무관한 아무 의미 없는 조회기 때문이다.

② 출근하지는 않았지만 출근한 것으로 보는 날(분자)은 앞 페이지의 육아휴직기간, 산재휴직기간 등과 그 외 예비군(민방위포함)훈련기간 등이다.

③ 위와 같이 하는 게 정석이다. 그러나 이렇게 분모, 분자를 매년 따지는 것은 머리 아픈 일이다. 약식으로 달력대로 하여 12개월분의 10.5개월 또는 365일분의 300일의 방법도 사용하곤 한다. 정석과 차이는 있다는 단점이 있지만 대세에 지장 없고 간편하다는 장점이 더 크다.

근기68207-297, 1997.3.5.
「조회를 근로시간에 포함한다는 단체협약이 있더라도 이는 조회 이후의 작업과의 연장선에서 의미가 있으므로, 출근 후 5~10분간 형식상 조회한 후 즉시 불법파업에 돌입하여 실제 근로제공이 없었다면, 당해 일은 근로한 것으로 보기 어렵다.」

⓱ 분모(소정근로일)와 분자(출근일수)의 처리

아래 표와 같지만 복잡하고 난해하여 **통상 12개월분의 출근 몇 개월로 하는 경우도 많다.** 이 땐 분자(출근 몇 개월)에 출근한 것으로 처리하는 것만 신경 쓰면 된다.(임금근로시간정책팀-3228, 2007.10.25.)

출근율 계산 근거

구 분	해당일 또는 해당기간	처리 기준
소정근로일수 (분모)에서 제외하는 날	• 주휴일 • 근로자의 날 • 국경일 등 약정휴일 등	이 날들을 제외한 나머지 근로일들에 대한 출근율로 계산
	• 가족돌봄휴직 • 사용자귀책사유로 한 휴업기간 • 적법한 쟁의행위 기간 등	이 날들을 제외한 나머지 근로일들의 출근율이 80%가 넘으면 출근 기간에 비례하여 계산
소정근로일수에 포함하고 출근으로 간주하는 날 (분모, 분자에 모두 포함)	• 출산전후휴가, 유사산휴가기간 • 육아휴직(단,2018.5.29.이후에 시작한 기간!) • 업무상 재해의 휴업기간 • 연차휴가기간 • 생리휴가기간 • 경조휴가 • 여름휴가, 리프레쉬휴가 • 예비군 및 민방위소집기간 • 공민권행사 위한 휴무 기간 등	연차휴가 산정에 영향이 없다.
소정근로일수에 포함하되 결근으로 간주하는 날 (분모에만 포함, 분자에선 제외)	• 유단 또는 무단결근 • 병가(회사 승인 있더라도) • 징계로 인한 정직 • 개인사정에 의한 휴직 (회사 승인 있더라도) 등	연차휴가에 곧바로 영향을 미친다.

⑱ 징계정직기간처리는 주의

연차휴가 산정 시 정직기간은 소정근로일수(분모)에서 제외하여 출근율에 영향을 줄 수 없다는 게 기존 노동부의 지침이었다. 그러나 2008년 대법원의 판결을 받아들여 결근으로 처리가 가능하다고 지침을 변경하였다.

결근으로 처리하기 위해선 취업규칙 등에 '정직은 결근으로 처리한다'라는 문구가 있어야 다툼을 방지할 수 있다.

기존 행정해석

근기68207-402(2002.1.29.), 근기68207-722(2005.2.7.)

「근로자가 근로를 제공할 수 있음에도 사용자의 징계권의 행사로 이루어진 정직 또는 강제 휴직기간은 소정근로일수 및 출근여부 판단기준에서 (중략) '특별한 사유로 근로제공 의무가 정지되는 날' 또는 '기타 이상의 기간에 준하여 해석할 수 있는 기간'으로 볼 수 있음.」

즉, 분모 분자에 영향을 줄 수 없어 연차휴가에도 영향을 미치지 않는다는 의미다. 대법원은 이를 뒤집었다.

대법2008다41666, 2008.10.8.

「정직이나 직위해제 등의 징계를 받은 근로자는 징계기간 중 근로자의 신분을 보유하면서도 근로의무가 면제되므로, 사용자는 취업규칙에서 근로자의 정직 또는 직위해제 기간을 소정근로일수에 포함시키되 그 기간 중 근로의무가 면제되었다는 점을 참작하여 연차유급휴가 부여에 필요한 출근일수에는 포함되지 않는 것으로 규정할 수도 있고, 이러한 취업규칙의 규정이 구 근로기준법 제59조에 반하여 근로자에게 불리한 것이라고 보기는 어렵다.

연차유급휴가기간을 산정함에 있어 정직 및 직위해제 기간을 소정근로일수에 포함시키되 출근일수에서 제외하도록 규정한 피고 공사의 취업규칙 제22조 제7항이 근로기준법에 정하여진 기준보다 근로자에게 불리하게 규정한 것이라고 볼 수 없고, 피고가 원고(선정당사자) 및 선정자들에 대한 연차유급휴가기간을 산정함에 있어 위 취업규칙의 규정에 따라 정직 및 직위해제 기간을 출근일수에 산입하지 아니한 것이 부당하지 아니하다.」

변경 후 행정해석, 근로기준과-3296, 2009.9.1.

「사용자가 징계권의 정당한 행사로 이루어진 정직 또는 강제휴직 기간은 '연차 유급 휴가 등의 부여 시 소정근로일수 및 출근여부판단기준'에서(임금근로시간정책팀-3228, 2007.10.25.)에서 (2)특별한 사유로 근로제공의무가 정지 되는 날 또는 기간의 ④기타 이상의 기간에 준하여 해석할 수 있는 기간으로 볼 수 없음.

즉, 사용자의 귀책사유로 인한 휴업 기간과 적법한 쟁의행위 기간, 육아휴직 기간은 사용자의 귀책사유가 있거나 근로자의 정당한 권리행사 등 특별한 사유가 있는데 반해, 사용자가 정당한 사유로 징계한 정직 기간은 그에 준하는 특별한 사유로 보기 어려우므로 연차 유급 휴가를 산정하기 위한 소정 근로일 수 및 출근 여부를 판단할 때 근로자의 귀책사유로 인한 징계 기간은 소정 근로일수에 포함하여 결근처리하고, 이를 다투어 확정된 부당징계기간에 한하여 소정근로일수에서 제외하고 나머지 기간에 비례하여 연차 유급 휴가를 부여하는 것이 타당함.」

대법원판결에 따라 정직은 결근처리 가능하여 연차휴가발생에 영향을 미친다. 영향을 미친다는 건 정직기간이 길면 출근율이 80%가 안 될 수 있다는 의미다.

⑲ 단시간근로자의 연차휴가

단시간근로자의 연차휴가개수는 공식이 따로 있다. **개수가 아니라 시간단위로 발생하고 시간단위로 사용한다.**

근로기준법 시행령 별표2,

단시간근로자의 근로조건 결정기준 등에 관한 사항, 2010.7.12.

구분	연차휴가 처리방안
공식	통상근로자의 연차휴가일수×(단시간근로자의 소정근로시간÷통상근로자의 소정근로시간)×8시간
예시1 소정근로 1일 4시간, 주20시간일 때	연차휴가 15개 발생하는 사람으로 가정; 15일×(20시간÷40시간)×8시간=60시간
예시2 소정근로 월·수요일 각 8시간, 목요일 4시간, 주20시간일 때	연차휴가 15개 발생하는 사람으로 가정; 15일×(20시간÷40시간)×8시간=60시간
의견	예시1과 2는 주 소정근로 20시간은 같아 연간 연차휴가시간도 년 60시간으로 같다. 그러나 예시2에서는 근로자가 월요일에 연차휴가를 낸다면 8시간분이 차감된다. 그래서 단시간근로자는 일수가 아닌 시간수로 계산한다.

　　단시간근로자의 연차휴가시간수 계산에서 주의할 것은 실제 일한 근로시간이 아닌 소정근로시간으로 산출한다. 이는 주휴시간 산출과 같은 방식이다.

근로기준과-6465, 2004.11.30.

　　「소정근로시간이 당해 사업장의 동종 업무에 종사하는 통상근로자보다 짧은 단시간으로 근로계약을 체결한 근로자라면 규칙적으로 매일 2시간의 연장근로를 하였다 하더라도 주휴수당 및 연차유급휴가수당 계산에 관하여는 단시간 근로자로 보아 계산하여야 한다.」

이 행정해석대로 단시간근로자의 연차휴가나 주휴수당 시간계산은 소정근로시간(당초 약정한 시간)으로 하되, 매일 2시간의 연장근로에 대해서는 통상임금시급의 50%의 가산수당을 지급해야 한다.

❷⓿ 육아기단축근무자의 연차휴가

정상근로(1일 8시간, 1주 40시간)를 하다가 육아기단축근무에 들어갔다 다시 정상근로로 돌아오는 경우가 대부분이다. 쭉 단시간만 하는 단시간근로자보다 연차휴가의 발생과 사용이 조금 복잡하고 실무난이도도 높은 편이다.

1) 발생시킬 연차휴가일수

[가정] 2018.1.1.~10.31.정상근로(주40시간) 2018.11.1.~2019.10.31.임신기단축근로(주30시간)		
2019.1월에 발생시킬 휴가	정상근로기간에 대해 발생시킬 개수(a)	15일×(정상근로기간의 소정근로일수/2018년 연간 총 소정근로일수)[1] =15일×(10개월/12개월)=12.5일
		→ 휴가 1일당 8시간짜리
	단축근로기간에 대해 발생시킬 개수(b)	15일×(단축기간의 소정근로일수÷2018년 연간 총 소정근로일수)[2] =15일×(2개월/12개월)×(6시간/8시간)≒2일
		→ 휴가 1일당 6시간짜리
2019년에 부여할 연차휴가일수		a+b=14.5일

1 원칙대로 하면 총 소정근로일수와 소정근로일수를 카운트해야 하지만 편의상 월(3개월/12개월)로 계산하였다.
2 위와 같다.

2) 육아기단축근무하는 동안 연차휴가를 사용할 때 차감할 일수 또는 시간

일 소정근로가 6시간이 되었으므로 연차휴가 1일당 6시간을 차감

3) 정상근로로 복귀한 다음 연차휴가를 사용할 때 차감할 일수 또는 시간

연차휴가 1일당 8시간을 차감

4) 미사용휴가의 보상

① 2018년 1월에 15일이 부여됐었다고 가정

2018년 정상근로기간(1월~10월)에는 1일 사용당 8시간씩 차감, 단축근무기간(2018년 10월~12월)에는 1일 사용당 6시간을 차감 후 남은 시간에 대해 보상

ⓔ 정상근무기간에 12일 사용, 단축근무기간에 3일 사용한 경우 12일은 일당 8시간씩 해서 12일 정상차감, 3일은 일당 6시간이므로 18시간분 만 차감 → 6시간 분을 보상

② 2019년 1월에 14.5일 부여

2019년 단축근무기간(2019년 1월~10월)에는 1일 사용당 6시간씩 차감, 정상근무로 복귀한 기간(2019년 11월~12월)에는 1일 사용당 8시간씩 차감 후 남은 시간에 대해 보상

ⓔ 단축근무기간에 12일 사용, 정상근무로 복귀한 다음 3일 사용한 경우 단축근무기간에는 총72시간 차감, 정상근무복귀한 후에는 총24시간 차감, 14.5일은 116시간이므로 20시간 분을 보상

여성고용정책과-308, 2015.2.17.

질의

1. 근로자A는 2014년에 16일의 연차휴가가 발생하였는데 이중 13일은 정

상 근로(하루 8시간 근무)를 하는 기간에, 나머지 3일은 육아기 근로시간 단축(하루 4시간 근무)기간에 사용하였음. 이 경우 연차휴가를 모두 사용한 것인지 여부

2. 근로자A가 2014년에 육아기 근로시간 단축 기간을 포함하여 80퍼센트 이상 출근하였을 때, 2015년 연차휴가 계산방법은?

3. 근로자A가 2015년에 발생한 연차휴가를 정상근로기간과 육아기 근로시간 단축 기간에 나누어 사용하는 경우 연차휴가 부여 방법

회시

1. 육아기 근로시간 단축 기간에 사용한 연차휴가는 하루 4시간만 휴가를 사용한 것으로 보아야 하므로 12시간(3일×4시간)분에 대하여는 연차휴가 미사용 수당을 지급하여야 함.

2. 귀하가 예시한 방법처럼 정상근로한 기간(B기간)과 육아기 근로시간 단축 사용 기간(C기간)을 나누어 산정하고, 근로시간에 비례하여 연차휴가를 산정

📌 2015년에 연차휴가 17일이 발생하는 근로자, 2014년에 하루 8시간 근무하다가(B기간) 하루 4시간(C기간)으로 단축 근무

① 정상근로한 기간(B기간)의 연차휴가
   = 17일×B기간 소정근로일수/2014년 연간 총 소정근로일수

② 육아기 근로시간 단축 기간(C기간)의 연차휴가
   = 17일×(C기간 소정근로일수/2014년 연간 총 소정근로일수)×(4시간/8시간)

③ 2015년 연차휴가 일수 = ①+②

3. 귀하가 예시한 방법처럼 정상근로기간에 사용한 연차는 1일 8시간, 육아기 근로시간 단축 기간에 사용한 연차는 1일 4시간 사용한 것으로 계산.」

근로개선정책과-4216, 2013.7.18.

「연차유급휴가 부여를 위한 출근율 산정기간 중에 통상근로와 육아기 근로시간 단축근무가 혼재되어 있는 경우 연차유급휴가는 다음의 방식에 의하여 시간단위로 산정함.

- [통상근로기간 동안 연차유급휴가(15일×통상근로월/12월)×8시간]+[육아기단축기간 동안 연차유급휴가〈15일×(단시간근로자의 소정근로시간/통상근로자의 소정근로시간)×(단축기간 근로월/12월)×8시간〉]

- 단축기간 동안 연차유급휴가는 '1일' 단위로 소정근로일에 부여하되, 단축기간 동안의 소정근로시간만큼 사용한 것으로 하여야 하고, 단시간근로자에게 부여된 연차유급휴가일수(시간)가 통상근로자의 법정 연차유급휴가일수를 초과하는 경우 초과된 일수(시간)에 대해서는 휴가로 부여하지 않을 수 있으나, 이 경우에도 미사용한 연차유급휴가시간('1일' 단위로 사용할 수 없게 된 잔여휴가시간 포함)에 대하여는 시간급 임금을 기초로 미사용수당을 지급하여야 할 것임.」

㉑ 초단시간(주15시간) 이상과 미만을 왔다갔다할 때 연차휴가

초단시간근로자란 소정근로시간이 **4주 평균하여 주15시간 미만인 자**를 말한다. 이들에게는 4가지가 적용되지 않는다.(연차휴가 · 주휴수당(주휴일) · 퇴직금 · 기간제 2년 한도).

중요한 건 주 평균근로시간 15시간은 **실근로시간이 아니라 소정근로시간을 의미**한다는 것이다. **사전에 하기로 약정한 시간**이다. 토 · 일에 7시간씩 하기로 했으나 실제 8시간씩 해서 주 평균 16시간이 되더라도 초단시간근로자로 보지 않는다. 다만 토·일에 1시간씩은 연장근로가 되어 시급의 50%가 가산된다.

소정근로시간은 근로계약서로 입증이 되는데 근로계약서가 없는 경우에는 부득이 사후의 실제 근로시간으로 판단하게 된다. 그날그날 근로시간을 정하게 되는 사업장일 때다.

입사 1년 미만 때 월 개근 시 한 개씩 발생하는 연차휴가는 한 달 연속 주평균 15시간을 넘긴 때 발생한다. 입사 만1년 때 발생하는 연차휴가는 1년 연속 주15시간이상이 아니더라도, 1년을 평균하여 주15시간 이상이면서 년80%의 출근율이면 15개 전부 발생, 주15시간 이상이면서 개근한 기간만큼 비례해서 발생시키는 것이 합리적이다.

🅮 1년 중 2달만 주15시간 이상을 개근한 경우:

15개 × 2개월/12개월 = 2.5개

📖 근로기준정책과-927, 2018.2.5.

「주 평균 1주 소정근로시간이 15시간 미만과 이상을 반복하는 경우, 1주 소정근로시간이 15시간 미만인 기간이 포함되어 있더라도 1년 전체의 평균 주 소정근로시간이 주 15시간 이상이고, 총 소정근로일에 대한 출근율이 80퍼센트 이상이라면 법 제60조제1항에 따라 15일의 연차휴가를 부여함이 타당하다.

다만, 주 15시간 이상인 기간이 80퍼센트 미만이라면 주 15시간 이상이면서 개근한 기간에 대해서만 비례하여 연차휴가를 산정하는 것이 타당하다.」

📖 근로기준정책과-7315, 2017.11.22.

「연차유급휴가의 발생요건으로 1년간 재직과 출근율 80% 이상일 것을 요건으로 정한 것은 근로자의 휴양의 필요성이 기본적으로는 상

당기간 계속되는 근로의무의 이행과 불가분의 관계에 있는 점을 고려할 때(2013헌마619),

주 소정근로시간이 15시간 미만인 기간이 일부(1개월) 포함되어 있더라도 1년 전체의 평균 주 소정근로시간이 주15시간 이상이고 출근율이 80% 이상이라면 근로기준법 제60조제1항에 따른 연차유급휴가를 부여해야 할 것이다.」

퇴직금과는 다르다. 퇴직금은 1년 연속 주15시간이 넘지 않더라도, 주 15시간 넘은 달만 모아서 12개월 이상이면 발생한다. 2년 근무한 동안 주 15시간 넘은 달이 12개월이면 1년 치의 퇴직금이 발생한다. 연차휴가와 다르다.

㉒ 건설일용직의 연차휴가

일용직 또는 건설일용직도 소정근로가 4주 평균하여 주15시간 이상이면 연차휴가는 당연히 발생한다. 문제는 주중에 일을 하다 안하다 하여 어떤 주는 15시간 이상 어떤 주는 그 미만이 될 때다. 사전에 일하기로 한 소정근로시간이 없는 것과 마찬가지가 된다.

이때는 **사후적으로 1년간의 주 평균 근로시간을 따져서 발생시킬 수밖에 없다.** 앞의 단시간근로자가 주15시간 이상·미만을 반복할 때와 같은 법리라 하겠다. 일용직이라 하여 연차휴가조항적용을 배제한다는 근거조항도 없기 때문이다.

㉓ 휴가시기를 바꿔야 할 만큼 사업의 막대한 지장이란

연차휴가는 근로자가 원할 때 쓸 수 있지만 항상 그런 건 아니다. 사용자는 그 시기를 변경할 수 있는 권리가 있다.

근로기준법 제60조(연차유급휴가) 제5항
「사용자는 연차유급휴가를 근로자가 청구한 시기에 주어야 하고, 그 기간에 대하여는 취업규칙 등에서 정하는 통상임금 또는 평균임금을 지급하여야 한다. 다만, 근로자가 청구한 시기에 휴가를 주는 것이 사업운영에 막대한 지장이 있는 경우에는 그 시기를 변경할 수 있다.」(위반 시 2년 이하 징역 또는 2천만원 이하 벌금, 양벌규정, 5인 미만 미 적용)

  사업운영에 막대한 지장이 있는 경우가 법에 정한 사유인데 주관적이고 자의적으로 판단할 수 있는 문구다. 사회통념상 사업운영에 막대한 지장이 있는 경우의 예를 들면 아래 사례들과 같지만, 회사마다 업무수행상황이 다르므로 일률적으로 적용할 순 없다. 참조하여 합리적이고 종합적으로 판단해야 한다. 막대한 지장이 있다는 입증책임은 사용자가 부담한다. 시기를 변경하더라도 그 휴가부여 시기를 조정하는데 그쳐야 하며 **인원부족을 이유로 휴가 자체를 부여하지 않는 것은 법위반**에 해당한다.

근기68207-2062, 2001.6.28.
「사업운영에 막대한 지장이 있는지 여부는 휴가청구자가 담당하는 업무의 성질, 작업의 바쁜 정도, 대행자의 배치난이도, 같은 시기에 휴가를 청구하는 자의 수 등을 고려하여 판단하되 사회통념상 합리성이 있어야 함.

병가, 휴직, 이직 등의 사유로 일시적으로 인원이 부족하거나 휴가청구일이 집중되는 등의 이유로 사업운영에 막대한 지장이 있는 경우라면, 사용자는 적절한 시기변경권을 행사하여 그 부여시기를 조정할 수 있다고 사료됨. 다만, 시기변경권은 휴가부여 시기를 조정하는데 그쳐야 하며 인원부족을 이유로 휴가 자체를 부여하지 않는 것은 법위반이라고 사료됨.」

서울고법 2012누28522, 2013.5.31.
「'사업운영에 막대한 지장'이 있는지 여부는, 일반적으로 기업의 규모, 연차휴가청구인의 직장에서의 배치, 그 담당하는 작업의 내용 · 성질, 대행자 배치의 난이, 시기를 같이하여 연차휴가를 청구하는 근로자의 수 등 제반사정을 고려하여 합리적으로 판단해야 한다.」

서울행법 2015구합73392, 2016.8.19.
「근로자의 연차휴가는 통상 예견되는 것이고 평상시에도 늘 행하여지는 것이므로 원고로서는 통상적인 근로자의 결원을 예상하여 그 범위 내에서 대체 근로자를 충분히 확보하여야 할 것인데, 원고는 운영버스의 수 및 운행방식에 비하여 근로자들이 연차휴가를 사용할 수 있도록 대체 근로자를 충분히 확보하지 못한 점, 원고가 휴가 부여에 필요한 대체인력을 확보하기 위하여 인가차량의 2.35배를 초과하는 운전기사를 고용하는 것이 불가능하였다고 볼 수 없는 점, 원고가 노선별 · 조별 단위 휴무제도를 도입하고, 휴무신청을 제도화하며, 근로자들의 합의에 따른 휴무일 교환 관행을 승인하였다는 사정만으로 근로자들에게 연차휴가를 보장하기 위한 충분한 노력을 하였다고 볼 수 없는 점 등을 종합하면, 위와 같은 사업운영의 지장은 휴가 실시 및 그로 인한 인원대체방법을 제대로 강구하지 아니한 원고의 잘못에 의하여 발생한 것으로 보이므로, 이를 이유로 참가인들의 휴가신청을 불허한 원고의 행위는 정당한 시기변경권의 행사에 해당한다고 보기 어렵고, 따라서 참가인들이 위 각 휴가신청일에 출근하지 아니한 것은 무단결근에 해당하지 아니한다.」

❷❹ 근로자가 사용시기를 지정하지 않은 채 연차휴가 사용

다음 주중에 하루 연차휴가를 쓰겠습니다 하고 특정 요일에 나오지 않은 경우 등이다. 연차휴가는 아무리 근로자가 원하는 시기에 쓸 수 있다 하더라도 **구체적인 시기를 지정해야 유효하다.** 규정으로 며칠 전 신청하고 사용자의 승인을 받아야 한다고 되어 있으면 그 절차가 비합리적이지 않은 이상 그에 따라야 한다.

대법96다4930, 1997.3.25.

「연·월차휴가권이 근로기준법상의 성립요건을 충족하는 경우에는 당연히 발생하는 것이라고 하여도 이와 같이 발생한 휴가권을 구체화하려면 근로자가 자신에게 맡겨진 시기지정권을 행사하여 어떤 휴가를, 언제부터 언제까지 사용할 것인지에 관하여 특정하여야 할 것이고, 근로자가 이와 같은 특정을 하지 아니한 채 시기지정을 하더라도 이는 **적법한 시기지정이라고 할 수 없어 그 효력이 발생할 수 없다.**」

즉, 무단결근에 해당한다.

㉕ 사전신청절차규정 없는 경우 당일 아침에 휴가신청

갑작스런 질병이나 사고로 당일 아침에 휴가를 내겠다고 하는 경우가 있다. 사전신청절차(예: 3일 전)가 규정화되어 있다면 회사가 거부할 권리가 있다. 하지만 타당한 사유가 있는 상황이므로 사전신청절차를 지키지 못했더라도 승인이 바람직하다.

상습적으로 아침에 전화하여 휴가를 내는 사람들을 대비하여 사전신청절차를 둔 경우 사용자가 거부하는 것은 위법으로 볼 수 없다.

거부하게 되면 결근이 된다. 허락받은 결근(유단결근)이기에 중징계사유는 될 수 없지만 결근당일 무급, 그 주의 주휴수당 무급이 되어 불이익이 크다.

대법92누404, 1992.4.10.

「취업규칙에 근로자가 **연차휴가를 청구하는 절차에 관한 정함이 없는 회사**에서 근로자가 동료운전사와의 상호 폭행으로 입은 **상해 때문에 출근하지 아니하면서** 회사 차량계장 및 총무계장에게 전화상으로 치료기간 중 계속 연차휴가를 실시한 것으로 처리하여 달라고 하였다면 **이는 적법하게 연차휴가를 청구한 것**이고, 이에 대하여 회사가 시기변경권을 행사하였다고 볼 만한 자료가 전혀 없으므로, 위 근로자가 출근하지 아니한 기간은 연차휴가권을 행사한 것이어서 결근한 것이라고는 볼 수 없다.」

취업규칙 등에 사전승인절차를 두는 것이 분쟁방지나 업무의 효율적인 진행을 위해 바람직하다.

㉖ 연차휴가의 사용촉진

절차가 매우 중요하다. 법에 정한 기일과 방법(서면촉진)대로 하지 않으면 1년 내내 매달 수시로 사용촉진(독려)을 했어도 효력이 없다.

근로기준법 제61조(연차유급휴가의 사용촉진)

「사용자가 제60조제1항 및 제4항에 따른 유급휴가의 사용을 촉진하기 위하여 다음 각 호의 조치를 하였음에도 불구하고 근로자가 휴가를 사용하지 아니하여 제60조제7항 본문에 따라 소멸된 경우에는 사용자는 그 사용하지 아니한 휴가에 대하여 보상할 의무가 없고, 제60조제7항 단서에 따른 사용자의 귀책사유에 해당하지 아니하는 것으로 본다.

1. 제60조제7항 본문에 따른 기간이 끝나기 6개월 전을 기준으로 10일 이내에 사용자가 근로자별로 사용하지 아니한 휴가 일수를 알려주고, 근로자가 그 사용 시기를 정하여 사용자에게 통보하도록 서면으로 촉구할 것
2. 제1호에 따른 촉구에도 불구하고 근로자가 촉구를 받은 때부터 10일 이내에 사용하지 아니한 휴가의 전부 또는 일부의 사용 시기를 정하여 사용자에게 통보하지 아니하면 제60조제7항 본문에 따른 기간이 끝나기 2개월 전까지 사용자가 사용하지 아니한 휴가의 사용 시기를 정하여 근로자에게 서면으로 통보할 것」

1) 회사의 제1차 서면통보(사용촉진)

연차휴가의 사용기한 **만료 6개월 전 10일간에 반드시** 해야 한다. 사용기한이 12/31이면 7/1~7/10 사이가 된다. 입사일자대로 연차휴가를 관리하는 회사라면 각 직원마다 그 10일간의 시기는 다르다.

통보서면에는;

① 해당 근로자에게 현재 남아 있는 휴가개수

② 이 휴가개수를 12/31까지 언제언제 쓸지 적어서 이 서면통보를 받은 날로부터 10일 안에 회사(직속팀장 또는 인사주무부서)에 회신 제출할 것

실무에서는 7/20까지 회신제출토록 하는 게 보통이다. 7/10에 회사가 통보해도 직원이 회신 제출할 수 있는 기한은 7/11~7/20이다. 근로자가 회신 제출하는 것은 반드시 서면일 필요는 없다.

2) 회사의 제2차 서면통보(사용촉진)

7/20까지 회신제출하지 않는 직원이 항상 있기 마련이다. 회신 제출하더라도 남아있는 10개를 다 적어내야 하는데 5개만 적어내는 경우도 있다.

회사가 하는 **제2차 통보시한은 10/31까지다.**

통보서면에는;

그 직원의 휴가사용일을 일방적으로 적으면 된다.

제1차 서면통보로 모든 직원이 성실하게 회신 제출했으면 회사의 제2차 통보는 필요 없다.

㉗ 이메일통보도 출력하면 서면인데 인정되는지

법조항에서 보듯이 "서면통보"다. **통보할 때 서면이어야 함**을 의미한다. 팀장이 인사팀으로부터 부서원들 것을 한 번에 이메일로 받고 출력하여 부서원들한테 주는 것은 서면통보로 인정된다. 그러나 인사팀은 팀장 것은 인사팀이 출력하여 종이로 주어야 한다.

회사의 문서처리 시스템이 모두 전자결재 · 전자통보방식일 때 한해 종이로 통보하지 않아도 유효한 통보로 본다.

서울행법2013구합79, 2014.3.6.
「'서면'이란 종이로 된 문서뿐만 아니라 회사가 전자결재체계를 완비하여 전자문서로 모든 업무의 기안, 결재, 시행 과정을 관리하는 등 특별한 사정이 있는 경우의 전자문서도 포함된다.」

근로개선정책과—6488, 2013.11.1.
「사용자로 하여금 연차휴가사용촉진을 '서면'으로 촉구 또는 통보하도록 규정한 것은 휴가사용촉진조치가 명확하게 이행되도록 해 근로자의 권리보호를 보다 충실하게 하고 불명확한 조치로 인한 당사자 간 분쟁을 방지하려는 취지다.
사내전산망의 **이메일을 통해 통보하는 것은 개별 근로자가 메일을 미확인 하는 등의 이유로 근로자 개인별로 '서면'촉구 또는 통보하는 것에 비해 도달 여부의 확인 등이 불명확한 경우에는 인정되기 어렵다.**」

근로기준과—3836, 2004.7.27.
「'회사 내 E—mail을 활용하여 통보'하거나 '근로자별 미사용 휴가 일수를 게재한 공문을 사내 게시판에 게재'하는 것은 근로자 개인별로 '서면' 촉구 또는 통보하는 것에 비하여 명확하다고 볼 수 없는 한 인정되기 어렵다.」

㉘ 사용촉진을 할 수 없는 휴가

입사 만 1년 미만 때 발생한 휴가, 계속근무자들의 미 사용휴가를 다음 년도로 이월시킨 휴가, 1년 80% 미만자에게 발생한 월단위 휴가는 연차휴가 사용촉진 대상이 될 수 없다. 계속근로하에서 정상적인 근로로 발생한 휴가가 아니기 때문이다.

근로기준법 제61조(연차유급휴가의 사용촉진)전단
「사용자가 제60조 제1항 및 제4항에 따른 유급휴가의 사용을 촉진하기 위하여~」

제60조 제1항 및 제4항의 휴가란,
「①항: 사용자는 1년간 80퍼센트 이상 출근한 근로자에게 15일의 유급휴가를 주어야 한다.

④항: 사용자는 3년 이상 계속하여 근로한 근로자에게는 제1항에 따른 휴가에 최초 1년을 초과하는 계속 근로 연수 매 2년에 대하여 1일을 가산한 유급휴가를 주어야 한다. 이 경우 가산휴가를 포함한 총 휴가 일수는 25일을 한도로 한다.」를 말한다.

제60조 제2항이 1년간 80% 미만 출근자에게는 월 만근 시 1개씩의 휴가를 주어야 한다는 조항이다. 제61조 전단에는 1항과 4항만 명시되어 있기 때문이다.

근로기준정책과-3084, 2015.7.13.
「근로기준법 제61조는 동법 제60조제1항 및 제4항에 따른 유급휴가에 적용되므로 같은 법 제60조제2항에 의한 계속근로년수가 1년 미만인 근로자 또는 1년간 80퍼센트 미만 출근한 근로자에게 부여되는 연차유급휴가에는 동 조항이 적용되지 않음. 따라서 제60조제2항에 의하여 부여되는 연차유급휴가에 대하여는 사용촉진 대상으로 보기는 어려울 것임.」
이월시킨 연차휴가의 경우 두 가지 해석이 가능하다고 본다.

제1해석

이월시킨 휴가도 근로기준법 제60조 제1항과 4항에 의거해 발생한 휴가이고, 당사자와의 합의로 유효하게 이월시킨 것이므로 촉진대상에서 제외할 이유가 없다.

제2해석

반면 연차휴가는 사용기간이 지나면 사용자는 곧바로 휴가수당을 지급할 의무가 있는데 당사자 합의로 이월시켰다고 해서 사용촉진을 허락하면 연차휴가수당을 지급하지 않기 위해 사용촉진이 악용될 수 있다.

대세는 제2해석이 주를 이룬다. 하지만 필자의 생각으로는 제1해석이라고 해서 위법으로 단정하긴 어렵다고 사료된다.

㉙ 사용촉진하면 보상의무가 없는지

사용촉진을 했더라도 휴가사용예정일에 출근하여 일을 하게 했다면 보상해야 한다. 현실적으로 일을 시켰기 때문이다.

그럼 뭐하러 사용촉진을 하는가.

유효하게 사용촉진절차를 밟았으므로 휴가예정일에 출근한 직원을 집에 가도록 강하게 압박하거나, 일을 안 시키고 노무수령거부통지를 할 수 있기 때문이다. 이렇게 하면 근로자가 회사에서 일을 했더라도 휴가보상의무는 없다. 사용촉진을 안한 상태에서는 노무수령거부통지를 해도 회사에 남아있는 이상 휴가보상비는 지급해야 한다. 회사가 출근을 명했으면 당연히 휴가보상비를 지급해야 한다. 종이로 하든 문자로 하든 해당직원의 PC모니터에 띄우든 방법은 관계없다. 다음과 같은 내용이면 된다.

노무수령거부 통지서

수신인: OOO
소 속: OOO

위 귀하는 연차휴가사용촉진에 의거 오늘(2019. 10. 10) 연차휴가사용계획
일입니다. 귀가를 명하며 회사에 남아있다 하더라도 연차휴가는 소진됨을 통
지합니다.

2019. 10. 10.

주식회사 OOO (직인)

노무수령거부통지 하나에 연차수당이 왔다갔다하므로 번거롭고 삭막하
긴 해도 해야만 할 때가 있다. 다음의 방법이 권장된다.

근로기준과-351, 2010.3.22.
「사용자가 근로기준법 제61조에 따른 일련의 연차유급휴가 사용
촉진조치를 정상적으로 이행하였음에도 근로자가 **해당 휴가일에 출근한
경우 사용자는 노무수령 거부의사를 명확히 표시해야 하며, 명확한 노무
수령 거부의사에도 불구하고 근로를 제공한 경우에는 연차유급휴가 미사
용수당을 지급할 의무가 없음.**

노무수령 거부의사가 있었음에 대한 입증책임: 근로기준법은 누구에게
입증책임이 있는지 직접 규정하고 있지 않으므로, ① 업무수행 및 근태관리
에 대한 지시 및 통제, ② 노무수령 거부의사 방법의 명확성, ③ 출근사유가
업무수행과 긴밀한 관련성이 있는지 등 구체적인 사실관계를 종합적으로
고려하여 명확한 노무수령 거부의사가 있었는지를 판단하여야 할 것임.

연차휴가일에 해당 근로자의 책상위에 '노무수령 거부의사 통지서'를 올려놓거나, 컴퓨터를 켜면 '노무수령 거부의사 통지' 화면이 나타나도록 하여 해당 근로자가 사용자의 노무수령 거부의사를 인지할 수 있는 정도라면 달리 볼 사정이 없는 한 노무수령 거부의사를 표시한 것으로 볼 수 있다고 사료됨.」

30 연차휴가의 이월 사용과 이월 후 잔여휴가보상은 언제 적 임금

연차휴가사용기한이 만료되면(예:12/31) 사용자는 1월 급여일에는 미사용휴가수당을 지급해야 한다. 어떤 이유에서 수당지급대신 1년간 이월하여 사용케 하는 경우가 있는데 반드시 개별 근로자의 동의가 필요하다.

개별근로자에게 확보된 임금채권이기 때문에 취업규칙의 과반수 동의로 규정을 둔다거나 과반수 노조대표만의 동의로는 이월의 효력이 없다. 내 돈에 대해서는 나만이 처분권한이 있기 때문이다.

개별근로자의 동의만 있으면 이월자체는 합법이다. 이월시킨 후에도 미사용한 휴가는 보상 시점의 임금으로 보상해야 한다. 대체로 인상된 임금기준이 될 것이다. 보상시점이란 휴가청구권이 만료한 달의 임금을 말한다. 12.31.까지가 사용기한이라면 12월 급여일에 지급된 임금기준이다.

반면 이월 없이 체불된 연차휴가수당이라면 당시에 보상했어야 할 임금기준으로 계산한다.

근로기준정책과-3079, 2015.7.13.

「노사당사자는 휴가청구권이 소멸되는 미사용 휴가에 대하여 금전보상 대신 이월하여 사용하도록 합의하는 것은 가능할 것이나,

근로자의 의사에 반해 사용자가 이를 강제할 수는 없다.(근로조건지도
과—1046,2009.02.20.).」

　미사용한 휴가일수에 대한 수당청구권은 휴가사용이 이월된 연차휴가
의 휴가청구권이 소멸된 직후의 임금지급일에 발생한다.(근기 68207-
687, 1999.11.22.)」

근기 01254-3999, 1990.3.19
　「근로기준법 제60조의 규정에 의한 연차유급휴가를 1년간 사용
하지 아니하여 휴가청구권이 소멸한 경우 미사용 휴가일수에 대하여 수당
으로 대체지급하고자 하는 때에 그 수당은 최종 휴가청구권이 있는 달의
임금지급일의 임금을 기준으로 산정·지급되어야 한다.」

㉛ 특정일에 연차휴가의 일괄사용과 근로자대표와의 합의(연차휴가의 대체)

특정일(설이나 추석연휴의 앞뒤 평일 등)에 전 직원 또는 특정부서에 대해
일괄적으로 연차휴가를 사용케 하는 것을 말한다. 연차휴가의 대체라 한다.
과반수를 대표하는 근로자대표와 서면합의가 필수다.

연차휴가대체 합의서

회사와 노동조합은 다음과 같이 연차휴가대체합의를 체결한다.

1. 연차휴가로 대체하는 날: 2019. 9. 16(월) 및 매년 추석공휴일종료일의 다음 날
2. 대상자: 생산부 모든 근로자
3. 본 합의에 따라 연차휴가계를 제출하지 않거나 사전승인 없이 출근하더라도 전1항의 날에 연차휴가를 소진한다.
4. 이 합의서는 폐기할 때까지 유효하다.

2019. 9. 2.

주식회사 OOO 대표이사　　　(서명)
주식회사 OOO 노동조합 대표　(서명)

근로기준법 제62조(유급휴가의 대체)

「사용자는 근로자대표와의 서면합의에 따라 제60조에 따른 연차유급휴가일을 갈음하여 특정한 근로일에 근로자를 휴무시킬 수 있다.」

위반 시 처벌은 없지만 근로자대표와 합의가 없으면 연차휴가를 소진시킬 수 없다. 실무에선 별로 발생하진 않는데 근로자대표와의 서면합의가 어렵기 때문이다. 근로자대표와 서면합의 없이 특정일에 단체로 휴가를 쓰게 하기 위해서는 개별적으로 휴가원(휴가신청서)을 받아야만 한다. 특정부서만 연차휴가대체를 하더라도 전사를 대표하는 근로자대표와의 합의가 있어야 한다.

㉜ 근로자대표의 선출과 서면합의 내용

근로자대표란 근로자의 과반수로 조직된 노동조합이 있으면 그 노동조합, 과반수로 조직된 노동조합이 없으면 근로자의 과반수를 대표하는 자를 말한다. 과반수 노조일 때에는 따로 선출절차가 필요 없다.

노사협의회의 근로자대표위원은 이 합의의 권한이 없다. 그가(그들이) 합의권한을 가지려면 근로자 과반수로부터 "연차휴가의 대체합의에 관한 권한 위임장"을 확보해야 한다. 선거를 해야 하는 것은 아니다. 1인의 대표도 가능하고 복수의 대표도 가능하다. 노사협의회가 없는 사업장에서 특정근로자가 합의권한을 확보할 때에도 마찬가지다.

1) 과반수 근로자에서 근로자의 범위

과반수를 따질 때에는 근로기준법 제2조에서 정한 근로자로서 사업주·사업 경영담당자·그 밖에 근로자에 관한 사항에 대하여 사업주를 위하여 행위하는 자 등을 제외한 나머지 근로자들의 과반수로 계산한다. 회사 대표, 등기·비등기임원·조직책임자·인사·총무·회계·비서·운전기사 등은 사업주를 위하여 행위하는 자로 본다.

2) 서면합의 내용

어느 날짜에 연차휴가로 휴무할 것인지 또는 그 날짜를 특정하기 어려우면 그 조건을 반드시 기재해야 한다.

예로 추석연휴 전후 각1일, 7~8월 중 여름휴가로 5일간, 경조사 발생 시 회사가 부여하는 경조휴가의 전후 각1일 등으로 구체적으로 합의해야 효력이 있다.

그 외 시행일자, 시행기간(영구히 할 것인지, 3년만 시행할 것인지 등),

적용범위(전사인지 특정 사업부만인지 등)를 적어야 회사와 근로자 모두
예측할 수 있고 해석의 다툼을 방지할 수 있다.

㉝ 국공휴일에 연차휴가를 쓰라고?

앞의 연차휴가대체는 과반을 대표하는 근로자대표와 서면합의서를 써야
만 하기 때문에 근로자대표가 없는 사업장이 90% 이상인 현실에서 실현가
능성은 거의 없다. 근로자대표가 있더라도 그 대표는 회사와 합의서를 쓰
기엔 부담을 느낀다.

주로 중소기업에서이지만 근로자한테 동의서를 받는 방법이 쓰이곤 한
다. 국공휴일은 약정휴일이라 회사가 휴일로 정하지 않은 이상은 평일과
같다. 대기업은 국공휴일을 이미 유급휴일로 하고 있기 때문에 연차휴가
를 쓰게 할 수는 없다. 동의서란 다음과 같다.

"국공휴일에 출근을 해야 하지만 본인의 연차휴가를 사용하여 휴무하는
데 동의합니다."이다.

그러나 5인 이상 사업장이면 다음과 같은 시행일자에 국공휴일을 의무
적으로 유급휴일로 해야 한다. 그리되면 국공휴일에 연차휴가를 쓰게 할
수는 없으며 위 동의서는 무용지물이 된다.

국공휴일이 의무적으로 유급휴일이 되는 시행시기	
300명 이상	2020.1.1.
30~300명 미만	2021.1.1.
5~30명 미만	2022.1.1.

㉞ 연차휴가수당의 포괄임금약정

포괄임금약정이란 월급여에 고정연장 · 고정휴일 · 고정야간수당을 책정하여 체결하는 근로계약을 말한다. 판례는 포괄임금약정이 유효할 때와 무효일 때의 판단기준을 제시하고 있는데, 포괄임금약정이 유효하다는 전제하에서는 연차휴가수당도 포괄약정을 맺을 수 있다고 본다.

월급여에 연차수당이 들어있다고 하여 연차휴가를 못가게 하는 것은 바로 위법이 된다. 휴가를 가는 경우 월급에 포함된 연차수당은 공제가 가능하다. 단, 휴가시간과 그 수당이 동등한 가치를 가져야 한다.

📖 임금근로시간정책팀-3012, 2007.9.28.

「근로계약을 체결함에 있어서 연장 · 야간 · 휴일 근로 등이 포함되어 있는 경우에 계산의 편의를 위하여 노사 당사자 간 약정으로 일정 연장 · 야간 · 휴일 근로시간 등을 미리 정한 후 이를 임금 및 수당으로 환산하여 고정적으로 지급토록 정하는 소위 포괄임금제는 제반 사정에 비추어 근로자에게 불이익이 없어야 한다. 다만, 연 · 월차유급휴가에 대해 미사용 연 · 월차유급휴가보상금을 월급여액 속에 포함하여 미리 지급하는 근로계약을 체결하는 것은, 그 수당을 지급한 이후에도 **해당 근로자가 연 · 월차휴가를 사용할 수 있도록 허용하는 경우에만 인정**될 수 있을 것이며, 휴가 사용을 허용하지 아니하는 경우에는 근로기준법상 근로자에게 인정된 연 · 월차휴가를 청구 · 사용할 권리를 제한하는 것이 되어 인정될 수 없다고 사료된다.(근로기준과-7485, 2004.10.19. 참조)」

📖 임금근로시간정책팀-3012, 2007.9.28.

「연차유급휴가는 월급여액에 수당으로 포함하여 미리 지급한 경우라도 해당 근로자가 연차휴가를 청구하면 사용할 수 있도록 허용하여야 하며, 만약 휴가 사용을 허용하지 아니하면 법상 근로자에게 인정되는 연차휴가의 사용 권리를 제한하는 것이 되어 위법하다고 할 것임.」

㉟ 연차휴가수당의 반납과 직원들간 증여 또는 직거래

연차휴가수당뿐만 아니라 임금의 일부 반납도 근로자의 개별동의가 있으면 가능하다. 반납을 해야만 하는 경영사정이나 사용자와의 개별적인 사정이 있고 반납에 이르기까지 근로자가 자발적으로 동의했을 것이라는 정황이 있어야 대체로 유효하다.

반납동의서를 쓸 만한 동기나 사정도 없었다면 사용자의 강압에 의해 쓸 수도 있기 때문이다. 근로자간 품앗이로 동료 서로 간에 연차휴가를 기증하는 경우가 있다. 회사가 제도로 도입한 경우다. 흔하진 않다.

선의로 도입한 제도라도 사실관계는 내가 사용한 게 아니기 때문에 반납한다는 동의가 필요하다. 내 휴가는 회사에 반납하는 것이고 반납 받은 개수만큼 회사가 다른 직원에게 유급휴가를 주는 것이다. 따라서 내 휴가를 회사에 반납한다는 또는 반납후 회사가 다른 직원에게 부여한다는 동의서가 있어야 한다.

직원들간 직거래 또한 같다. A가 B에게만 주고 싶을 때, A는 회사에 연차휴가 몇 개를 반납한다는 동의서에 회사로 하여금 이를 B에게만 부여해달라는 요청을 적어야 한다.

제2장

시급제의 월급계산과
특수한 상황에서의
월급계산

편의점에서 토. 일만 일하는 알바를 뽑았다

사장 일주일에 이틀 잘 부탁하네. 여기 근로계약서에도 서명해 주게. 토요일 8시간, 일요일 8시간인데 휴게시간이 하루에 40분이니 실제는 하루에 7시간 20분이야. 그러니 주휴수당이 없는 건 알고 있겠지? 주당 15시간 미만이니까.

알바 나 혼자 하는데 어떻게 40분을 쉬어요? 문 닫고 창고나 밖에서 쉬어도 되는 거에요?

사장 문을 닫으면 안되지. 언제 손님이 올지 모르는데 창고에 들어가 있어도 안되고.

알바 그럼 실제 일하는 시간은 하루 8시간이잖아요. 일주일에 16시간이니 주휴수당도 주셔야 되는거 아네요?

사장 법적으로 소정근로시간으로 하는거 몰라? 소정근로시간은 말이나 근로계약서로 약속한 시간이란 말야. 자네하고 내가 약속한 시간은 하루에 7시간 20분이 되는 거지.

필자 주 법적으로는 사장 말대로 약속한 소정근로시간으로 따진다. 휴게시간은 근로시간이 아니니 위 상황에서 소정근로시간은 하루 7시간 20분이다. 그러나 주휴수당을 면탈하기 위해 근로계약서만 그렇게 적는 것은 허용되지 않는다. 문서보다 더 효력이 있는 것은 실제의 사실관계이기 때문이다. 사장이 주휴수당을 면탈할 목적이 아님을 증명하려면 하루 40분 (쉬지 못하고 일한 시간)에 대해서는 약속시간을 초과한 것이므로 1.5배의 연장근로수당을 지급해야 할 것이다. 휴게시간(4시간 근로 시 30분, 8시간 근로 시 한 시간)도 부여하지 않아 최악의 경우 형사처분까지 이어질 수 있다.

❶ 일한 시간 외에 주휴수당이 포함되어야 한다

1일 8시간 1주 5일간 40시간을 일했으면 일한 시간에 대한 주급은 '시급×40시간'이지만 **주휴수당 8시간 분을 추가**해야 한다. 5일간 개근했을 때다.

한 달을 일했으면 '시급×그 달의 일한 날수'에 주휴수당으로 그 달의 '시급×8시간×그 달의 주휴일수'만큼 추가해야 한다. 일주일에 하루는 유급으로 주휴일을 주어야 하기 때문이다.

1일 8시간 1주 40시간의 시급제는 굳이 시급제로 하지 않고 월급제(매월 같은 월급)로 할 수도 있는데 이때 개근하지 못한 주가 있으면 **결근한 날의 일급과 함께 그 주의 주휴수당이 월급에서 공제**된다.(이틀 치 공제). 한 주의 주휴수당 공제액도 '시급×8시간'이다.

근로기준법 제55조(휴일), 제1항
「사용자는 근로자에게 1주에 평균 1회 이상의 유급휴일을 보장하여야 한다.」(위반시 2년이하 징역 또는 1천만원 이하 벌금. 양벌규정. 5인미만도 적용)

동법 시행령 제30조(주휴일), 제1항
「① 법 제55조제1항에 따른 유급휴일은 1주 동안의 소정근로일을 개근한 자에게 주어야 한다.」

❷ 내 주휴수당은 어디로?
단시간 시급근로자의 주휴수당

1일 8시간 1주 5일간 40시간을 일한 사람(A)의 주휴수당은 시급의 8시간분이다. 실근로시간이 주당 100시간이라 해도 주휴시간 최대치는 8시간이다. 단시간근로자에게도 똑같이 8시간분을 준다면 불합리하다. 단시간근로자에게는 주 평균 소정근로시간에 비례하여 삭감한다.

소정근로시간 예시	주40시간 대비 근로시간 비율	유급주휴시간
1일 4시간 주5일 20시간 근로자	50%	4시간
1일 8시간 월수금의 주 3일 24시간 근로자	60%	4.8시간
1일 8시간 토일의 주2일 16시간 근로자	40%	3.2시간

근로기준법 제18조(단시간근로자의 근로조건) 제1항
「단시간근로자의 근로조건은 그 사업장의 같은 종류의 업무에 종사하는 통상 근로자의 근로시간을 기준으로 산정한 비율에 따라 결정되어야 한다.」

❸ 단시간근로자의 정의

단시간근로자란 1주 동안의 근로시간이 **그 사업장의 통상근로자의 1주 동안의 소정근로시간보다 짧은 자**를 말한다.

어느 사업장의 정규근로시간이 1일 7시간 1주 35시간이면 이들은 단시간근로자가 아니다. 이 시간이 이 회사근로자들에겐 정상근로시간이기 때문이다. 이 사업장에서 1일 6시간 1주 30시간을 하는 사람이 있다면 그가 단시간근로자다.

근로기준법 제2조(정의), 제1항 제9호
「단시간근로자란 1주 동안의 소정근로시간이 그 사업장에서 같은 종류의 업무에 종사하는 통상 근로자의 1주 동안의 소정근로시간에 비하여 짧은 근로자를 말한다.」

❹ 단시간근로자의 주휴수당과 연장근로수당

여기서 단시간 근로자의 주휴수당을 계산하기 위한 주당근로시간은 **실제 일한 시간이 아니라 소정근로시간이다. 사전에 하기로 약정한 시간**을 말한다.

　1일 4시간 주5일 20시간을 일하기로 사전에 약정한 사람의 주휴수당은 4시간분인데, 어느 주에 주40시간을 했다고 해서 8시간분이 되는 것은 아니다.

　주40시간의 월급근로자가 어느 주에 조퇴 등으로 20시간만 했다고 해서 4시간분이 되지 않는 것과 같다.

　그러나 주휴수당을 줄이기 위해 소정근로시간을 주20시간으로 약정할 수는 있겠지만 이때는 1일 4시간을 초과하는 근로에 대하여는 시급당 1.5배의 연장근로수당을 지급하여 한다. 연장근로도 당사자의 동의가 있어야 하고 주당 12시간을 넘을 수 없다. 어떤 땐 주휴수당보다 연장근로수당금액이 더 클 것이다.

　　　근로기준과-6465, 2004.11.30.
　　　「단시간근로자의 경우 연장근로를 제외한 소정근로시간으로 주휴수당 및 연차유급휴가수당을 계산하여야 한다.」

　　　기간제 및 단시간근로자의 보호 등에 관한 법률 제6조(단시간근로자의 초과근로 제한)
「① 사용자는 단시간근로자에 대하여 소정근로시간을 초과하여 근로하게 하는 경우에는 당해 근로자의 동의를 얻어야 한다. 이 경우 1주간에 12시간을 초과하여 근로하게 할 수 없다.

② 단시간근로자는 사용자가 제1항의 규정에 따른 동의를 얻지 아니하고 초과근로를 하게 하는 경우에는 이를 거부할 수 있다.

③ 사용자는 제1항에 따른 초과근로에 대하여 통상임금의 100분의 50 이상을 가산하여 지급하여야 한다.」(1항 위반시 1천만원 이하 벌금. 양벌규정, 5인 이상부터 적용)

❺ 육아기단축근무자의 주휴수당과 연장근로수당

육아기단축근무자에게도 단시간근로자의 주휴수당과 연장근로수당 법리가 적용된다. 줄어든 주 소정근로시간만큼 비례해서 주휴시간도 줄어들고, 연장근로수당도 줄어든 일 소정근로시간을 초과하면 발생한다.

여성고용정책과-742, 2015.3.24.

「육아기 근로시간 단축근로자는 기간제 및 단시간근로자 보호 등에 관한 법률 적용대상이 되므로, 동법 제6조제3항에 따라 단시간근로자의 소정근로시간외의 초과근로에 대하여 통상임금의 100분의 50 이상을 가산하여 지급하도록 되어 있음.」

❻ 초단시간근로자에게는 주휴수당이 없다

초단시간근로자란 용어는 법에는 없는 실무용어다. 법적 용어는 '4주를 평균하여 1주의 소정근로시간이 15시간 미만인 근로자'다.

주15시간미만의 근로자는 주휴수당이 발생하지 않는다. 주15시간 미만은 4주를 평균한 1주 15시간미만을 말하는 것으로써 한주한주씩 따지는 것이 아니다. 이 역시 **소정근로시간으로 판단한다.**

🔨 **근로기준법 제18조(단시간근로자의 근로조건) 제3항**
「4주 동안(4주 미만으로 근로하는 경우에는 그 기간)을 평균하여 1주 동안의 소정근로시간이 15시간 미만인 근로자에 대하여는 제55조와 제60조를 적용하지 아니한다.」

제55조는 주휴일(주휴수당), 제60조는 연차유급휴가를 말한다.

❼ 초단시간근로자의 4무(無)

초단시간근로자에게는 주휴수당을 포함하여 4가지의 법조항이 적용되지 않는다.

주휴수당 · 연차유급휴가 · 퇴직금의 3가지 금전관련된 것 외에, 계약직으로 2년 이상 근로해도 기간의 정함이 없는 계약으로 전환되지 않는다는 게 하나 더다.

이 4가지를 적용받지 않고자 실제 근로시간은 4주 평균 주당 16시간을 시키면서(예: 토 · 일 8시간씩) 근로계약으로 소정근로시간을 주14시간(토 · 일 7시간씩)으로 약정한 경우에는 법을 면탈하기 위한 것으로 보아 인정되지 않는다. 7시간을 초과한 1시간 분에 대해 비록 연장근로수당을 지급했다 하더라도 법을 면탈한 사용자의 이익이 훨씬 크기 때문이다.

⚖ **근로기준법 제18조(단시간근로자의 근로조건) 제3항**

(앞 페이지 법 조항 참조: 주휴수당과 연차유급휴가 면제)

⚖ **근로자퇴직급여 보장법 제4조(퇴직급여제도의 설정) 제1항 단서**

「계속근로기간이 1년 미만인 근로자, 4주간을 평균하여 1주간의 소정근로시간이 15시간 미만인 근로자에 대하여는 퇴직금제도를 설정하지 않아도 된다.」

⚖ **기간제법 시행령 제3조(기간제근로자 사용기간 제한의 예외) 제3항 제6호**

「근로기준법 제18조제3항(4주 평균하여 소정근로시간이 주15시간 미만인 근로자)에 따른 1주 동안의 소정근로시간이 뚜렷하게 짧은 단시간근로자를 사용하는 경우(에는 기간제근로 2년을 적용하지 않는다.)」

❽ 토 · 일만 일하는데 주휴일과 주휴수당이 있는지

주휴일은 대체로 일요일인 경우가 많지만 요일과는 관계없다. 백화점에선 주로 월요일이 주휴일이다. 일주일에 하루면 되기 때문이다.

토 · 일에만 8시간씩 일하더라도 주 평균 15시간 이상자이면서 이틀을 만근하면 자신의 소정근로일을 만근한 것이기 때문에 주휴일과 주휴수당은 당연히 적용된다. 월~금 중 요일을 특정할 순 없지만 하루가 주휴일이고 그 날은 유급처리되어야 한다. 하루를 유급처리함으로써 사용자의 주휴일과 주휴수당 의무는 이행된다.

주 평균 근로시간 16시간은 40시간 근로자대비 40%의 근로시간이므로 주휴수당도 8시간의 40%인 3.2시간분이 된다.

이 근로자의 주급은 '시급×(16시간+3.2시간)'이다. 월급은 '시급×(일한 토·일의 일수+해당 월의 주휴일수)'가 된다.

❾ 딱1주일만 일한 기간제의 주휴수당

소정근로일을 월~금 딱 5일간만 하기로 한 경우 **이 일주일을 개근하더라도 주휴수당은 없다.** 주휴일 법조항(근로기준법 제55조)자체가 적용되지 않는다. 주휴일 조항의 취지는 일주일간 개근한 자에게 다음 주의 근로를 대비하여 유급으로 쉬면서 피로를 풀라는 취지이기 때문이다.

> 대법2011다39946, 2013.11.28.
> 「근로기준법상 휴일제도(제55조)는 연속된 근로에서의 근로자의 피로회복과 건강회복 및 여가의 활용을 통한 인간으로서의 사회적·문화적 생활의 향유를 위하여 마련된 것이다. 나아가 '유급휴일'이란 휴일제도의 취지를 살려 근로자가 이를 충분히 활용할 수 있도록 하여 주기 위하여 임금의 지급이 보장되어 있는 휴일, 즉 휴식을 취하더라도 통상적인 근로를 한 것처럼 임금이 지급되는 날을 말하는 것이다. 이러한 휴일 및 유급휴일 제도를 근로기준법에 규정한 목적에 비추어 보면, 근로의 제공 없이도 근로자에게 임금을 지급하도록 한 유급휴일의 특별규정이 적용되기 위해서는 **평상적인 근로관계, 즉 근로자가 근로를 제공하여 왔고, 또한 계속적인 근로제공이 예정되어 있는 상태가 당연히 전제되어 있다고 볼 것이다.**」

> 근로기준정책과-6551, 2015.12.7.
> 「근로기준법 제55조에 따른 주휴일은 연속된 근로에서의 피로회

복 등을 위한 것으로서 유급휴일의 특별규정이 적용되기 위해서는 평상적인 근로관계, 즉 근로자가 근로를 제공하여 왔고 또한 **계속적인 근로제공이 예정되어 있는 상태가 전제되어 있어야 함.**

근로자가 1주간의 근로계약으로 소정근로일수를 개근하고 퇴사하여 계속근로 하지 못한 경우에는 평상적 근로관계에 있지 않으므로 주휴일이 발생하는 것으로 보기 어렵다고 판단됨 」

❿ 파업이나 태업기간중에 끼어있는 주휴일의 주휴수당

앞 페이지와 같은 논리는 파업이나 태업에도 적용된다. 이 기간은 휴직처럼 근로를 제공해야 한다는 의무가 정지된 기간이다. 의무가 정지되어 이 기간에 대한 임금청구권도 정지되며(무노동무임금), **주휴수당 청구권도 정지된다.** 태업은 근로를 제공하면서 하는 것이지만 정상적인 근로제공이 아니므로 여전히 무노동무임금이다. 따라서 **파업·태업·휴직 기간 중에 주휴일이 있더라도 주휴수당은 발생하지 않는다.**

대법2011다39946, 2013.11.28.(앞 페이지의 판례)

「유급휴일(근로기준법 제55조)에 대한 법리는 휴직 등과 동일하게 근로자의 근로제공의무 등의 주된 권리·의무가 정지되어 근로자의 임금청구권이 발생하지 아니하는 쟁의행위인 파업에도 적용된다 할 것이므로, 근로자는 파업기간 중에 포함된 유급휴일에 대한 임금의 지급 역시 구할 수 없다. 그리고 이와 같은 법리는 앞에서 본 바와 같이 파업과 마찬가지로 무노동 무임금 원칙이 적용되는 태업에도 그대로 적용된다고 할 것이고, 따라서 근로자는 태업기간에 상응하는 유급휴일에 대한 임금의 지급을 구할 수 없다.」

근기68207-1209, 2003.9.24.
「적법한 쟁의행위라도 그 기간 중 주휴일로 정한 날이 포함되어 있는 경우에는 사용자가 주휴일을 부여할 의무가 없으며, 따라서 주휴수당 지급의무도 발생하지 않는다고 사료됨.」

⑪ 파업이나 태업기간 중의 각종 유급휴일과 유급토요일의 수당청구권

근로기준법상의 휴일은 두 가지다. **주휴일과 근로자의 날이다.** 주휴일은 근로기준법 제55조, 근로자의 날은 근로자의 날 제정에 관한 법률에 따른다.

근로자의 날 제정에 관한 법률
「5월 1일을 근로자의 날로 하고 이 날을 근로기준법에 따른 유급휴일로 한다.」
쟁의행위기간중에 유급주휴일이 끼어 있어도 위 대법원 판결과 행정해석에 따라 무급인 바, **근로자의 날도 같이 취급한다.**
그 외 회사가 정한 약정휴일들(설날 · 추석 · 삼일절 등)도 마찬가지라 하겠다.

근로개선정책과─3361, 2014.6.13.
「근로기준법상 휴일은 법정휴일과 약정휴일로 구분되며 법정휴일은 같은 법 제55조의 주휴일과 근로자의 날 제정에 관한 법률의 근로자의 날이 해당되고, 약정휴일은 노사 당사자 간 단체협약 및 취업규칙 등으로 정한 휴일을 의미함.」

📖 대법2008다33399, 2010.7.15.
「근로제공의무 등의 주된 권리 · 의무가 정지되어 근로자의 임금
청구권이 발생하지 아니하는 파업기간 중에는 그 기간 중에 유급휴일이 포
함되어 있다 하더라도 그 유급휴일에 대한 임금의 지급을 구할 수 없다.」
   취업규칙에 토요일이 유급으로 규정되어 있더라도 같다고 본다.

📖 근로기준과-499, 2010.8.13.
「쟁의행위 기간 중에 포함된 약정유급휴일인 토요일에 대해서는
단체협약이나 취업규칙 등에서 쟁의행위 시 임금지급에 관하여 이를 규정
하거나 그 지급에 관한 당사자 사이의 약정이나 관행이 있다고 인정되지
아니하는 한 임금을 지급할 의무가 없다.」

⑫ 주중에 파업이나 태업을 하루만 한 경우의 주휴수당

불법파업일 때에는 단 하루라 하더라도 결근과 같아 그 주의 주휴수당은
발생하지 않는 데는 이견이 없다.(근로기준과-6657, 2004.12.13.).
   월~금을 전부 파업이나 태업을 한 경우에도(적법쟁의행위) 그 주의 주
휴수당은 발생하지 않음은 전술하였다.
   **주중에 하루만 파업이나 태업을 한 경우(적법쟁의행위) 그 주의 주휴수
당은 쟁의행위기간을 제외한 나머지 소정근로일수에 대한 출근율에 따라
부여한다.**
   주32시간만 정상근로했을 것이므로 그 주의 주휴수당은 8시간×32시

간/40시간=6.4시간분이 될 것이다. 단시간근로자와 같은 원리다. 하루를 파업해도 8시간분, 4일을 파업해도 8시간분의 주휴수당이 발생해야 한다면 불합리하다고 본다.

근로기준과-603, 2010.8.23.
「적법한 쟁의행위로 주중에 쟁의행위가 종료된 경우에는 쟁의행위 기간을 제외한 나머지 소정근로일 수에 대한 출근율에 따라 주휴일을 부여하여야 할 것으로 사료됨.」

⑬ 근로시간이 달라도 같은 시급이면 시간당 주휴수당은 누구나 같다

주40시간이든 주20시간이든 주16시간이든 시급이 8,350원으로 같다면 시간당 주휴수당금액도 같다.

예 시	1일의 주휴수당	시간당 주슈수당
주40시간 근로자	8,350원×8시간=66,800원	66,800원÷40=1,670원
주20시간 근로자	8,350원×4시간=33,400원	33,400원÷20=1,670원
주16시간 근로자	8,350원×3.2시간=26,720원	66,800원÷16=1,670원

시급이 8,350원이라면 어느 누구라도 주휴수당을 포함한 시급은 10,020원이다.

MEMO

제3장

월급제의 시급계산과
통상임금

월~금, 하루 6시간만 일하는 사원을 뽑았다. 하루 8시간 일하는 사람들은 최저임금에 209를 곱하면 최저임금을 위반하지 않는 건 알겠는데 하루 6시간 일하는 사람은 월급을 얼마로 해야 최저임금을 위반하지 않는 거지? 김 대리와 김 사장은 도통 감이 오질 않느다. 머리만 아플 뿐이다. 8시간 근로자가 한달에 1,745,150원이니 대충 150만원으로 할까?

만일 월급을 180만원으로 책정하면 나중에 연차휴가보상비도 줄 때 이 사람의 시급은 도대체 얼마지? 209로 나눌 수도 없고.

인사팀이나 사장님이나 직장인이나 이하에서 속 시원하게 해소하길 바란다.

❶ 시급을 구하기 위해선 월 소정근로시수를 먼저 구해야 한다

5대 법정수당(주휴 · 연장 · 야간 · 휴일 · 연차수당)을 계산하기 위해서는 시급을 알아야 한다. 이 법정수당들은 시급 중에서 통상임금으로 구하는 데 통상임금에 대해서는 후술하고 여기서는 시급을 구하는 방법먼저 기술한다.

시급을 구하는 것이므로 당연히 **한 달의 정해진 근로시간수(소정근로시간수)를 알아야 한다.** 월급을 시간 수로 나누어야 하기 때문이다. 한 달 일해보고 집계한 시간수는 실근로시간수인데 이것으로 월급을 나누면 매달 시급이 바뀌는 불합리한 결과가 나올 것이다.

그 시간수를 법률용어로 '월의 통상임금 산정기준시간수' 또는 '월 소정근로시수'라 한다. 풀어쓰면 "월급의 대가로 하기 위해 미리 정한 근로시간수"다. 1일 8시간 1주 40시간 근로자의 월 소정근로시수는 209시간으로 대법원과 고용노동부가 정의하였다. 로직은 다음과 같다.

(1주 소정근로시간 40시간+1주 주휴수당 8시간)÷7일×365일÷12개월=208.571....시간 → 209시간

❷ 월급제 단시간근로자의 소정근로시수와 시급

토 · 일만 8시간씩 일하는 단시간근로자를 월급제로 약정한 경우에도 앞 페이지의 로직을 적용한다.

(1주 소정근로시간 16시간+1주 주휴수당 3.2시간)÷7일×365일÷12개월=83.428....시간 → 83.5시간(소수점을 너무 올리면 시급이 내려가서

근로자에게 불리해지므로 주의)

이 단시간근로자의 월급이 70만원이라면 시급은 8,384원이다. 이 시급으로 연장근로수당 · 야간근로수당 · 휴일근로수당 · 연차휴가수당을 구한다.

월급 70만원에는 주휴수당이 포함되어 있는데 근로계약서에는 반드시 "주휴수당 포함"이라고 기재하여만 주휴수당을 지급한 것으로 증명할 수 있다. 그렇지 않으면 70만원 자체가 순수한 월급(주휴수당을 제외한 통상임금)으로 간주되고 70만원에 주휴수당을 따로 더해서 지급하여야 하는 당혹한 결과가 초래된다.

> 근로기준과-4615, 2005.9.7.
> 「월의 통상임금 산정기준시간수'는 1일의 소정근로시간을 8시간으로 정한 경우에는 209시간으로 볼 수 있으나, 1일 소정근로시간을 6시간 40분으로 정한 경우에는 '월의 통상임금 산정기준시간수'를 203시간으로 정하더라도 무방함.」

이 때 법정수당을 계산하기 위한 시급은 월 통상임금을 월 소정근로시수로 나눈다.

❸ 통상임금
(월 소정근로시수는 통상임금과 직결)

통상임금은 5대 법정수당을 계산할 때 절대적으로 필요하다. 월 소정근로시수를 구했더라도 통상임금의 범위를 정하지 않으면 정확한 시급을 구할 수 없기 때문이다.

월급이 기본급 하나로만 되어 있다면 기본급 자체가 통상임금이므로 고민할 필요 없다. 기본급을 월 소정근로시수로 나누면 되기 때문이다.

기본급 외에 직책수당, 자격수당, 중식대, 차량유지비(교통비 보조금), 통신비, 능률향상수당, 자기개발비, 근속수당, 가족수당, 복지포인트 및 년 몇 백%의 상여금, 휴가비, 평가업적급 또는 평가인센티브 등이 있는 경우 어디까지 통상임금으로 할지가 문제인데 이를 둘러싼 법률분쟁은 셀 수 없이 많다.

다툼의 여지가 없는 통상임금으로는 기본급, 직책수당, 자격수당, 승무수당, 능률향상수당, 자기개발비(영수증 처리하지 않는 경우), 근속수당 등 소정근로의 대가로 볼 수 있는 금품이다. 이들은 통상임금이 명확하므로 논의에서 제외한다.

통상임금의 판단기준은 **소정근로의 대가라는 전제하에 3가지가 동시에 충족되어야 한다. 정기성 · 일률성 · 고정성이다.**

❹ 통상임금의 판단기준 중 소정근로의 대가

소정근로의 대가란 "근로자가 소정근로시간에 통상적으로 제공하기로 정한 근로에 관하여 사용자와 근로자가 지급하기로 약정한 금품"을 말한다.(대법원 전원합의체 2012다89399 판결문 제7쪽, 2013.12.18.)

소정근로의 대가로 볼 수 없는 임금은 다음과 같다.

구 분	예	비 고
근로자가 소정근로시간을 초과하여 근로를 제공하여 지급받는 임금	5대 법정수당 중 초과근로수당인 연장 · 야간 · 휴일근로수당과 매년 또는 퇴직할 때 받는 연차휴가수당	포괄임금약정으로 매월 같은 금액을 받더라도 통상임금이 아니다. 그 본질이 초과근로에 대한 대가이기 때문이다.

근로계약에서 제공하기로 정한 근로 외의 근로를 특별히 제공함으로써 사용자로부터 추가로 지급받는 임금	성과급 및 이에 준하는 인센티브 등	
소정근로시간의 근로와는 관련 없이 지급받는 임금	미리 정한 바 없이 지급되는 명절 상여나 휴가비, 포상금 등	

❺ 통상임금의 판단기준 중 정기성

정기성이란 미리 정해진 일정한 기간마다 정기적으로 지급되는지 여부에 관한 것으로서, 1개월을 초과하는 기간마다 지급되더라도 일정한 간격을 두고 계속적으로 지급되는 것이면 통상임금이다.(앞의 대법원 판결문 제8쪽). 여름휴가비를 1년에 한번 7월 말경 지급하더라도 정기성이 있다.

「통상임금에 속하기 위한 성질을 갖춘 임금이 1개월을 넘는 기간마다 정기적으로 지급되는 경우, 이는 노사 간의 합의 등에 따라 근로자가 소정근로시간에 통상적으로 제공하는 근로의 대가가 1개월을 넘은 기간마다 분할지급되고 있는 것일 뿐, 정기상여금과 같이 일정한 주기로 지급되는 임금의 경우 단지 그 지급주기가 1개월을 넘는다는 사정만으로 그 임금이 통상임금에서 제외된다고 할 수는 없다.」

상여금이 대표적인데 1개월을 넘어 2개월, 분기, 반기 또는 년 단위로 지급되더라도 정기적으로 지급되는 것이면 '정기성'의 요건은 충족된다.

❻ 통상임금의 판단기준 중 일률성

일률성이란 모든 근로자에 지급해야만 충족되는 것은 아니다. 일정한 조건 또는 기준에 달한 근로자에게 지급되는 것도 의미하는 개념으로서, 일률적으로 지급되면 통상임금이 될 수 있다.(앞의 대법원 판결문 제9쪽).

'일정한 조건'이란 고정적이고 평균적인 임금을 산출하려는 통상임금의 개념에 비추어 볼 때 시시때때로 변동되지 않는 고정적인 조건이어야 한다.

만 명의 직원 중 노무사가 한 명 있는데 **그에게 자격수당 20만원을 매월 지급한다면 그에게는 20만원이 통상임금**이 된다.

단체협약이나 취업규칙 등에서 휴직이나 복직자, 징계대상자에 대해 지급제한 사유를 규정한 임금이라도 이는 해당 근로자의 개인적 특수성을 고려한 것일 뿐이므로 정상적인 근로관계를 유지하고 있는 근로자에 대해서는 그 해당임금의 일률성이 부정되지 않는다.

그 노무사가 3개월 휴직을 해서 자격수당 20만원을 못 받는 조건이 있다 해도 통상임금성이 부정되지 않는다.

❼ 통상임금의 판단기준 중 고정성

앞의 대법원 전원합의체판결에서 가장 중요하게 다룬 판단기준이다. 정의도 새로 내렸다.

'고정성'이란 초과근로를 제공할 당시에, 그 지급여부가 업적·성과 기타 추가적인 조건과 관계없이 사전에 이미 확정되어 있는 것을 말한다. 고정적 임금은 명칭에 관계없이 소정근로시간을 근무한 근로자가 그 **다음 날 퇴직한다 하더라도 근로의 대가로 당연하고도 확정적으로 지급받게 되는 최소한의 임금**이다.(앞의 대법원 판결문 제11쪽).

'금액이 사전에 확정'되어 있어야 하고, 그 금액을 지급받기 위해 '추가적인 조건'이 없어야 함을 의미한다. 기본급의 경우 이미 정해져 있고 오늘 퇴직하면 오늘까지 일한 월급이 얼마인지 확정할 수 있다.

이달 말일에 지급되는 상여금의 경우 말일 전에 퇴직하면 한 푼도 받을 수 없는 조건이 있으면(지급일 현재 재직 중인 자에 한해 지급한다는 조건) 말일에 근무할지 안할지 모르므로 오늘의 연장근로수당을 계산할 때 상여금을 통상임금에 반영할 수 없다. 고정성이 없기 때문이다. 경영성과급 또한 같다. 연말에 얼마를 받을지 알 수 없기 때문이다.

대법원 전원합의체는 지급일 기타 특정시점에 재직 중인 근로자에게만 지급하는 임금은 고정성을 결여한 것으로 판단하였다.

추가적인 조건이 있더라도 사전에 확정된 금액을 알 수 있으면 고정성이 인정된다. 평가성과급의 경우 얼마를 받을지 사전에 알 순 없지만 최저등급(예 D등급)을 받더라도 50만원은 보장된다고 하면 이 50만원은 고정성이 있다. S등급이 200만원이라고 해도 내가 S등급을 받을지, 올해는 S등급이 얼마가 될지는 사전에 정한 게 아니므로 S등급을 받은 자의 통상임금도 50만원이다.

❽ 상여금, 휴가비의 통상임금 여부

연 400%의 상여금을 분기 말일에 지급하거나 7월 말일에 휴가비를 지급할 때 통상임금이 되는지 여부는 다음과 같다.

1) 통상임금이 되는 경우

분기 말일 이전에 퇴직하더라도 월급처럼 일한 날까지에 대해 일할계산하여 지급할 때. 언제 퇴직하더라도 기본급과 유사하여 지급받을 수 있는 금액이 보장되어 있고 계산이 가능하기 때문이다.

2) 통상임금이 될 수 없는 경우

'지급일 현재 재직 중인 자에 한해 지급한다'라는 조건이 걸려 있을 때, 분기 말일 하루 전에 퇴직하더라도 해당 분기 상여금 100%가 아예 지급되지 않는 것을 말한다. 분기 말일에 재직하고 있을지 아닐지 모르기 때문에 시급에 반영할 수 없기 때문이다. 본인은 알겠지만 사용자나 급여를 계산하는 인사팀에서는 알 수가 없다.

상여금을 일할계산하여 지급해오던 회사가, 통상임금에서 제외하기 위해 '지급일 현재 재직 중인 자에 한해 지급한다'라는 조건을 걸기 위해서는 **근로자 과반수의 동의 또는 과반수를 대표하는 자의 동의를 얻어야 한다.** 근로자에게 불이익한 근로조건의 변경이기 때문이다. 취업규칙에 아무런 언급이 없었거나 취업규칙 자체가 없었다 하더라도 마찬가지다. 관행도 취업규칙화 된 것으로 보기 때문이다.

근로기준법 제94조(취업규칙의 작성, 변경절차), 제1항
「사용자는 취업규칙의 작성 또는 변경에 관하여 해당 사업 또는 사업장에 근로자의 과반수로 조직된 노동조합이 있는 경우에는 그 노동조합, 근로자의 과반수로 조직된 노동조합이 없는 경우에는 근로자의 과반수의 의견을 들어야 한다. 다만, 취업규칙을 근로자에게 불리하게 변경하는 경우에는 그 동의를 받아야 한다.」(위반시 500만원 이하 벌금. 양벌규정.)

❾ 퇴직할 땐 일할계산, 입사할 땐 조건부로 지급하는 상여금

입사 후 일정기간 근무해야 지급되는 것으로 조건을 설정한 상여금(예: 6개월 이상)도 **퇴직할 때 일할계산되는 경우라면 통상임금에 해당**한다. 일

정기간만 충족하면 상여금은 확정되므로 고정성이 없다고 보기 어렵기 때문이다.

입사 후 일정 근속기간 이상을 재직조건으로 하는 것은 숙련도와도 관련이 있고, 입사하여 상여금을 받자마자 퇴직하는 불합리함도 방지하고자 하는 이유에 불과할 뿐이다.

📖 서울고법 2017.4.19.선고, 2016나2083847

「상여금을 지급받기 위해서는 입사 1개월 이상의 근속요건을 만족해야 하지만, 이러한 근속기간은 소정근로의 가치평가와 관련이 있는 '일정한 조건 또는 기준'으로 볼 수 있는 점,

일정 근속기간에 이른 근로자에 대해서는 일정액의 상여금이 확정적으로 지급되는 점,

일단 입사 1개월 이상이라는 근속기간만 성취되면 근무기간에 따라 일할 계산된 상여금을 지급받을 수 있으므로, 위와 같은 근로자가 임의의 날에 근로를 제공하면 다른 추가조건의 성취 없이도 최소한 일할 계산한 상여금을 확정적으로 지급받을 수 있는 점,

피고의 보수규정 제23조제2항 각 호의 사람에 대한 상여금은 실제 근무일수가 아닌 "근무기간"에 따라 일할 계산하여 지급하는 것이므로, 이를 해당 근로자들의 근무실적에 연동한다고 볼 수는 없는 점 등을 종합하면,

피고의 상여금은 정기적·일률적·고정적으로 근로자에게 지급되는 것으로서, 근로기준법에 의한 통상 임금에 해당한다고 봄이 타당하다.」

❿ 가족수당의 통상임금 여부

부양가족 수에 따라 차등지급되는 경우는 근로와 관련된 일정한 조건 또

는 기준에 따른 것(소정근로의 대가)이라 할 수 없어 일률성이 부정된다.(진성 가족수당이다. 앞의 대법원 판결).

　기본금액을 동일하게 지급하면서(예: 본인수당 월 10만원) 부양가족 수에 따라 추가적으로 지급하는 경우(예: 배우자 월 5만원, 자녀 1인당 월 3만원), 기본금액 월10만원은 통상임금에 해당한다. 과거 판결도 같은 취지다.

> 대법원 2003.10.9.선고, 2003다30777
> 「회사가 부양가족이 있는 경우에는 4인을 초과하지 않는 범위 내에서 부양가족 1인당 금 1만원씩의 가족수당을 지급하는 이 사건에 있어서 가족수당은 근로의 양이나 질에 무관한 요인에 따라 근로자의 일부에 대하여 지급되는 것으로서 통상임금의 범위에 포함시킬 수 없다.」

⑪ 중식대의 통상임금 여부

세법상 월10만원은 비과세이므로 급여를 쪼개서 10만원의 중식대를 설정하는 경우가 많다. 식대를 보조하는 복리후생금품이라 소정근로의 대가로 보지 않던 시절이 있었지만 앞의 대법원 판결 이후에는 **정기성·일률성·고정성이 있다고 보아 통상임금으로 인정된다.**

> 서울고법 2017.5.31.선고, 2016나2135
> 「회사가 근로자들에게 상여금, 근속수당, 교육보조비, 식대보조비, 식대, 교통비, 목욕비, 반장수당(임금협약에 따라 반장 직급을 가지고 있는 자에게 지급하는 수당)을 매월 정기적으로 지급해 왔다면 이는 근로자들에게 근로의 대가로 정기적·일률적·고정적으로 지급되는 통상임금

에 해당한다.」

📖 서울중앙지법 2015.6.5.선고, 2013가합546054
「회사가 풀타임 근로자들에게 2010.10.경부터 2013.6.경까지 현물이 아닌 식대 월 10만원을 지급하면서 해당 근로자의 구내식당 이용 횟수에 따른 이용금액을 공제한 나머지 금액을 지급한 사실을 볼 때, 소정근로의 대가로서 정기적 · 일률적 · 고정적으로 근로자들에게 지급되는 금원으로 통상임금에 해당한다.」

📖 근로기준정책과─655, 2015.3.5.
「매월 10만원의 식대는 소정근로의 대가로서 정기적 · 일률적 · 고정적으로 지급되는 것으로 보이므로 다른 추가적인 조건이 없다면 통상임금에 해당될 것임.」

하지만 실비변상한 식대는 통상임금이 명확히 아니다.

📖 대법원 2015.6.24.선고, 2012다119655
「1일당 1,500원의 식권3장은 복리후생명목으로 지급하였고 실비변상적 성격을 가져 소정근로의 대가로 볼 수 없어 통상임금이 아니다.」

⑫ 차량유지비(교통비 보조금)의 통상임금 여부

차량등록증을 보유한 근로자는 세법상 월20만원이 비과세다. 식대처럼 급여를 쪼개서 20만원의 차량유지비를 설정하는 경우가 많다. 이 또한 복리후생금품이고 비과세로서 소정근로의 대가로 보지 않던 시절이 있었지만 앞의 대법원 판결 이후에는 **정기성·일률성·고정성이 있다고 보아 통상임금으로 인정되고 있는 추세다.**

서울고법 2017.8.18.선고, 2016나2036339
「직원들에게 자가운전자 차량유지비나 교통비가 지급되고 근무기간이 1월 미만인 경우에는 일할 계산하여 지급되며, 전용차량을 제공받는 직원에게는 자가운전자 차량유지비나 교통비가 지급되지 않았으므로, 교통보조비는 전용차량을 제공받지 않는 근로자에게 정기적·일률적·고정적으로 지급된 임금으로서 통상임금에 해당하고, 이를 실비 변상적 차원에서 지급된 금품으로 볼 것은 아니다.」

전주지법 2017.8.25.선고, 2014가합8447
「교통보조비는 소정근로의 대가로서 피고의 복리후생규정에 따라 정기적·일률적·고정적으로 근로자들에게 지급된 것으로 보일 뿐, 근로자가 그 지급일 현재 재직 중일 것을 요건으로 하여 지급된 것으로 보이지 않으므로 통상임금이라고 봄이 타당하다.」

다음과 같이 실비변상으로 지급하면 통상임금에 해당하지 않는다.

근로기준정책과–655, 2015.3.5.
「자가운행보조비를 직급별로 일정 한도(팀장 : 70리터, 대리 : 120리터) 내에서 실비지원하는 경우라면 실비변상적 금품으로서 근로의 대가인 임금으로 보기 어려우며 임금을 전제로 하는 통상임금에도 해당되지 않을 것임.」

⑬ 통신보조비의 통상임금 여부

영업직군이나 관리자급 이상에게 통신보조비를 지급하곤 한다. 영수증처리하지 않고 통신요금에 관계없이 일정금액을 지급하는 경우 그 일정금액이 통상임금으로, 월 2만원 이상의 통신요금만 지원하는 경우 2만원이 통상임금으로, 특정 통신사를 사용하는 사람에게만 월 5만원을 지급하는 경우 그 5만원은 통상임금에 해당한다. 복리후생성 금품이지만 실비정산으로 볼 수 없어 정기성 · 일률성 · 고정성이 있기 때문이다. 다음과 같은 경우라야 통상임금으로 볼 수 없다.

 근로기준정책과-655, 2015.3.5.

「통신비를 일정금액의 한도(외근 · 감사 · 광고 · 총무 · 교육직 등: 7만원, 그 외: 3만원) 내에서 실비지원하는 경우라면 실비변상적 금품으로서 근로의 대가인 임금으로 보기 어려우며 임금을 전제로 하는 통상임금에도 해당되지 않을 것임.」

⑭ 근속수당 · 직책수당 · 직무수당 · 출납수당 · 자기개발비 등의 통상임금 여부

근속 몇년당 얼마씩의 근속수당을 설정하여 지급할 때 그 금액이 매년 또는 몇년마다 인상되어 변동된다 하더라도 그 해의 해당근속수당은 통상임금에 해당한다.

대법원 2018.7.2.선고, 2013다60807

「1년 이상 근속한 근로자에게 근속 1년당 일정액을 지급한 근속수당은 통상임금에 해당한다.」

근속수당은 대법원 전원합의체(2013.12.18.)판결 이전 오래 전부터 고용노동부도 통상임금으로 인정해왔다.

그 외 직책수당·직무수당·출납수당·자기개발비 등도 매월 또는 정기적으로 해당자에게 지급된다면 정기성·일률성·고정성이 인정되어 통상임금에 해당한다. 자기개발비의 경우 어학이나 체력단련, 문화생활을 위해 지급하면서 영수증으로 실비변상하지 않는 한 소정근로의 대가로서 통상임금이 된다. 이 또한 근속수당처럼 오래 전부터 고용노동부는 통상임금으로 인정해왔다.

⑮ 성과급의 통상임금 여부

성과급은 2가지가 있다. 인사평가 또는 자신의 판매실적 등으로 받는 개인성과급, 경영목표달성으로 지급되는 집단성과급(개인별로 차등지급하더라도 본질은 집단경영성과급이다)의 2가지다.

개인성과급의 경우 매년 금액이 달라지고 평가등급을 알 수 없으며, 판매실적도 사후에야 정해지므로 얼마를 받을 수 있을지 알 수 없기에 지급금액 전부를 통상임금으로 할 수 없다. **최저 금액이 제로가 아니라면 그 최저금액이 통상임금이 된다.** 최저금액은 사전에 정해져 있어 정기성·일률성·고정성이 인정되기 때문이다.

집단경영성과급의 경우 나 자신의 근로의 대가라기보다는 시장상황, 주문상황, 생산상황 등 전체근로자와 회사 외부의 우연하고도 특수한 사정으로 결정되기 때문에 임금(평균임금) 자체로도 인정되지 않는다. 임금으로 인정되지 않으므로 통상임금에 해당될 여지가 없다.

여기서의 임금은 근로기준법상의 임금이 아니라는 의미다. 세법상으로는 당연히 임금(근로소득)으로서 소득세와 4대보험을 납부해야 한다.

⑯ 복지포인트의 통상임금 여부

여러 가지의 복리후생제도를 복지포인트화하여 근로자가 원하는 곳(여행, 도서구입, 병원비, 자녀교육비, 명절선물 구입비 등)에 사용토록 하는 것이 최근의 추세다. 복지포인트가 통상임금인지 여부를 둘러싼 분쟁도 늘고 있다.

　판례들에 입각하여 분석해보면 다음과 같은 조건들이 있을 때 통상임금에서 제외되는 것을 알 수 있다.

① 재직요건 설정
－ 포인트 지급일 현재 재직 중인 자에게 지급(신규입사자 차등은 재량이
　 지만 일할계산 하지 않을 때)
－ 휴직자 제외(복리후생으로서 실 출근자에 대한 위로 차원)

② 잔여포인트는 다음 회계연도로 이월 불가(3/31일자 자동 소멸) 및 퇴직 시 잔여 포인트 소멸(일할계산 없음)

③ 영수증 제출
－ 포인트 사용 후 정해진 기일(예: 익월 10일)까지 영수증과 함께 신청

④ 자기계발비의 경우 사용가능항목을 설정하고 공지. 사용용도에 제한이 없으면 임금으로 간주될 가능성이 높음
　　예 어학원, 기술학원, 요리학원, 운전학원(중장비학원을 포함한다), 비

즈니스매너학원, 이미지메이킹학원, 도서구입, 영화, 연극에 한한다.

⑯-1 복지포인트를 통상임금으로 본 사례

📖 서울중앙지법 2017.11.23.선고, 2017가합528290

「피고는 매년 맞춤형 복지제도 운영계획에 따라 모든 근로자들에게 공통점수를 배정하고, 근속기간에 따른 근속점수를 배정하였으며, 1점을 1,000원으로 평가하여 근로자들이 배정된 복지포인트 범위 내에서 물품, 용역을 구입할 수 있도록 하고,

그 결제대금만큼의 복지포인트를 차감한 사실이 인정되는바, 비록 복지포인트에 사용용도상의 제한과 일정 기간 내에 사용하여야 하는 제한이 부과되어 있기는 하나, 이는 소정근로를 제공함으로써 이미 발생한 포인트의 사후적 활용에 관한 문제에 불과하다.

오히려 복지포인트를 부여받은 근로자들은 원칙적으로 복지포인트에 대한 처분권한을 보유하고 있으므로, **이는 확정적으로 원고들에게 지급된 것으로 평가할** 수 있다. 따라서 복지포인트 중 공통점수는 모든 근로자들에게 일률적으로 지급되는 것이므로, 고정적·일률적·정기적으로 지급된 통상임금에 해당한다고 할 것이다.」

📖 광주고법 2017.10.25.선고, 2014나12521

「피고가 전년도 12.1. 재직하고 있는 임직원들에게 복지 포인트를 배정하고, 당해 연도 1월 초순경 복지포인트를 배정받은 근로자들에게 복지포인트를 카드 포인트의 형식으로 일괄 지급하는 사실, 신규입사자의 경우 입사 당해 연도에는 복지포인트를 배정받지 못하나 입사 월 포함하

여 근무월수가 6개월 이상일 경우 월할계산하여 복지 포인트를 배정받고,

당해 연도에 퇴직한 근로자 중 근무월수가 6개월 미만인 경우 퇴직 월을 포함해 월할계산하여 이미 지급한 복지 포인트를 환수하는 사실이 인정되는바, **복지포인트 상당액은 소정근로의 대가로서 정기적 · 일률적 · 고정적으로 지급되는 임금으로 통상임금에 해당**한다.」

부산지법 2017.10.19.선고, 2015가합50166

「'임금'이란 그 명칭 여하를 불문하고 근로의 대가로 지급되는 일체의 금품을 의미한다고 할 것이므로, 통화의 형태로 제공되지 않는다거나 사용처가 제한된다고 하여 임금성을 부정할 수는 없다.

피고 소속 직원들은 카드 포인트 형식으로 배분받은 맞춤형 복지포인트(복지포인트 1점은 1,000원에 해당) 중 일정 포인트로 단체보험에 가입하고 나머지 포인트는 정해진 물품 내지 용역을 구매하면서 직접 사용하거나 복지카드를 이용하여 구매 후 복지포인트 차감 신청을 하여 그 결제대금을 지급받을 수 있는 사실, 복지포인트는 기본포인트 · 근속포인트 · 가족포인트로 구성되어 해당 조건에 따라 정해진 포인트를 지급받는 사실, 복지포인트는 매년 단위로 지급되고 신규채용 · 면직 · 해임 · 파면 · 휴직의 경우 월할 계산되어 지급되는 사실이 인정된다.

이러한 사실에

① 비록 복지포인트에 사용용도상 제한과 일정 기간 내에 사용하지 않으면 소멸된다는 제한이 부과되어 있기는 하나, 이는 소정근로를 제공함으로써 이미 부여받은 복지포인트의 사후적 활용에 관한 문제에 불과한 것으로 보이는 점,

② 복지포인트를 부여받은 근로자들은 원칙적으로 해당 복지포인트 전체에 관한 처분권한을 보유하고 있으므로 원고들에게 확정적으로 지급된 것으로 평가할 수 있는 점,

③ 현행법상 현실의 근로제공을 전제로 하지 않고 단순히 근로자로서의 지위에 기하여 발생한다는 생활보장적 임금(임금 2분할설)을 인정할 수 없으므로, 복지포인트가 단순히 호의적·은혜적으로 제공된 것에 불과하다고 볼 수는 없는 점 등을 더하여 보면, 맞춤형 복지포인트는 **정기적·일률적·고정적으로 지급되는 임금으로서 통상임금에 해당**한다고 봄이 타당하다.」

서울고법 2017.4.19.선고, 2016나2083847

「피고가 맞춤형복지제도의 내용에 따라 매년 3급 이하의 근로자에게 일률적으로 기본 복지포인트를 배정하였고, 1포인트를 1,000원으로 평가하여 근로자들이 자유롭게 온라인상의 '후생복지관'이나 복지가맹업체에서 복지카드 등을 사용하여 자율항목에 해당하는 물품·용역을 구입할 수 있도록(결제대금만큼의 복지점수가 차감됨) 하고, 기본 복지포인트를 매년 1월 1일부터 12월 31일까지 기준으로 배정하되, 퇴직 등 신분 변동이 있는 때에는 월할 정산하여 배정하였는바, 다음과 같은 사정들을 종합하면 피고의 **기본 복지포인트는 통상임금에 포함된다고 봄이 상당**하다.

① 복지포인트에 해당하는 금액이 바로 통화로 지급되지 않았다는 사정만으로 임금 해당성을 부인하여서는 안 된다.

② 사용자가 복리후생 명목으로 지급한 금품이라 하더라도 그것이 은혜적인 금품일 뿐 사용자에게 지급의무가 없다거나, 근로의 양이나 질과 관련이 없다는 등의 사정이 명백하지 않은 한 근로대가성을 부인할 수 없다.

③ 기본 복지포인트는 용도에 제한이 있지만 근로자는 적어도 사용 범위 내에서 자유롭게 사용할 수 있고, 피고는 목적 범위 내의 사용에 대하여 간섭하거나 정산을 거절할 수 없다. 즉 원고들과 같은 근로자가 생활을 형성하고 유지한다는 측면에서, 기본 복지포인트는 실질

적으로 해당 금액이 통화로 지급되는 것과 다르지 않다. 결국 피고의 기본 복지포인트 부여에 따라 그에 상응하는 재산적 이익의 처분권이 근로자에게 이전되었고, 복지포인트의 사후 정산 절차는 구체적인 사용 방법에 불과하다고 보아야 한다. 또한 사용되지 않은 기본 복지포인트가 이월되지 않은 채 소멸한다 하더라도, 이는 자율적인 판단에 따른 처분 또는 포기에 불과하다.

④ 피고 소속 3급 이하 근로자에게 매년 일괄적으로 기본 복지포인트가 부여되었고, 나아가 근로자는 소정근로를 제공하기만 하면 일정한 기본 복지포인트를 부여받을 것으로 기대할 수 있었으므로 고정성도 인정할 수 있다. 따라서 기본 복지포인트는 근로자에게 정기적·일률적·고정적으로 지급되는 소정근로의 대가로서 통상임금에 해당한다고 보는 것이 타당하다.

⑤ 한편 피고의 운영지침에 따라 12월에 입사하거나 복직한 근로자에 대하여는 예외적으로 당해 연도 기본 복지포인트를 배정하지 아니하나, 이는 당해 연도에 일정 근속기간 이상을 재직할 것을 기본 복지포인트 배정조건으로 한 것으로서, 그러한 사정만으로 기본 복지포인트의 일률성·고정성을 부인할 수는 없다.」

대법원 전원합의체판결(2013.12.18.)이전에도 복지포인트를 통상임금으로 판정한 사례도 있다.

서울행법 2013.4.26.선고, 2012구합29806

「이 사건 사용자는 일정한 기준에 따라 소정 근로 또는 총 근로의 대상으로 상여금, 장기근속수당, 급식보조비, 교통보조비, 맞춤형 복지카드를 근로자들에게 지급함으로써 정기적·일률적으로 지급한 고정적인 임금이라고 볼 수 있어 통상임금에 해당한다고 봄이 상당하다.」

⑯-2 복지포인트를 통상임금으로 보지 않은 사례

📖 서울북부지법 2017.2.16.선고, 2016가단117138

「① 피고가 근로자에게 일정액의 복지포인트를 배정하더라도 근로자는 정해진 복지항목에 따른 물품·용역을 구매한 후 피고의 복지시스템에 접속하여 결제를 신청하고, 이에 따라 피고가 승인을 하여야 비로소 현실적 이익을 얻게 된다.

즉, 지정된 복지항목에 대한 근로자의 구매와 이에 따른 복지포인트 결제신청이라는 조건이 성취되어야 피고의 금전지급의무가 발생하므로, 위와 같은 추가적인 조건이 성취되지 않는 한 그 금전지급이 사전에 확정되었다고 볼 수 없다.

② 근로자가 당해 연도에 복지포인트를 사용하지 못하더라도 피고에게 미사용 복지포인트에 상당한 금전지급을 청구할 수 없고, 다음 연도로 미사용 포인트가 이월되지도 않는다. 따라서 관념적 수치에 불과한 복지포인트의 배정만으로 근로자가 그에 상당하는 금액을 확정적으로 취득하였다고 볼 수 없다.

③ 복지포인트의 사용 용도는 선택적 복지제도 운영계획에 정한 복지항목과 단체보험 등 피고가 복지향상에 필요하다고 인정하여 사용을 허락한 범위로 제한된다.

이는 근로자가 생계수단인 임금을 확실하고, 신속하며, 예상가능하게 지급받을 수 있도록 하기 위하여 규정한 근로기준법 제43조제1항, 제2항의 임금의 통화·전액·직접·월 1회 이상 정기지급의 원칙에 비추어 보더라도 들어맞지 아니한다.

④ 보수운영내규 제17조는 수당의 종류를 열거하고 있는데 여기에 복지포인트는 포함되어 있지 않고, 오히려 복지후생운영내규에 학자보조금,

학자대여금 등과 함께 규정되어 있다. 반면 복지포인트와 같이 복리후생적 명목으로 볼 수 있는 가족수당은 위 규정에 수당으로 포함되어 있으므로, 임금의 성격을 갖는 수당과 그렇지 않은 복지포인트를 준별하고 있다.

⑤ 선택적 복지제도는 근로복지기본법에 정한 제도로서 위 법은 제1조에서 "근로복지정책의 수립 및 복지사업의 수행에 필요한 사항을 규정함으로써 근로자의 삶의 질을 향상시키고 국민경제의 균형 있는 발전에 이바지함을 목적으로 한다."라고 규정하고, 특히 제3조(근로복지정책의 기본원칙) 제1항은 "근로복지(임금 · 근로시간 등 기본적인 근로조건은 제외한다. 이하 같다)정책은 근로자의 경제 · 사회활동의 참여기회 확대…"라고 규정하여 근로복지의 개념에서 임금을 제외하고 있다. **따라서 근로복지기본법에 의하여 만들어진 복지포인트는 임금과 같은 근로조건에서 제외된다고 봄이 타당**하다.」

이 사건은 2016.1.15. 서울고등법원에서도 위와 같은 논리로 통상임금이 부정되었다.(서울고법 2015나2016215).

제4장

평균임금

퇴직한 김 과장이 자신의 퇴직금계산이 잘못됐다며 인사팀에 이의를 제기해왔다.

김 과장 제가 퇴직하면서 남은 연차휴가보상비를 50만원 받았는데 이게 퇴직금에 반영이 안됐어요.

인사팀장 퇴직하면서 지급된 연차휴가보상비는 퇴직금에 들어가는 돈이 아니네. 지난 1월에 받은 거, 작년에 휴가를 다 못써서 보상한 돈은 3/12만큼 퇴직직전 3개월치의 평균임금으로 해서 정상적으로 퇴직금에 반영했다네.

김 과장 저는 작년에 연차휴가를 거의 다 써서 올 1월에는 얼마 못 받았거든요. 지금 보상받는 연차수당이 들어가는 걸로 알고 휴가도 아껴 썼단 말예요.

통상임금에 비하면 평균임금실무의 난이도는 낮은 편이다. 통상임금은 통상임금인지 아닌지 구분하기도 어려울 뿐만 아니라 매달의 급여계산과 직결되기 때문이다.

평균임금은 법적으로는 줄여서 임금이라고도 하는데, 평균임금도 퇴직금과 같이 무언가를 계산하기 위한 개념이다. average의 뜻보다는 total이라는 뜻에 더 가깝다. 여기서 임금은 현찰만 의미하지는 않는다. 급여대장이나 급여명세서에 기재되지 않았다 하여 임금이 아닌 것도 아니다.

평균임금의 용도는 90%가 퇴직금 계산용이다. 그래서 평균임금이 다른 말로 퇴직금산입임금이라고도 불린다. 나머지 10%는 휴업수당 계산과 징계 감급액을 정할 때 정도다. 연차휴가보상비도 평균임금으로 계산하는 회사가 간혹 있으나 외환위기 이후 거의 없다고 봐도 과언이 아니다.

휴업수당은 산재로 휴직할 때인데 회사가 임금대장만 제출하면 근로복지공단이 알아서 계산해준다. 산재처리하지 않고 회사가 평균임금의 70%를 지급하고자 할 때에도 퇴직금계산 때와 똑같은 방법으로 하면 된다.

회사 사정으로 휴업수당을 계산하는 경우는 징계 전에 자택대기발령 할 때와 감급액을 정할 때 정도다. 1년 내내 이러한 일이 생기지 않는 경우도 많다.

평균임금인지 여부를 따질 때는 현찰인지 현물인지는 중요하지 않다. 같은 것으로 취급한다. 은혜적이면서 실비변상조일 때는 근로의 대가가 아닌 것(그냥 선물 정도 되겠다)으로 보고, 은혜적이거나 실비변상조로 보기 어려울 때에는 현찰이든 현물이든 근로의 대가로 본다. 근로의 대가란 임금을 말한다. 임금으로 인정되고 나면 그것이 평균임금에만 해당하는지 통상임금에도 해당하는지를 판단한다.

❶ 평균임금에 들어가는 것

근로자가 받는 금품은 대부분 평균임금이다.

- 매월 받는 급여(근로계약서나 연봉계약서에 기재된 것) 중 통상임금 은 무조건 평균임금
- 매월 실 근태에 따라 변동되는 초과근무수당(연장 · 야간 · 휴일근로 수당)과 포괄임금약정으로 매월 고정적으로 받는 초과근무수당
- 매월 받는 급여 중 통상임금으로 하든 안하든 식대, 교통비보조금 등 영수증처리하지 않는 실비변상조의 임금
- 1년에 한번이든 몇번이든 나누어 받는 정기상여금, 명절상여금이나 하기휴가비(통상임금 처리하지 않아도 평균임금)
- 상하반기 또는 년1회 인사평가로 받는 인센티브
- 통상임금 처리하는 복지포인트
- 미사용 연차휴가보상비

단, 1년에 한두 번 나가는 금품(정기상여금과 연차휴가보상비 등)은 평균임금 계산 시 주의해야 한다.

근로기준법 제2조(정의) 제1항

「5. 임금이란 사용자가 근로의 대가로 근로자에게 임금 · 봉급 · 그 밖에 어떠한 명칭으로든지 지급하는 일체의 금품을 말한다.

6. 평균임금이란 이를 산정하여야 할 사유가 발생한 날 이전 3개월 동안에 그 근로자에게 지급된 임금의 총액을 그 기간의 총일수로 나눈 금액을 말한다. 근로자가 취업한 후 3개월 미만인 경우도 이에 준한다.」

❷ 평균임금에 들어가지 않는 것

근로의 대가와 무관한 순수 복리후생성 금품이다.
- 경조금
- 출장비, 출장식대
- 학자금 지원비
- 의료 지원비
- 포상금(단, 평가나 영업실적에 따라 지급의무 있는 포상금은 제외)
- 명절선물이나 상품권
- 목표달성 경영성과급
- 중식 식권
- 부서단합대회비
- 동호회비
- 목욕비 등이다.

　상기의 금품을 급여 과표에 잡아 근로소득세나 4대보험을 납부한다 하여 임금(평균임금)이 되는 것은 아니다. 세법상의 임금과 노동법상의 임금은 다르기 때문이다.

❸ 식대보조비를 평균임금으로 본 사례

제3장 11에서도 언급한 것처럼 식대도 이미 통상임금으로 간주되고 있다. 영수증으로 실비처리하거나 월 정한 금액 없이 식권으로 지급하지 않는 한 통상임금으로 본다. 정기성·일률성·고정성이 있기 때문이다.
　통상임금은 예외 없이 평균임금이 된다. 통상임금은 소정근로의 대가이고 평균임금은 총 근로의 대가인데 총 근로 안에 소정근로가 들어있기 때문이다. 총 근로는 소정근로 외에 초과근로가 대표적이다. 대법원 전원합의체 판결(2013.12.18.)이전부터도 식대는 가끔 임금이 부정된 사례는 있지만 대체로 임금으로 보았고 통상임금으로 본 사례도 다수 있다.

서울고법 2017.5.31. 2016나2135: 통상임금이자 평균임금이다
서울고법 2015.4.28. 2013나37208: 통상임금이자 평균임금이다
서울남부지법 2013.8.30. 2011가합17312: 통상임금이자 평균임금이다
서울중앙지법 2015.6.5. 2013가합546054: 통상임금이자 평균임금이다
대법원 2001.5.15. 2001도1186: 평균임금이다

「**출근일에 한하여 현물로 제공되거나 구매권으로 지급되는 식대보조비 등을 지급한 경우에도 이는 근로제공과 밀접하게 관련된 것**이라 할 것이고 그것이 정기적·일률적으로 지급되는 한 그것을 근로제공과 무관한 단순한 복지후생적이거나 은혜적인 급부라 할 수 없으므로 근로의 대가로서의 임금의 성질을 지닌 것으로 보아야 할 것이다.」

❹ 식대보조비를 평균임금으로 보지 않은 사례

식대를 임금으로 보지 않은 사례는 다음과 같다. 완전한 실비변상일 때다.

울산지법 2015.5.21. 2013가합4223
「이 사건 단체협약 중 '제7장 교육 및 복지' 항목에 급식 제공에 관한 조항(제80조)이 포함되어 있고, 원고들 중 순천 공장에 근무하던 원고 A, B, C가 피고로부터 매월 69,200원 내지 80,300원에 이르는 금액을 '식대지원'이라는 항목으로 지급받은 사실, 그 중 일부에 해당하는 금액이 매월 '식대'라는 공제항목으로 공제된 사실이 있다. 그 외 사실들과 종합적

으로 판단하면,

① 단체협약에는 급식비의 지급에 관한 규정을 둔 것이 아니라 급식의 제공에 관한 규정만을 둔 점,

② 급식의 제공에 관한 규정은 임금에 관한 장(근로조건)이 아니라 교육 및 복지에 관한 장에 속해 있는 점,

③ 원고들도 위 '식대지원'에 해당하는 돈을 받은 것은 피고의 직원 중 순천 공장에 근무하던 직원에 한정되었음을 자인하는 점,

④ 순천 공장의 경우 인원 대비 식당 규모가 작아 부득이 다수의 직원들이 사외에서 식사를 해야 하는 특수한 사정으로 인하여, 순천 공장에 근무하는 직원들에 대하여는 '식대지원'이라는 항목으로 일정 금액을 지급하고, 그 중 구내식당에서 식사를 한 회수만큼의 금액을 '식대' 항목으로 공제하였다는 피고의 주장이 타당성이 있는 점 등을 종합하여 보면,

원고 A, B, C가 지급받은 위 식대는 **근로자의 후생복지를 위하여 제공되는 것으로서 근로의 대가인 임금이라고 볼 수 없고**(대법원 2006.5.26. 선고 2003다54322 판결 참조), 설령 임금에 해당한다 하더라도 일률성 · 고정성을 결여하여 통상임금에 해당하지 않는다.」

❺ 교통보조비를 평균임금으로 인정한 사례

차량등록증을 소지한 근로자에게 비과세처리하는 교통보조비 20만원 이내의 금액도 매월 지급하면 소정근로의 대가로서 통상임금이며 이는 평균임금에도 해당됨을 의미한다.

임금이 아닌 경우는 말 그대로 실비변상조로 지급할 때다. 각 근로자의 집과의 거리와 소유한 차량의 연비, 대중교통 이용빈도 등을 감안하여 금

액을 책정하거나, 더 다툼의 여지가 없는 방법으로 매일의 출퇴근운행기록을 작성하여 운행거리와 연비를 감안하여 매월 다르게 지급할 때다. 후자의 방법은 담당자의 업무폭주로 실현가능성이 없으므로 논외로 한다.

광주지법 2016.7.14. 2013가합54583: 통상임금이자 평균임금

「병원이 매월 15만원씩 지급한 교통보조비는 통상임금이자 평균임금이다. 복리후생규정을 별도로 두면서 복리후생규정에 교통보조비를 정하고 있는데, 이를 임의적 · 은혜적 급여로 볼 만한 지급조건 등이 붙어 있지 않을 뿐 아니라 단체협약에서도 명문의 근거 규정을 두어 그 지급의무를 정하고 있었던 점에 비추어 볼 때, 복리후생규정에서 그 근거를 두고 있다는 점만으로 교통보조비가 근로의 대가가 아닌 임의적 · 은혜적 급여인 복리후생비에 해당한다고 단정할 수는 없기 때문이다.」

　교통보조비의 임금성을 인정하여 평균임금으로만 인정하고 통상임금으로는 인정하지 않은 사례는 다음과 같다.

서울중앙지법 2016.1.29. 2012가합87787: 통상임금은 아니지만 평균임금에는 해당

「회사에게 교통보조비의 지급의무가 있어 일정한 요건에 해당하는 근로자에게 일률적으로 지급되어 왔다면, 이는 임의적 · 은혜적인 급여가 아니라 근로에 대한 대가의 성질을 가지는 것으로서 임금이기는 하다. 그러나 교통보조비는 소정근로의 가치 평가와 무관한 사항을 조건으로 하여 지급되는 것으로서, 그 조건에 해당하는 모든 근로자에게 지급되었다 하더라도 통상임금의 일률성에서 말하는 '일정한 조건 또는 기준'에 따른 것이라 할 수 없어 일률성을 인정할 수 없으므로 통상임금에 속한다고 볼 수 없다.」

⑥ 교통보조비를 통상임금으로도 평균임금으로도 인정하지 않은 사례

교통보조비가 확실하게 임금(통상임금이든 평균임금이든)이 아니기 위해서는 다음 판결에서 인정하는 정도의 조건이 있어야 한다고 생각한다. 그러나 특단의 사정(영수증처리에 준할 정도의 실비변상)이 있지 않는 한 **대세는 통상임금과 평균임금 모두에 해당됨을 참조**하여 주기 바란다.

서울중앙지법 2014.9.19. 2014가합22487

「교통보조비가 지급되는 경우 교통지원비를 지급하지 않는 등 중복 지급을 하지 않는 것으로 볼 때 동일한 성격의 금원인 점,

근로자들의 업무특성상 보험상품을 판매하는 영업활동이 포함되어 있고 교통비는 그러한 업무수행 과정에서 필요한 비용인 점,

실제 출근하여 영업활동의 가능성이 있는 사원들만을 지급대상으로 하고 있는 점,

취약지역 근무자의 경우 직급에 따른 교통지원비에 추가로 교통지원비를 더 지급하는 점,

원거리의 경우 주민등록등본을 첨부하여 신청하여야 하는 점,

결근 1일당 10%를 삭감하고, 5일 이상 결근 시에는 아예 지급받지 못하게 되어 있는 점 등에 비추어 볼 때,

이 사건 교통지원금은 근로제공과 관련 없이 개별근로자의 특수하고 우연한 사정에 의하여 지급여부와 지급금액 등이 좌우되므로, 근로의 대상인 임금이라기 보다는 실비변상적 성격에 더 가깝다. 통상임금과 평균임금에 해당한다고 할 수 없다.」

❼ 급여대장 기록 없이 사업주가 개인적으로 준 돈도 평균임금

회사가 공식적으로 급여대장에 기록하지 않은 채 회사 돈이 아닌 대표의 개인 돈으로 월급 외에 추가로 더 지급하는 경우가 있다.

다른 직원과의 위화감, 회사 재정의 보호 등을 위한 때 주로 발생한다. 신용불량자에게 급여대장에의 기록 없이 대표 개인 돈으로 지불하고 대표는 회사로부터 충당 받는 경우도 있다. 후자(신용불량자)를 가정하면 **당연히 임금이라고 인식할 수 있듯이 전자도 그 추가로 더 지급한 돈은 임금이다.**

📖 서울고법 2018.3.28.선고, 2017누66130

「A사의 회장인 B씨는 자신이 운영하던 주식회사의 계열사 대표이사이던 원고를 2007년 4월 A사의 사무국장으로 임명하며 월 200만원의 급여를 지급했다.

이후 원고가 대표이사를 그만두고 A사의 사무국장 일만 전담하기 시작한 2008년 4월 무렵부터 B씨는 원고가 앞서 대표이사로 근무하며 받았던 연봉이 4,500만원이었던 점 등을 고려해,

급여 외에 월 150만원을 개인적으로 추가 지급했다. B씨는 A사의 열악한 재정 사정 때문에 원고의 월급을 공식적으로 인상해주기 어렵다고 판단해 2008년 4월부터 업무상 재해를 입은 2010년 9월까지 월 150만원을 개인적으로 추가 지급하였는바,

A사의 대표자 회장인 B씨가 원고에게 지급한 월 150만원도 원고가 A사의 사무국장으로서 제공한 근로의 대가로 받은 임금으로 평균임금에 포함된다고 봄이 타당하다.」

⑧ 개인연금보조비, 단체보험료의 평균임금 여부

복리후생차원에서 근로자를 가입자로 하여 회사가 개인연금료를 보험사에 매월 대납한 경우 평균임금뿐만 아니라 통상임금에도 해당한다. 통상임금에 해당하는 한 평균임금에 해당하는지 여부는 따질 것도 없이 평균임금에 들어간다.

그러나 개인연금을 가입여부나 지원횟수 등을 근로자가 선택하게 하고 지원하는 경우 은혜적인 급부로 보아 임금을 부정한 사례도 있다. 어떻게 운영하는지에 달라진다.

단체보험을 회사 명의로 가입하고 그 보험료를 근로자에게가 아닌 보험사에 납부한 경우도 정기적 · 일률적 · 고정적으로 지급되어 **통상임금에도 해당되고 통상임금에 해당되는 한 당연히 평균임금에도 해당된다.**

> 대법원 2005.10.13.선고, 2004다13755(개인연금보조비는 임금)
>
> 「비록 직접 근로자들에게 현실로 지급되는 것이 아니고 그 지급의 효과가 즉시 발생하는 것은 아니라 하더라도 사용자가 단체협약에 의하여 전 근로자를 피보험자로 하여 개인연금보험에 가입한 후 매월 그 보험료 전부를 대납하였고 근로소득세까지 원천징수하였다면, 이는 근로의 대상인 임금의 성질을 가진다고 할 것이고, 정기적 · 일률적 · 고정적 급부라는 통상임금의 개념적 징표까지 모두 갖추고 있는 이상 평균임금에 당연히 포함된다.」

> 대법원 2003.2.1.선고, 2002다50828(개인연금보조비는 임금)
>
> 「개인연금 회사 지원금은 근로자들 모두에게 계속적 · 정기적으로 지급되어 임금에 해당한다.」

부산지법 2008.5.30.선고, 2007나17465(개인연금보조비는 임금)

「피고가 단체협약에 의하여 신입사원을 비롯하여 정규직 근로자 전원을 피보험자로 하여 개인연금보험에 가입하고, 다만 만 20세 미만의 자에 한하여 개인연금보험 대신 별도의 단기보험 상품에 가입하여, 매월 그 보험료 50,000원씩을 근로자들을 위하여 대납하였고, 이를 급여명세표에 기재하여 근로소득세를 원천징수하여 왔으므로, 비록 비상근 임직원 등 정규 직원이 아닌 자들에게는 개인연금보조금이 지급되지 아니하였다고 하더라도, 개인연금보조금은 전(全) 정규직원들에게 근로의 대가로서 정기적·계속적으로 지급되어 온 것으로 보아야 할 것이어서, 이는 정규 직원들에 대하여는 임금에 해당한다 할 것이고, 또한 그것이 매월 일정액이 지급되었으므로 **시행령에 규정하고 있는 '총 근로에 대한 월급 금액'으로 통상임금에 해당한다 할 것이다.** 따라서 연장근로와 야간근로 또는 휴일근로 수당을 산정함에 있어서의 통상임금을 계산할 때에는 개인연금보조금을 포함시켜야 한다.」

 서울중앙지법 2014.9.19.선고, 2014가합22487(개인연금보조비는 임금 아님)

「개인연금보험 가입 및 유지 여부, 개인연금보험료 지원 종료 횟수, 연금지원등록 신청일자, 보험료 선납 및 자동이체 여부 등 개별 근로자의 특수하고 우연적인 사정에 의해 그 지급 여부가 정해져 온 이 사건 개인연금지원금은 근로제공과 직접적으로 관련된 것으로 볼 수 없고, 위 금원의 지급근거는 단체협약 중 복리후생 편에 기재되어 있는 점, 그 지급 취지도 안정된 노후생활을 보장해 주기 위한 것이라고 되어 있는 점, 지급 기준과 관련하여 기준을 충족하는 사원이라도 피고가 정한 시스템에 정해진 시기와 방법에 따라 신청을 하여야만 지급받을 수 있는 점 등에 비추어 보면, 사용자의 지급의무가 있는 금원이라기 보다는 근로자들의 복리후생을 위해 은혜적으로 지급하는 것으로 보이므로, 이 사건 개인연금지원금은 임금에 해당한다고 할 수 없다.」

📖 대전지법 2011.9.23.선고, 2010가합4045(단체보험료는 임금)

「비록 직접 근로자들에게 현실로 지급되는 것이 아니고 그 지급의 효과가 즉시 발생하는 것은 아니라 하더라도, 사용자가 단체협약에 의하여 전 근로자를 피보험자로 하여 개인연금보험에 가입한 후 **매월 그 보험료 전부를 대납하였고 근로소득세까지 원천징수하였다면, 이는 근로의 대상인 임금의 성질을 가진다고 할 것이고,** 정기적 · 일률적 · 고정적 급부라는 통상임금의 개념적 징표까지 모두 갖추고 있는 이상 평균임금에 당연히 포함된다.」

❾ 명절선물과 상품권, 생일 · 결혼기념일 상품권의 평균임금 여부

평균임금인지 여부를 따질 때는 **현찰인지 현물인지는 중요하지 않다고 전술하였다.** 선물이나 상품권도 근로의 대가로 보기도 한다.

명절상품권을 지급일 현재 재직 중인 자에게만 지급할 경우 통상임금에서는 제외되지만 평균임금에는 포함된다고 보는 것이 타당하다. 선물세트로 지급할 때도 마찬가지다. 단, 상품권이든 선물이든 얼마 상당의 단가 없이 그때그때 회사의 재량으로 정해진다 하더라도 규정이나 관행으로 지급의무가 있다면 적어도 평균임금에는 해당된다.

생일자나 결혼기념일 맞은 자에게 지급하는 상품권 또한 회사에 지급의무가 있다면 평균임금에 해당하며 통상임금에도 해당할 수 있다.

근로기준과-4189, 2009.10.22.

「설과 추석에 직원전용 쇼핑몰에서의 선물구입용으로 15만원의 사이버머니를 충전해주고 미사용 머니는 별도 현금으로 환급하지 않으며, 추석에는 **유류상품권 10만원권을 구매하여 직원들에게 지급하는 경우 평균임금**에 해당된다.

근로기준법 제2조제1항제5호 규정에 의하여 '임금'이라 함은 사용자가 근로의 대가로 근로자에게 임금, 봉급, 그 밖에 어떠한 명칭으로든지 지급하는 일체의 금품을 말하며, '임금'에 해당하기 위해서는 ① 근로의 대상이 있고, ② 사용자에게 지급의무가 있는 금품이라는 요건을 충족하여야 하는데 위 사이버머니와 유류상품권은 이 조건들을 모두 충족한다.」

대전지법 2011.9.23. 2010가합4045

「**명절선물**: 실제의 근무성적과 상관없이 모든 근로자에게 연 200,000원 상당의 금품이 지급되된 것은 노사협의에 의하여 피고 회사에 지급의무가 지워져 있고, 근로의 대가로서의 성질을 가지는 것으로서 임금에 해당된다. 정기적·일률적으로 지급되는 고정적인 임금에 해당하여 법령상 통상임금에 해당되고, **평균임금 산정의 기초가 되는 임금총액**에 포함된다고 봄이 상당하다.

생일자 선물: 이 사건 생일자지원금은 노사협의에 의하여 피고 회사에 지급의무가 지워져 있고, 근로의 대가로서의 성질을 가지는 것으로서 임금에 해당된다고 할 것이고, 실제의 근무성적과 상관없이 모든 근로자의 생일에 30,000원 상당의 문화상품권이 지급되었으므로 정기적·일률적으로 지급되는 고정적인 임금에 해당하여 법령상 **통상임금에 해당되고, 평균임금 산정의 기초가 되는 임금총액에 포함된다고 봄이 상당**하다.」

❿ 주거지원비, 사택지원비,
기숙사지원비의 평균임금 여부

상기에서 본 법리나 판례 등에 비추어 보면 이러한 주거지원비를 **실비변상하지 않는 한 근로의 대가인 평균임금은 물론 매월 고정적으로 지급한다면 통상임금에도 해당**된다고 본다.

실비변상이란 월 임차료를 회사가 대납 또는 임차료 금액을 실비지급하거나 관리비를 영수증 처리하는 등을 말한다. 실비와 일치되지 않은 금액을 매월 또는 정기적으로 지급한다면 근로의 대가로 간주된다.

⓫ 인사평가 성과급과 포상금의
평균임금 여부

평균임금에서 분쟁이 많은 항목 중의 하나다. 특히 개인성과급에서 그렇다. 이 금품이 평균임금인지 아닌지의 판단기준은 그 성과급이 근로자 개인의 업무성과인지, 팀이나 회사 전체의 성과로 개인에게 지급되는 것인지다.

근로자 개인의 인사평가에 따른 성과급(인센티브)은 대체로 평균임금에 해당된다. 자신의 판매실적에 따라 지급받는 성과급은 다툼이 크다. 성과급을 준다는 이유로 사회통념상 용인되기 힘든 저임금을 주는 상태가 아닌 한, 개인 판매실적에 따라 지급되는 성과급도 그 조건을 달성해야 지급되므로 임금으로 보기는 어렵다.

팀이나 회사 목표를 달성하여 지급되는 인센티브는 집단경영성과급으로서 평균임금으로 보지 않는 데에 대체로 이견이 없다.

⑪-1 개인성과급을 임금으로 본 사례

대법 2011다23149, 2011.7.14.

「인센티브(성과급) 지급규정이나 영업 프로모션 등으로 정한 지급기준과 지급시기에 따라 인센티브(성과급)를 지급하여 왔고, **차량판매는 피고 회사의 주업으로서 영업사원들이 차량판매를 위하여 하는 영업활동은 피고 회사에 대하여 제공하는 근로의 일부라 볼 수 있어, 인센티브(성과급)는 근로의 대가로 지급되는 것이라고 보아야 하며**, 매월 정기적 · 계속적으로 이루어지는 인센티브의 지급이 개인근로자의 특수하고 우연한 사정에 의하여 좌우되는 우발적 · 일시적 급여라고 할 수 없고, 지급기준 등의 요건에 맞는 실적을 달성하였다면 피고 회사로서는 그 실적에 따른 인센티브의 지급을 거절할 수 없을 것이므로 이를 은혜적인 급부라고 할 수도 없으며, 인센티브(성과급)를 일률적으로 임금으로 보지 않을 경우 인센티브(성과급)만으로 급여를 지급받기로 한 근로자는 근로를 제공하되 근로의 대상으로서의 임금은 없는 것이 되고 퇴직금도 전혀 받을 수 없게 되는 불합리한 결과가 초래될 것인 점 등에 비추어 보면, 이 사건 인센티브(성과급)는 퇴직금 산정의 기초가 되는 평균임금에 해당한다.」

중앙행심위2015-15877, 2016.4.2.

「헬스장 트레이너의 성과급은 근로자체의 대가인 임금에 해당한다.」

⑪-2 개인성과급을 임금으로 보지 않은 사례

대법 2001다76328, 2005.5.14.

「근로자 개인의 실적에 따라 결정되는 성과급은 지급조건과 지급시기가 단체협약 등에 정하여져 있다고 하더라도 지급조건의 충족 여부는 근로자 개인의 실적에 따라 달라지는 것으로서 근로자의 근로제공 자체의 대상이라고 볼 수 없으므로 임금에 해당된다고 할 수 없다.」

📖 근로개선정책과-4400 2011.11.10
「추가 성과급 지급기준이 취업규칙 등에 명시돼 있어도 목표 달성여부에 따라 발생한다면 근로제공 대가라고 볼 수 없어 근로기준법상 임금으로 보기 어렵다.」

⑫ 경영성과급의 평균임금 여부

평균임금이 아니라는 것은 소정근로 또는 총근로의 대가가 아니라는 의미다. 실비변상조 또는 은혜적인 금품을 말한다. 대법원이 제시한 판단기준에 의하면 보통 팀 목표달성, 부문 목표달성, 회사 목표달성을 조건으로 그때그때 회사의 재량으로 지급여부가 결정되는 경영성과급은 임금으로 보지 않는다.

그러나 **취업규칙 등에 지급조건이나 금액, 지급시기가 명확히 규정되어 있고 관례적으로 지급하여 당연히 지급받을 수 있는 기대감이 형성된 때에는 임금성이 인정**된다.

1) 대법원의 판단기준

📖 대법2002다54615, 2002.12.10.
「특별성과급 등이 근로기준법상의 임금에 해당하는지 여부는 원고의 이 사건 특별성과급 등의 지급이 일시적·비정기적인 것인지, 아니면 계속적·정기적인 것인지 여부에 의해 결정되는 것이며, 이는 원고의 경영계획에 따라 일시적 · 비정기적인 것이 될 수도 있고, 계속적 · 정기적인 것이 될 수도 있을 것이라는 점도 감안하여 볼 때, 이를 따져 보지 않은 채 그 자체로 근로기준법상의 임금이 아님이 명백하다고 할 수는 없다.」

2) 경영성과급을 임금으로 본 사례

근로기준과-2372, 2005.4.28.

「성과급이 취업규칙 등에 지급조건 · 금액 · 지급시기가 명확히 규정되어 있거나, 전 근로자에게 관례적으로 지급하여 사회통념상 근로자가 당연히 지급받을 수 있다는 기대를 갖게 되는 경우라면 임금성을 인정할 수 있을 것임.」

3) 경영성과급을 임금으로 보지 않은 사례

수원지법 2009-33003, 2011.1.28.

「팀별 목표달성여부에 따라 지급여부가 정하여지는 팀 인센티브는 개인적으로 지급되는 것이 아니거나 은혜적인 급부에 불과하여 평균임금에 포함될 수 없다.」

근로기준과-426, 2011.1.25.

「지급조건 · 금액 · 지급시기가 단체협약 · 취업규칙 등에 정하여져 있다 하더라도 개인의 실적에 따라 결정되는 경우나 단체협약 · 취업규칙 등에 지급조건 · 금액 · 지급시기 등에 관하여 아무런 규정도 없이 사용자의 재량에 의해 매년 그 지급시기 및 지급액을 달리하거나 지급되지 아니하는 경우에는 근로자의 근로제공 자체의 대가라고 볼 수 없고, 사용자에게 그 지급의무가 확정되는 임금성을 갖는다고 보기 어려울 것임.」

근로기준과-1758, 2005.3.25.
「경영성과급, 특별상여금 및 생산장려금 등의 지급여부·지급률·지급시기 등이 대표이사에 의해 임의적으로 결정되어 왔다면 평균임금에 해당되지 않는다.」

⑬ 평균임금이 아닌 것이 명백한 금품

출장 때 지급하는 여비·식대·일비, 평상시의 당직비, 의료지원비·학자금(본인 또는 자녀), 부양가족에 따라 지급되는 가족수당, 주택융자금, 경조금, 포상금(시무식이나 종무식 때 또는 발명·제안 포상금 등) 등이다.

　주의할 점은 명칭으로 판단하는 것이 아니라 그 실질로 판단한다는 것이다. 상기의 금품들은 평균임금에 해당되진 않지만 **포상금처럼 명칭만 상금이고 실질은 개인실적에 따른 인센티브(성과급)성격일 때에는 평균임금에 포함**된다.(이 장의 11참조).

⑭ 평균임금 계산 때 직전 3개월간중 제외되는 기간과 임금

평균임금을 구할 때는 평균임금을 계산해야 하는 날 이전 3개월간 지급된 임금총액을 그 기간의 총일수로 나누어 구한다. 입사한지 한 달 만에 평균임금을 구해야 할 때에는 그 한 달로 구한다.

근로기준법 제2조(정의) 제1항 제6호
「"평균임금"이란 이를 산정하여야 할 사유가 발생한 날 이전 3개월 동안에 그 근로자에게 지급된 임금의 총액을 그 기간의 총일수로 나눈 금액을 말한다. 근로자가 취업한 후 3개월 미만인 경우도 이에 준한다.」

직전 3개월은 달력상의 3개월이므로 몇월에 퇴직하는지에 따라 89~92 일이 된다. 문제는 이 3개월간 병가·휴직·재해 요양·단축근무 등이 있으면 이 때 받은 임금은 적어지고 달력일수는 그대로이기 때문에 평균임금액수가 적어진다.

그래서 3개월간 포함시키지 말아야 할 기간이 있다. 그 기간에 지급된 임금도 제외한다. 8가지 사유가 있다.

 근로기준법 시행령 제2조(평균임금의 계산에서 제외되는 기간과 임금)제1항

「1. 3개월간의 수습사용중인 기간

2. 사용자의 귀책사유로 휴업한 기간

3. 출산전후휴가 기간

4. 업무상 재해로 요양하기 위하여 휴업한 기간

5. 육아휴직 기간

6. 적법한 쟁의행위기간

7. 병역법, 예비군법 또는 민방위기본법에 따른 의무를 이행하기 위하여 휴직하거나 근로하지 못한 기간. 다만, 그 기간 중 임금을 지급받은 경우에는 그러하지 아니함.

8. 업무외 재해, 그 밖의 사유로 사용자의 승인을 받아 휴업한 기간」

⑮ 육아휴직 복직 후 2달만에 퇴직하는 경우

퇴직 직전 3개월간 근무한 기간은 직전 두 달이고 육아휴직기간은 그 전 한 달이 될 것이다.

육아휴직기간은 3개월 기간에서 빼야 하므로 실제 정상근로한 두 달만으로 평균임금을 계산한다. **두 달간 정상지급된 임금을 두 달의 달력상의 일수로 나누어서 1일분의 평균임금을 구한다.**

업무상 재해로 직전 3개월간 일주일 일하다 일주일 요양차 휴업하고, 이를 반복한 경우, 휴업한 기간을 뺀 정상근로한 날들만으로 계산한다.

근로기준법 시행령 제2조(평균임금의 계산에서 제외되는 기간과 임금)제1항

「근로기준법 제2조제1항제6호에 따른 평균임금 산정기간 중에 다음 각 호의 어느 하나에 해당하는 기간이 있는 경우에는 그 기간과 그 기간 중에 지급된 임금은 평균임금 산정기준이 되는 기간과 임금의 총액에서 각각 뺀다.」

극단적으로 **직전 3개월간 정상근로한 날이 하루뿐이었다면 그 하루의 임금이 직전 3개월간의 평균임금이 된다.**

⑯ 직전 3개월간이 전부 육아휴직 등인 경우

3개월을 다 빼야 하는데 그러면 평균임금 자체가 0원이 된다. 이때는 **육아휴직 직전에 정상근로하던 기간으로 달력상 3개월로 계산한다.**

평균임금이 통상임금보다 적을 때는 통상임금을 평균임금으로 간주할 수 있지만 평균임금 산정기간에서 빼야 하는 기간을 빼지 않음으로써 평균임금이 0원이 된 경우는 그렇게 하면 안 된다. 위법이다.

평균임금이 0원이더라도 통상임금으로 할 수 있는 경우는 직전 3개월을 결근한 경우 등이다. 결근은 근로기준법 시행령 제2조의 8가지 사유(평균임금 산정기간에서 빼야 하는 기간)에 들어있지 않기 때문이다.

대법98다49357, 1999.11.12.
「퇴직 전 3개월간, 즉 구속으로 인한 휴직기간에 지급된 임금을 기초로 하여 그 평균임금을 0원으로 산정하고, 그 결과 평균임금이 통상임금보다 저액임이 명백하다는 이유로 곧바로 위 기간 동안의 통상임금을 기준으로 하여 퇴직금을 산정한 것은 퇴직금의 기준이 되는 평균임금 산정방법에 관한 위법이 있다. 이때는 휴직전 3개월간의 임금을 기준으로 평균임금을 산정하여야 한다.」

평균임금 산정특례 고시,
고용노동부고시 제2015-77호, 2015.10.14.
「제1조(평균임금의 계산에서 제외되는 기간이 3개월 이상인 경우)
  ① 근로기준법 시행령 제2조제1항에 따라 평균임금의 계산에서 제외되는 기간이 3개월 이상인 경우, 제외되는 기간의 최초일을 평균임금의 산정사유가 발생한 날로 보아 평균임금을 산정한다.」

⑰ 평균임금을 계산해야 하는 사유가 발생하는 날들이란

퇴직금계산이 거의 90%이고 산재로 인한 근로복지공단의 각종 보험급여,

징계로 인한 감급액을 계산할 때가 주를 이룬다.

평균임금을 계산해야 할 사유와 그 사유발생일은 다음과 같다.

① 퇴직금

퇴직 형태	비 고
임의(자발)퇴직	퇴직원을 수리한 날. 단, 사용자가 수리를 거부하거나 지연하는 경우 퇴직원제출일인 당기 후의 1임금지급기일이 경과된 날(임금계산기간이 1~말일까지일 때 3.10.에 퇴직원 제출하면 5.1.이 퇴직효력발생일, 민법 제660조)
휴직중에 퇴직	휴직 첫날
복직후 3개월이 되기 전에 퇴직	퇴직일
노조전임자가 원직에 복직하지 않고 바로 퇴직	전임자로 취임한 날(별도로 정함이 없다면)

② 휴업수당: 휴업한 날

③ 연차유급휴가수당: 실제로 근로자에게 연차유급휴가를 준 날(근로자가 휴가를 청구한 날이 아님)

④ 재해보상금: 사상의 원인이 된 사고가 발생한 날 또는 진단에 의해 질병이 발생되었다고 확정된 날

⑤ 징계 감급액: 제재의 의사표시가 근로자에게 도달한 날

사유발생일인 초일은 민법 제157조에 따라 산입하지 않는다.

〈이상에서 공통 예〉

퇴직한 날(퇴직의 효력이 발생한 날)의 전날부터 달력상 3개월, 육아휴

직 첫 날의 전날부터 달력상 3개월이다.

민법 제157조(기간의 기산점)

「기간을 일, 주, 월 또는 연으로 정한 때에는 기간의 초일은 산입하지 아니한다. 그러나 그 기간이 오전 영시로부터 시작하는 때에는 그러하지 아니하다.」

민법 제660조(기간의 약정이 없는 고용의 해지통고)

「① 고용기간의 약정이 없는 때에는 당사자는 언제든지 계약해지의 통고를 할 수 있다.

② 전항의 경우에는 상대방이 해지의 통고를 받은 날로부터 1월이 경과하면 해지의 효력이 생긴다.

③ 기간으로 보수를 정한 때에는 상대방이 해지의 통고를 받은 당기후의 일기를 경과함으로써 해지의 효력이 생긴다.」

⑱ 입사 첫날 재해가 발생한 경우

재해가 발생한 날이 평균임금산정사유가 발생한 날이므로 입사한 날의 전날부터 직전 3개월을 따져야 한다. 그러나 그 날들이 존재하지 않는다. **이때는 지급하기로 약정한 임금의 1일분을 평균임금으로 간주한다.**

수습 3개월도 산정기간에서 빼야 하므로 수습이 종료한 첫 날에 재해가 발생한 경우도 같다.

평균임금 산정특례 고시,

고용노동부고시 제2015-77호, 2015.10.14.

「제2조(근로제공의 초일에 평균임금 산정사유가 발생한 경우)

근로를 제공한 첫 날(근로기준법 제35조제5호에 따라 수습기간 종료 후 첫 날을 포함한다)에 평균임금 산정사유가 발생한 경우에는 그 근로자에게 지급하기로 한 임금의 1일 평균액으로 평균임금을 추산한다.」

⑲ 일용직의 평균임금은 통상근로계수 73%를 건다

일용직도 계속근로 1년 이상이면 퇴직금이 발생한다. 건설업의 경우 사용자가 퇴직공제를 부었더라도 법정 퇴직금을 별도로 지급해야 한다. 일용직의 평균임금산정사유는 주로 퇴직금과 산재로 인한 보험급여계산 때다.

일용직은 건설현장이 대표적이지만 건설업이 아닌 업종에도 일이 있을 때만 그날그날 고용해서 근로하게 하는 경우도 있다. 그날그날 일당을 지급할 수도 있지만 한 달 단위로 모아서 월급처럼 지급해도 일용직의 본질은 변하지 않는다. 일당이란 반드시 8시간에 대한 대가는 아니다. 하루의 근로에 대해 **지급하기로 사전에 약정한 일급**을 말한다. 하루에 10만원 하기로 했으면 10만원이 된다. 어떤 날 한나절만 일해서 5만원을 지급했더라도 이 일용근로자의 일급은 10만원이다. 어떤 날 밤늦게까지 하여 15만원을 받았어도 10만원으로 한다.

일용직의 평균임금도 그 산정사유가 발생한 날 이전 3개월간의 임금으로 계산하는 것이 원칙이다. 그러나 이렇게 하면 일한 날이 한 달에 10일 정도씩 밖에 안 될때는 평균임금이 현저하게 적어지는 불합리함이 생긴다.

이 때문에 **일급(일당)의 73%를 평균임금으로 본다.** 일당 10만원이면 평균임금 일급은 73,000원이다. 퇴직금은 직전 3개월간 지급된 임금으로 구하지만 산재 휴업급여는 이 73,000원의 70%인 51,100원으로 할 때도 있다. 근로자에게 유리할 때다. 통상근로계수 73%는 일용직의 경우 한달 평균 22일 일한다고 가정하여 고용노동부가 정한 수치다.

산재법 시행령 제24조(근로형태가 특이한 근로자의 평균임금 산정 방법)

「해당 일용근로자의 일당에 일용근로자의 1개월간 실제 근로일수 등을 고려하여 고용노동부장관이 고시하는 근로계수(이하 "통상근로계수"라 한다)를 곱하여 산정한 금액」

통상근로계수를 적용하여 일당 10만원인 일용직의 경우 월급제로 환산하면 73,000원÷8시간×209=1,907,125원 정도로 볼 수 있다.

⑳ 통상근로계수 73%를 걸지 말아야 할 때도 있다

앞 페이지의 예외다. 산재법 시행령 제23조(근로형태가 특이한 근로자의 범위)가 규정하고 있다.

- 3개월 이상 연속 일한 일용직의 월 평균 근로일수가 통상근로계수 산청기초가 되는 근로일수보다 많은 경우와
- 그 근로자 및 같은 사업장에서 같은 직종에 종사하는 다른 일용근로자의 근로조건, 근로계약의 형식, 구체적인 고용실태 등을 종합적으로 고려할 때 근로형태가 상용근로자와 유사하다고 인정되는 경우에는 일당에 통상근로계수 73%를 걸지 않고 상용근로자처럼 직전 3개

월간 지급받은 임금총액으로 구할 수 있다.

그러나 이는 산재보험급여관련하여 근로자(또는 유족)로부터 통상근로
계수 적용제외신청을 받고 근로복지공단이 결정할 사항이다. 사용자가 근
로자에게 더 유리한 쪽으로 하는 건 재량이지만 강제하긴 어렵다고 본다.

통상근로계수 73%를 걸지 않는 것이 더 유리하다고 판단되는 일용근로
자나 유족은 다음의 법정양식으로 근로복지공단에 적극 신청해야 한다.

[별지 제3호서식] <개정 2011.09. 1>

산업재해보상보험법
통상근로계수 적용제외 신청서

접수번호		접수일		처리기간 7일

산 재 근로자	성명		생년월일		직종
	재해발생일 ☐☐☐☐ 년 ☐☐ 월 ☐☐ 일				
	주소			휴대전화	

※ 산재근로자와 수급권자가 동일한 경우에는 수급권자 란은 기재하지 않습니다.

수급권자	성명		생년월일		근로자와의 관계
	주소			휴대전화	

산업재해보상보험법 시행령 제24조에 따라 통상근로계수 적용제외 신청을 합니다.

20   년   월   일

신청인(근로자 또는 수급권자):   (서명 또는 인)

근로복지공단   지역본부(지사)장 귀하

※ 공지사항 : 본 민원의 처리결과에 대한 만족도 조사 및 관련 제도 개선에 필요한 의견조사를
위해 귀하의 전화번호(휴대전화)로 전화조사를 실시할 수 있습니다.

(210mm×297mm, 신문용지 54g/㎡)

- 1 -

㉑ 1년에 한두 번 지급되는 상여금 등의 평균임금 계산

정기상여금, 하기휴가비, 인사평가성과급, 연차휴가보상비가 대표적이다. 직전 3개월간 지급되지 않았을 수도 있기 때문이고, 지급됐다 하더라도 이를 그대로 평균임금으로 계산하면 언제 퇴직하냐에 따라 평균임금이 급격하게 증가하는 불합리함이 생길 것이다.

연 단위로 책정되어 격월·분기별 또는 년 1회 지급되는 임금은 평균임금산정사유가 발생한 날 이전 1년간 지급받은 총액의 3/12을 반영한다. 앞에서 직전 3개월간 지급된 임금총액에 이 3/12을 더한다. 그런 다음 3개월간의 달력일수로 나눈다. 그럼 언제 퇴직하든지 공평하게 된다.

임금68207-120, 2003.2.24.

「상여금의 지급률을 연간단위로 설정하여 1개월을 넘는 단위로 지급하고 있는 경우에는 이를 지급 받은 그 월의 임금으로 취급하여 일시에 전액을 평균임금에 산입하는 것이 아니며, 평균임금을 산정하여야 할 사유가 발생한 날 이전 12개월의 기간 동안에 지급 받은 상여금 전액을 그 기간 동안의 근로월수로 분할 계산하여 즉, 3/12을 평균임금산정 기준 임금총액에 산입함.

근로월수가 1년 미만인 경우에는 당해 근로월 중에 지급 받은 상여금 전액을 그 근로월수로 분할 계산하여 평균임금산정 기준 임금총액에 산입하여야 함.」

㉒ 1년간 지급된 상여금이 연간 책정된 상여금을 초과한 경우

설과 추석 상여금은 매년 지급시기가 바뀐다. 설날이 연초에 있는 경우 언제 퇴직하는지에 따라 직전 1년간 설날 상여금을 두 번 받게 되는 경우도 있다. 연간 책정된 상여가 설·추석에 200%라면 어떤 때는 직전 1년간 300%가 지급될 수도 있다.

그렇다 하더라도 200%의 3/12만 반영해야 한다. 실제 300%를 지급받았다 하더라도 이는 우연에 불과한 것이기 때문이다. 어떤 때에 300%가 됐다면 그 직후 1년은 100%가 될 것이다. 직전 1년간 100%가 지급됐다 하더라도 200%를 반영해야 한다.

임금68207-120, 2003.2.24.(앞 페이지 행정해석)

「상여금의 지급률이 연간단위로 확정되어 있는 상황에서 역일상 1년의 기간 내에 동일한 명목의 상여금(귀 질의상 설 상여금)이 중복됨으로써 결과적으로 연간 지급률을 초과하여 상여금을 지급한 경우라 하더라도 평균임금 산정의 기초가 되는 임금총액에는 연간단위의 지급률을 한도로 계산된 상여금만을 분할하여 산입하는 것이 타당하다고 사료됨.」

㉓ 연차휴가보상비의 평균임금 산입방법

연차휴가보상비는 년1회 지급하는 게 보통이다. 12월 급여일 아니면 1월 급여일이다.

올해 6월에 퇴직하는 사람이 작년에 부여받은 휴가 중 미사용 분에 대해 올 초에 연차휴가보상비(a)를 받았다고 가정하자.

물론 올 6월에 퇴직할 때 올 초에 부여받은 연차휴가 중 미사용 분을 수당으로(b) 받을 것이다. 수당으로 받지 않고 휴가를 다 사용한 후 퇴직할 수도 있다.

직전 3개월의 평균임금에 더할 연차휴가수당은 a의 3/12이다.

b는 수당으로 받는 것으로 끝난다. b는 퇴직일로부터 14일 이내에 받는 것으로써 퇴직 직전 3개월에 들어가는 것도 아닐뿐더러 퇴직 직전 1년간에 받은 돈도 아니기 때문이다.

> 근기 68201−696, 2000.3.10. 연차유급휴가청구권 · 수당 · 근로수당과 관련된 지침 중

「Ⅳ. 연차유급휴가근로수당의 퇴직금 산정을 위한 평균임금 포함여부

퇴직 전전년도 출근율에 의하여 퇴직 전년도에 발생한 연차유급휴가 중

− 미사용하고 근로한 일수에 대한 연차유급휴가수당액의 3/12을

− {퇴직금 산정을 위한 평균임금 산정 기준임금}에 포함」위의 a다.

> 근로복지과−1715, 2012.5.21.

「퇴직함으로써 비로소 지급사유가 발생하는 연차유급휴가 미사용 수당은 퇴직금 산정을 위한 평균임금 산정 시 포함되지 않는다.」위의 b다.

㉔ 입사 2년 미만자 연차휴가수당의 평균임금 산입방법

2018.5.29.개정 시행된 근로기준법에 따라 만1년 되면 연차휴가가 26개가 생기고 이를 만2년이 되는 날까지 사용할 수 있다.

시기	발생 개수	사용 기한
첫1년	월 만근시 월1개	만2년이 되는 날까지
만1년 되는 날	새로 15개	
합	26개	

앞 페이지의 a에 해당되는 행정해석에 의하면 퇴직 전전년도 출근율에 의하여 퇴직 전년도에 발생한 연차유급휴가 중 미사용하고 근로한 일수에 대한 연차유급휴가수당액의 3/12을 평균임금에 산입토록 하고 있다.

[가정] 2018.7.1.에 입사하여 매월 만근. 입사일자대로 연차휴가 관리		
근로제공기간	발생하는 휴가	사용기한과 보상시점
2018.7월분	입사일부터 1년간 11개 발생	미사용시 2020.7월에 수당으로 지급
2018.8월분		
2018.9월분		

(중략)

2019.7.1.	15개 발생	미사용시 2020.7월에 수당으로 지급
2019.10.15.퇴사	퇴직전에 보상받은 연차휴가보상비는 없다. 퇴직 때 보상받는 연차휴가수당은 2020.7월에 받을 것을 퇴직으로 인해 받는 것이므로 이 수당은 지급으로만 끝나고 평균임금에는 반영되지 않는다. 3년차에 퇴직해야 2020.7월에 지급받는 수당의 3/12이 반영된다.	

위 표의 가정과 똑같은 근로자지만 회사가 회계연도기준으로 연차휴가를 관리할 때는 다음과 같다.

[가정] 2018.7.1.에 입사하여 매월 만근, 회계년도기준으로 연차휴가 관리		
근로제공기간	발생하는 휴가	사용기한과 보상시점
2018.7.1.~12.31.	월1개씩 해서 5개	2019.12.31.까지가 사용기한으로써 2020.1.1.에 미사용휴가 보상
2018.7.1.~12.31. 까지의 6개월 근속분	2019.1.1.에 7.5개	
2019.1.1.~6.30.	월1개씩 해서 6개	2020.12.31.까지가 사용기한으로써 2021.1.1.에 미사용휴가 보상
2019.10.15.퇴사	퇴직직전 1년간은 2018.10.15.~2019.10.14.다. 이 기간 동안 지급받았거나 보상청구권이 발생한 휴가는 없으므로 이때도 퇴직금에 반영할 연차휴가보상비는 없다.	

㉕ 근로시간단축시 퇴직금 보호

전일제로 근로하다가 근로시간이 단축되는 이유에는 여러 가지가 있다. 육아휴직 대신 육아기 근로시간단축, 사업주가 정부지원금을 받기 위해 당사자와 합의로 시간제로 전환, 근로자 개인사정으로 사업주와 합의한 근로시간단축, 주52시간제 시행 등이다. 당연히 임금도 줄어 퇴직금도 줄게 된다. 근로시간단축은 아니지만 임금피크제를 해도 평균임금이 줄어 퇴직금도 준다.

1) 퇴직금중간정산을 통한 퇴직금 보호

상기의 사유들은 모두 합법적인 퇴직금 중간정산사유가 된다. 이후의 근속에 대한 퇴직금은 중간정산익일부터 새로 기산한다. 새로 기산한 날이 1년 미만이어도 퇴직금은 월할 계산해야 한다.

중간정산은 전환될 때 근로자가 신청해야 한다. 단시간으로 전환된 날이 평균임금 산정사유가 발생한 날이므로 전일제로 정상근무하던 3개월간의 임금으로 계산한다. **전환된 후 3개월이 경과하면 퇴직금보호의 실익이 없다.** 따라서 사용자는 단시간 또는 임금피크제로 전환할 때 퇴직금이 감액됨을 고지할 의무가 있다. 주52간제로 근로시간이 줄어드는 경우 단축일의 한 달 전부터 중간정산을 신청할 수 있다. 단축후 3개월 이상 경과 후 신청한 경우, 평균임금을 단축일 전 임금으로 계산할지 여부는 사용자의 재량이다.

퇴직급여보장법 시행령 제3조 제1항 제6호, 6호의2

「6.사용자가 기존의 정년을 연장하거나 보장하는 조건으로 단체협약 및 취업규칙 등을 통하여 일정나이, 근속시점 또는 임금액을 기준으로 임금을 줄이는 제도를 시행하는 경우[3]

6의2. 사용자가 근로자와의 합의에 따라 소정근로시간을 1일 1시간 또는 1주 5시간 이상 변경하여 그 변경된 소정근로시간에 따라 근로자가 3개월 이상 계속 근로하기로 한 경우」

2) 노사합의 또는 취업규칙으로 단축전후 임금으로 각각 계산하여 보호

중간정산하면 노후대비가 취약해진다. 중간정산하지 않고 근로시간단축 후 최종 퇴직할 때 퇴직금 계산을 두 시점으로 분리한 후 합치는 방법이다.

- 제1기간: 단축일 기준 평균임금으로 계산한 그 때까지 근속기간에 대한 퇴직금
- 제2기간: 단축후 실제 퇴직할 때 퇴직일 기준 평균임금으로 계산한 제1기간 이후 근속기간에 대한 퇴직금
- 퇴직금 합: 제1기간+제2기간

---

3 임금피크제를 말한다.

이렇게 하기 위해서는 노사합의나 과반수동의에 의한 취업규칙 개정이 필요하다. 근로자에게 대체로 불리한 건 아니지만 때에 따라서는 제2기간분 계산 시 최초입사일부터 전체 근속기간에 대한 퇴직금에서 제1기간 것을 뺀 금액이 1,2기간의 퇴직금 합보다 더 큰 경우의 수가 있을 수 있다. 이 땐 근로자에게 불리하기 때문이다.

3) DC로의 전환으로 퇴직금 보호

가장 깔끔한 방법이다. 위의 중간정산은 퇴직연금을 도입하지 않았을 때다. 퇴직연금을 이미 DC로 도입했다면 근로시간이 단축되거나 임금피크제를 해도 근로자가 손해보는 일은 없다. 퇴직연금을 도입하지 않았거나 DB만 도입한 회사라면 DC를 설정하여 근로시간이 단축되거나 임금피크제를 하는 사람들에게 DC로 가입토록 하는 게 바람직하다.

㉖ 퇴직금 중간정산 또는 중도인출

모두 법에 정한 사유가 있을 때 한한다. 중간정산은 퇴직연금을 도입하지 않은 경우(회사는 도입했지만 근로자가 가입하지 않은 경우 포함), 중도인출은 DC에 한한다. DB는 중간정산이나 중도인출 모두 불허된다.

퇴직금 중간정산과 중도인출 사유

용어	• 일반퇴직금제도: 중간정산(시행령 3조) • DC: 중도인출(시행령 14조)
공통사유	1. 무주택자인 근로자가 본인 명의로 주택을 구입하는 경우 2. 무주택자인 근로자가 주거를 목적으로 민법 제303조에 따른 전세금 또는 주택임대차보호법 제3조의2에 따른 보증금을 부담하는 경우. 이 경우 근로자가 하나의 사업에 근로하는 동안 1회로 한정한다.

공통사유	3. 6개월 이상 요양을 필요로 하는 다음 어느 하나에 해당하는 사람의 질병·부상에 대한 요양비용을 근로자가 부담하는 경우 가. 근로자 본인 나. 근로자의 배우자 다. 근로자 또는 그 배우자의 부양가족 4. 퇴직금 중간정산(또는 중도인출)을 신청하는 날부터 역산하여 5년 이내에 근로자가 채무자 회생 및 파산에 관한 법률에 따라 파산선고를 받은 경우 5. 퇴직금 중간정산(또는 중도인출)을 신청하는 날부터 역산하여 5년 이내에 근로자가 채무자 회생 및 파산에 관한 법률에 따라 개인회생절차개시 결정을 받은 경우 6. 천재지변 등으로 피해를 입는 등 고용노동부장관이 정하여 고시하는 사유와 요건에 해당하는 경우

일반퇴직금에서만 가능한 중간정산 사유

일반퇴직금	7. 사용자가 기존의 정년을 연장하거나 보장하는 조건으로 단체협약 및 취업규칙 등을 통하여 일정나이, 근속시점 또는 임금액을 기준으로 임금을 줄이는 제도를 시행하는 경우[4] 8. 사용자가 근로자와의 합의에 따라 소정근로시간을 1일 1시간 또는 1주 5시간 이상 변경하여 그 변경된 소정근로시간에 따라 근로자가 3개월 이상 계속 근로하기로 한 경우 9. 법률 제15513호 근로기준법 일부개정법률의 시행에 따른 근로시간의 단축으로 근로자의 퇴직금이 감소되는 경우[5]

㉗ 제3채무자로서 급여·퇴직금 압류금액과 세금·4대보험·퇴직금 처리

채무자인 근로자가 채권자한테 소송을 당하여 법원으로부터 급여압류통

---

4 임금피크제를 말한다.
5 주52시간제를 말한다.

지문이 회사로 올 때가 있다. 급여를 주는 사용자가 제3채무자이기 때문이다. 판결문을 받은 사용자는 급여 등을 압류해서 보관하다가 채권자에게 보내야 할 의무가 있다. 급여나 상여·퇴직금을 압류할 때는 상한금액이 있다. 근로자도 생계를 유지해야 하기 때문이다. 민사집행법에 따른다.

사용자는 월급여의 50%를 공제해야 하는데 압류가 금지되는 최저금액은 월 150만원이다. 월급여가 150만원이면 사용자는 급여공제할 금액이 없다. 근로자의 최저생계비다. 월급여가 200만원이면 50만원만 공제한다. 급여가 400만원이면 50%인 200만원을 공제한다. **급여란 월급여·상여 등 일체의 금품을 말한다. 퇴직할 때 일시로 지급되는 퇴직금도 마찬가지다.**

압류가 가능한 금액범위(2019년 3월 현재)

월 지급액	압류가능범위
150만원 이하	압류 불가
150만 초과~300만원 이하	150만원을 초과한 금액
300만 초과~600만원 이하	월지급액의 1/2
600만원 이상	월지급액-[300만+{(월지급액의 1/2-300만)×1/2}]

최저보장금액 150만원은 **소득세(주민세포함)·사회보험료를 제외한 실수령액으로 보는 것이 타당하다고 사료된다. 최저생계비 150만원이란 실제 그 돈 150만원을 의미하는 것이지 세전을 의미하는 건 아니기 때문이다.** 월급여가 160만원인데 소득세와 주민세가 10만원이어서 실 수령액이 150만원이면 월급이 160만원이라 해도 10만원은 공제할 수 없다고 본다. 4대보험은 실 수령액 150만원이 아닌 160만원에 대해서 공제하는 것이 합리적일 것이다.

제5장

최저임금

임금체불은 반의사불벌죄임을 잘 알고 있는 김 사장은 최저임금체불도 그럴 걸로 알고 있었다. 그런데 한 직원이 최저임금미달액을 청구한다는 진정을 냈길래 지급을 했는데도 노동청에서 출석요청이 왔다. 그 직원에게 돈을 주면서 사업주를 처벌하지 않는다는 합의서(부제소합의)를 썼는데도 말이다.

감독관 김 사장님은 상습적으로 최저임금을 위반해서 그동안 진정도 많이 들어왔었고 이번에는 그냥 넘어가기가 힘들게 됐습니다.

김 사장 최근 그 직원하고도 부제소합의서를 썼는데요.

감독관 최저임금은 반의사불벌죄가 아닙니다. 해당근로자와 부제소합의를 했어도 사법처리될 수 있다는 말입니다. 최저임금위반하면 3년 이하 징역이나 2천만원 이하 벌금인 거 아시죠?

김 사장 ....

법정 최저임금에 미달하는 급여를 지급하면 적용 법조항은 다르지만 임금 체불과 동일한 형량의 형사처분이 따른다. 3년 이하 징역 또는 2천만원 이하 벌금이다. 그러나 최저임금위반은 반의사불벌죄가 아니다. 근로감독관 직권으로 검찰에 기소의견으로 형사처분할 수 있다.

– 임금체불: 근로기준법 제55조 위반
– 최저임금 미달: 최저임금법 제6조 제1항 위반

> 춘천지법 2016고정2, 2016.5.3.
> 「피고인은 최저임금에 미달하는 임금을 지급함으로써 수개월간 최저임금 차액 합계 624,800원을 지급하지 아니하였다. 피고에게 벌금 100만원을 선고한다. 이 벌금을 기일 내 납입하지 않는 경우 10만원을 1일로 환산한 기간동안 피고인을 노역장에 유치한다.」

> 부산지법 2017고단2930, 2018. 1. 10.
> 「최저임금을 위반한 피고인에게 벌금 200만원에 처한다. 피고인이 위 벌금을 납입하지 아니하는 경우 100만원을 1일로 환산한 기간 피고인을 노역장에 유치한다.」

❶ 최저임금을 구하는 월 소정근로시수

고용노동부는 월 통상임금을 209로 나눈 시급을, 대법원은 174로 나눈 시급을 최저시급으로 봐 왔다. 그러나 2018.12.31. 최저임금법시행령 개정으로 209가 명문화되었다.
개정전후 내용은 다음과 같다. 2019.1.1. 시행이다.

최저임금법시행령 제5조(최저임금의 적용을 위한 임금의 환산)

개정 전	개정 후
2. 주 단위로 정해진 임금: 그 금액을 1주의 소정근로시간 수(주에 따라 소정근로시간 수가 다른 경우에는 4주간의 1주 평균 소정근로시간 수)로 나눈 금액	2. 주 단위로 정해진 임금: 그 금액을 1주의 최저임금 적용기준 시간 수(1주 동안의 소정근로시간 수와 「근로기준법」 제55조제1항에 따라 유급으로 처리되는 시간 수를 합산한 시간 수를 말한다)로 나눈 금액
3. 월 단위로 정해진 임금: 그 금액을 1개월의 소정근로시간 수(월에 따라 소정근로시간 수가 다른 경우에는 1년간의 1개월 평균 소정근로시간 수)로 나눈 금액[6]	3. 월 단위로 정해진 임금: 그 금액을 1개월의 최저임금 적용기준 시간 수(제2호에 따른 1주의 최저임금 적용기준 시간 수에 1년 동안의 평균의 주의 수를 곱한 시간을 12로 나눈 시간 수를 말한다)로 나눈 금액[7]

대부분의 회사가 최저시급을 구할 때든 통상시급을 구할 때든 월 통상임금을 209로 나누어 왔기 때문에 시행령개정으로 달라질 것은 없다.

❷ 월 소정근로시수가 226, 243일 때는?

취업규칙이나 단체협약으로 토요일을 약정휴일(유급휴무 또는 유급휴일)로 정한 경우가 있다. 토요일을 4시간 유급으로 정한 때는 월 소정근로시수는 226시간, 8시간 유급으로 정한 때는 243시간이 된다.

월 통상임금(분자)을 243시간(분모)으로 나누면 시급이 낮아져 최저임금을 지키기가 더 어려워진다. 이는 최저임금을 준수하는지 여부를 따질

---

6 월174시간(주휴시간을 제외한)을 의미한다.
7 월174시간에 주휴시간 월34시간을 더한 209시간을 의미한다.

때 매우 중요하다.

금번 개정으로 분자 분모 모두 209시간에 대한 임금(분자)과 시간(분모)으로 하게 되는데 결과적으로 기존과 시급에는 변화가 없다. 분자에서 약정휴일(토)을 제외하는 것에 대해서는 최저임금법시행규칙이 개정되었다. 공식화하면 다음과 같다.

월급여/월시간=(기본급(174)+법정주휴수당(34))/(소정근로시간(174)+법정주휴시간(34))이다.

❸ 최저임금에 들어가는 수당과 못 들어가는 수당

이 또한 2018.12.31.최저임금법 개정으로 대폭 정비되었다.

최저임금법 제6조(최저임금의 효력)

「④ 제1항과 제3항에 따른 임금에는 매월 1회 이상 정기적으로 지급하는 임금을 산입한다. 다만, 다음 각 호의 어느 하나에 해당하는 임금은 산입하지 아니한다.

1. 「근로기준법」 제2조제1항제8호에 따른 소정근로시간(이하 " 소정근로시간 " 이라 한다) 또는 소정의 근로일에 대하여 지급하는 임금 외의 임금으로서 고용노동부령으로 정하는 임금
2. 상여금, 그 밖에 이에 준하는 것으로서 고용노동부령으로 정하는 임금의 월 지급액 중 해당 연도 시간급 최저임금액을 기준으로 산정된 월 환산액의 100분의 25에 해당하는 부분
3. 식비, 숙박비, 교통비 등 근로자의 생활 보조 또는 복리후생을 위한 성

질의 임금으로서 다음 각 목의 어느 하나에 해당하는 것

가. 통화 이외의 것으로 지급하는 임금

나. 통화로 지급하는 임금의 월 지급액 중 해당 연도 시간급 최저임금
    액을 기준으로 산정된 월 환산액의 100분의 7에 해당하는 부분」

제4항제1호에서 고용노동부령으로 정하는 최저임금에 산입할 수 없는
임금은 다음과 같다.

1. 연장근로 또는 휴일근로에 대한 임금 및 연장,야간,휴일근로에 대한
   가산임금

2. 연차휴가수당

3. 유급약정휴일수당[8] (법정 주휴수당은 제외)

4. 명칭관계없이 1~3호에 준하는 것으로 인정되는 임금

제4항 제2호와 제3호를 도표화하면 다음과 같다.

최저임금 미산입비율(해당년도의 월 최저임금 대비 비율임)		
년도	월 정기상여금	현금성 월 복리후생비
2019	25%	7%
2020	20%	5%
2021	15%	3%
2022	10%	2%
2023	5%	1%
2024	0%	0%

위 표처럼 정기상여금과 복리후생비를 최저임금에 일부라도 사용하기
위해서는 매월 지급되는 돈이어야 한다.

격월 또는 분기별로 지급하는 정기상여금을 매월 지급으로 바꿀 때에는

---

8 유급토요일에 대한 임금을 말한다.

근로자과반수 동의를 거쳐 취업규칙을 개정해야 하며, 근로계약서에도 명시되어 있다면 근로계약서도 동시에 갱신체결해야 한다. 통상임금처리가 필수는 아니다. 그러나 법정최저시급까지는 통상임금처리를 하는 것이 타당하다.

복리후생성 현금은 식대, 교통비보조금, 통신비 보조금, 가족수당 등이 대표적인데 통상임금성격이 있으면 반드시 통상임금 처리해야 하지만, 통상임금처리하더라도 아직까지는 최저임금으로 사용하지 못했다. 하지만 통상임금처리하든 안하든 상기 표 대로 최저임금에 산입할 수 있다.

2019년 월 최저임금이 1,745,150원(8,350원×209)이므로 월 정기상여금이 최저임금의 25%인 436,288원을 초과하면 그 초과금액을 최저임금에 넣을 수 있다. 월 상여금이 50만원이면 63,712원을 최저임금으로 사용한다.

이에 따라 1988년부터 우리에게 익숙했던 다음의 시행규칙 표는 삭제되어 없어지게 되었다.

최저임금에 들어가는 수당(시행규칙 별표2): 2018.12.30.삭제되었음

구분	임금의 범위
공통 요건	1. 단체협약 · 취업규칙 또는 근로계약에 임금항목으로서 지급 근거가 명시되어 있거나 관례에 따라 지급하는 임금 또는 수당 2. 미리 정해진 지급조건과 지급률에 따라 소정근로(도급제의 경우에는 총근로를 말한다)에 대하여 매월 1회 이상 정기적 · 일률적으로 지급하는 임금 또는 수당
개별적인 임금 · 수당의 판단 기준	위의 공통요건에 해당하는 것으로 별표 1에 따른 임금 · 수당 외에 다음 각 호의 어느 하나에 해당하는 임금 또는 수당 1. 직무수당 · 직책수당 등 미리 정해진 지급조건에 따라 담당하는 업무와 직책의 경중에 따라 지급하는 수당 2. 물가수당 · 조정수당 등 물가변동이나 직급 간의 임금격차 등을 조정하기 위하여 지급하는 수당 3. 기술수당 · 면허수당 · 특수작업수당 · 위험작업수당 등 기술이나 자격증 · 면허증 소지나 특수작업종사 등에 따라 지급하는 수당

구분	
개별적인 임금 · 수당의 판단 기준	4. 벽지수당 · 한냉지근무수당 등 특수지역에서 근무하는 사람에게 일률 적으로 지급하는 수당 5. 승무수당 · 항공수당 · 항해수당 등 버스, 택시, 화물자동차, 선박, 항 공기 등에 승무하여 운행 · 조정 · 항해 · 항공 등의 업무에 종사하는 사람에게 매월 일정한 금액을 지급하는 수당 6. 생산장려수당 등 생산기술과 능률을 향상시킬 목적으로 매월 일정한 금액을 지급하는 수당 7. 그 밖에 제1호부터 제6호까지의 규정에 준하는 것으로서 공통요건에 해당하는 것이 명백하다고 인정되는 임금 또는 수당

최저임금에 못 들어가는 수당(시행규칙 별표1): 2018.12.30.삭제되었음

구분	임금의 범위
매월 1회 이상 정기적으로 지급하는 임금 외의 임금	1. 1개월을 초과하는 기간의 출근성적에 따라 지급하는 정근수당 2. 1개월을 초과하는 일정기간의 계속근무에 대하여 지급하는 근속수당 3. 1개월을 초과하는 기간에 걸친 해당 사유에 따라 산정하는 장려가급 (獎勵加給) · 능률수당 또는 상여금 4. 그 밖에 결혼수당 · 월동수당 · 김장수당 또는 체력단련비 등 임시 또 는 돌발적인 사유에 따라 지급하는 임금 · 수당이나, 지급조건이 사 전에 정해진 경우라도 그 사유의 발생일이 확정되지 않거나 불규칙 적인 임금 · 수당
소정근로시간 또는 소정근로일에 대하여 지급하는 임금 외의 임금	1. 연차휴가 근로수당, 유급휴가 근로수당, 유급휴일 근로수당 2. 연장시간근로 · 휴일근로에 대한 임금 및 가산임금 3. 야간근로에 대한 가산임금 4. 일직 · 숙직수당 5. 그 밖에 명칭에 관계없이 소정근로에 대하여 지급하는 임금이라고 인정할 수 없는 것
그 밖에 최저임금액에 산입하는 것이 적당하지 않은 임금	가족수당 · 급식수당 · 주택수당 · 통근수당 등 근로자의 생활을 보조하 는 수당 또는 식사, 기숙사 · 주택 제공, 통근차운행 등 현물이나 이와 유사한 형태로 지급되는 급여 등 근로자의 복리후생을 위한 성질의 것

❹ 그간의 대법원 판결도 무력화

최저임금을 구할 때는 주휴시수를 제외한 174로 나누어야 한다는 게 대법원의 일관된 입장이었다.

그러나 위처럼 최저임금법 개정으로 대법원도 이제는 209로 나누라고 판결할 것으로 예상된다.

〈앞으로 무력화될 그간의 대법원 판례들〉

📖 대법2014다44673, 2018.6.19.
「최저임금에 미달된 임금 등을 계산할 때, 주휴수당 관련 근로시간은 소정근로시간에 해당하지 않는다.」

📖 대법2014다82354, 2017.12.22.
「기본급을 월 220시간 근로를 기준하여 산정할 때 이 기본급에는 주휴수당이 포함되어 있어 위 월 220시간 또한 소정근로시간 외에 주휴수당 관련 근로시간까지 고려된 것이므로, 기본급 산정에 있어 기준이 된 위 월 220시간을 최저임금 산정에서의 월 소정근로시간으로 볼 수는 없다.」

📖 대법2006다64245, 2007.1.11.
「최저임금법 시행령 제5조 제1항 제2호 및 제3호는 주 단위 또는 월 단위로 지급된 임금에 대하여 '1주 또는 월의 소정근로시간 수'로 나눈 금액을 시간에 대한 임금으로 하도록 규정하고 있는바, 주급제 혹은 월급제에서 지급되는 유급휴일에 대한 임금인 이른바 주휴수당은 소정의 근로에 대해 매월 1회 이상 정기적으로 지급되는 임금이라 할 것이어서 최저임금법 제6조 제4항 및 같은 법 시행규칙 별표 1이 정하는 '비교대상 임금에 산입되지 않는 임금 또는 수당'에 해당한다고 볼 수 없으므로 비교대상 임금을 산정함에 있어 주휴수당을 가산하여야 하며, 또한 주휴수당 이외에 주별 혹은 월별로 지급된 다른 수당들을 시간에 대한 임금으로 산정함에 있어서는 주휴수당 관련 근로시간을 고려할 필요가 없으므로 여기에서 말하는 '1주 또는 월의 소정근로시간'은 근로기준법 제20조에서 정한 근로시간을 말하고 이는 근로기준법 시행령 제6조 제1항 제3호, 제4호에 의해 산정되는 '1주 또는 월의 통상임금 산정기준시간수'와 같을 수 없음을 아울러 지적해 둔다.」

❺ 단순노무자는 수습기간이라도 최저임금 감액 불가

최저임금은 수습 3개월 동안은 10% 감액이 가능하다.(수습을 6개월로 정했더라도 감액을 3개월만 가능) 1년 이상의 기간으로 근로계약을 체결했거나 기간의 정함이 없는 경우에 한한다.

그러나 2018.5.29.부터 단순노무종사자는 1년 이상의 기간으로 체결했건 기간의 정함이 없건 수습기간이라 하더라도 감액이 금지되었다. 숙련이 크게 필요 없으므로 감액은 합리적이지 않다는 관점이다. 편의점알바는 단순노무로 보지 않아 수습3개월간 최저임금 10%감액이 가능하다.

단순노무종사자인지 여부는 통계청 고시 직업분류표의 코드번호 9에 따른다.

〈통계청 고시 직업분류 중 #9〉
일부 예시를 들면 다음과 같다.

91 건설 및 광업 관련 단순 노무직
   910 건설 및 광업 단순 종사자

92 운송 관련 단순 노무직
   921 하역 및 적재 단순 종사자
   922 배달원(우편, 택배, 음식, 기타)
   92102 이삿짐 운반원

93 제조관련 단순노무직
   930 제조관련 단순 종사원
     9300 제조관련 단순 종사원
      93001 수동 포장원
      93002 수동 상표부착원
      93003 제품 단순선별원
      93009 그 외 제조관련 단순종사원

94 청소 및 경비 관련 단순노무직
   941 청소원 및 환경 미화원
     9411 청소원(건무내부, 운송장비, 그 외)
     9412 환경 미화원 및 재활용품 수거원
      94121 쓰레기 수거원
      94122 거리 미화원
      94123 재활용품 수거원
      94129 그 외 환경 미화원 및 재활용품 수거원

942 경비원 및 검표원

　9421 경비원(아파트, 건물, 그 외)

　9422 검표원

95　가사 · 음식 및 판매 관련 단순노무직

　952 음식관련 단순 종사원

　　9521 패스트푸드원

　　9522 주방 보조원

　953 판매관련 단순 종사원

　　9531 주유원

　　9539 기타 판매관련 단순 종사원

　　　95391 매장 정리원

　　　95392 전단지 배포원 및 벽보원

　　　95399 그 외 판매관련 단순 종사원

99220　자동판매기 관리원

99231　주차 관리원

99232　주차 안내원

제6장

근태관리와 급여계산

일요일에도 아침 9시에 출근한 김 과장은 월요일 퇴근시각까지 계속 일했다. 김 과장은 연속근로이니 연장근로수당도 당연히 월요일 퇴근시각까지 가산되는 걸로 생각하고 있다. 그런데 급여명세표를 받고 보니 연장수당이 훨씬 적게 지급된 걸 알게 되었다. 인사팀 이 대리에게 문의한다.

김 과장 연장근로수당계산이 잘못 된 거 같은데요. 월요일 연장근로수당이 제대로 계산된건가요?
이 대리 월요일 일한거는 연장근로가 아니네요.
김 과장 일요일 아침에 나와서 집에도 못가고 월요일 저녁때야 퇴근했는데 연장근로가 아니라니 무슨 얘기에요?
이 대리 월요일 아침 9시는 새 날의 출근시각이라 일요일의 연장근로는 법적으로 월요일 아침 9시까지예요.
김 과장 무슨 그런 법이 있나요?

우리 일상생활에서도 당연히 생각하는 상식이 법적으로는 그렇지 않은 경우들이 종종 있다. 상기 예는 그런 것 중의 하나일 것이다. 근태는 급여계산과 직결된다. 물론 징계사유하고도 연결될 수 있다.

근태(勤怠)란 직역하면 부지런함과 게으름이란 뜻이다. 근무태도의 준말인 근태(勤態)가 아니다.

근태(勤怠)는 근태관리의 준말로써 급여나 징계에 반영되는 출결 · 초과근로 · 지각 · 조퇴 · 휴가 · 휴일 등을 말한다. 지각이나 결근 등이 많을 때 근태가 불량하다고 쓰인다.

근무태도는 상벌, 승진급 등에 반영되는데 이때는 근무태도 또는 업무실적이라 하지 근태가 좋다 나쁘다고 표현하지 않는다.

➊ 주휴일은 일요일 또는 규칙적인 주1일일 필요는 없다

주휴일은 1주를 만근한 자에게 유급으로 주어지는 주1일 이상의 휴일을 말한다. 보통 주1일이고 일요일이다.

주휴일은 말 그대로 주당 유급이기 때문에 요일은 중요치 않다. 주당 평균 1일을 부여하면 된다. 그러나 한달치의 주휴일 4.5일을 한 번에 몰아서 주는 것은 허용되지 않는다. 1주일간의 피로를 풀라는 주휴일의 취지에 어긋나기 때문이다.

4주를 평균하여 주당 15시간 이상자면 주휴일이 적용되기 때문에 토 · 일 8시간씩 일하는 단시간근로자에게도 유급주휴일을 부여해야 한다. 월 ~금중의 하루가 유급이다.

대법원 1989.11.28.선고, 89다카1145
「1주간의 소정근로일을 개근하면 주휴일이 발생하므로 24시간 격일제 근무자나 주2일 근무자에게도 주휴일은 적용됨.」

❷ 주주야야비 등의 주휴일

교대제의 경우 근무일 사이사이에 비번일이 있다. 주1일일 수도, 2,3일일 수도 있다. 비번일 중 하루가 주휴일이 된다. 매주 요일이 왔다갔다 할 수 있지만 위법이 아니다. 이 때 전주 만근을 해야 유급주휴일이 되는데 전주를 어떻게 끊어야 하는지는 교대제에 따라 합리적으로 정하면 된다.

  3조3교대는 조교대 할 때의 토 · 일 · 월중의 하루가 된다. 4조3교대, 4조2교대는 연속 2,3일 비번일 때가 있다. 이 중 하루를 주휴일로, 그 주휴일의 전날을 토요일로 정의하면 된다. 달력상으로 일주일씩 끊으면 무난하지만 **교대근무특성상 근무패턴이 매주 똑같지 않기 때문에 평균 일주일에 하루 꼴로 비번일 중 하루를 주휴일로 처리하면 된다.** 매달 주휴일수가 달라지므로 취업규칙이나 단체협약으로 월평균 주휴일수를 정하는 것도 허용된다.

근기01254-9031, 1987.6.3.
「노사간 단체협약으로 연간 월평균 주휴일수를 정해도 위법이 아니다.」

❸ 토 · 일의 2일을 주휴일로 할 때 또는 그냥 휴일로 할 때 주중 결근하면?

취업규칙으로 토요일도 유급주휴일로 정할 수 있다. 휴일이 아닌 주휴일로 정했을 때 주중에 결근하더라도 토 · 일 모두를 공제할 수 없다. 근로기준법상 '평균 주1회 이상의 주휴일'을 주도록 하고 있으므로 주1회가 최소 기준이다. 주중 결근하더라도 최소한도인 주1일의 주휴일만 무급처리하는 것이 타당하다. 주중에 2일을 결근했다고 해서 토 · 일 모두를 무급처리해서도 안되겠다.

토요일을 주휴일이 아닌 '유급휴일'로 정해 놓으면 그날은 주중 결근과 관계없이 유급처리 되어야 한다.(국공휴일처럼).

❹ 토 · 일이 유급인지 무급인지에 따라 월소정근로시수는 다르다

토요일을 유급주휴일 또는 8시간의 유급휴일(또는 유급휴무)로 정하면 월소정근로시수는 243이 될 것이며, 토요일을 4시간의 유급휴일(또는 유급휴무)로 정하면 226, 토요일을 무급으로 정하면 209가 된다.

209가 아닌 다른 시수로 하고자 할 때에는 반드시 **취업규칙이나 근로계약서로 명시하여야 한다.** 그러나 주40시간제가 2004년부터 시행됐으므로 그 이후에 설립한 회사의 경우 주44시간 또는 주48시간제를 했던 이력이 없으므로 209가 타당하다.

226이나 243이 인정되는 이유는 주48시간제 시절부터 사업을 운영한 회사의 경우 근로시간이 주40시간으로 단축되어 토요일을 근무하지 않더라도 월급은 계속해서 226시간 분 또는 243시간 분을 주었다는 의도가 성립하기 때문이다.

❺ 토 · 일이 휴일일 때 금토일월을 결근한 경우 결근일수는 2일이다

결근일수를 카운트할 때 결근일들 사이의 휴일(토 · 일 · 공휴일 등)은 결근일수에 들어가지 않는다. 무단결근 3일 이상이면 징계하고자 할 때 이를 4일로 간주하면 안 된다. 취업규칙에 4일로 간주한다고 기재해도 무효다.

근기1455-8076, 1970.8.26.
「공휴일 및 주휴일을 중간에 끼고 전후일에 결근을 하였을 경우 전후일만 결근으로 취급하여야 함.」

❻ 국공휴일(관공서공휴일)이 당연한 유급휴일이 아니다

국공휴일은 관공서에게만 법정유급휴일이다. 정부, 지자체 등에서다. 민간기업에는 적용되지 않는다. 법정휴일이 아닌 약정휴일이기 때문이다.

　민간기업에서는 취업규칙이나 단체협약으로 유급휴일이라고 명시해야
만 유급휴일이다. 무급휴일로 명시하면 무급휴일이다. 무급휴일이어도 이
날 일하면 휴일근로수당 50%가 가산된다.

　근로기준법이 개정되어 조만간 민간기업에게도 의무유급휴일이 된다.

　　근로기준법 제55조(휴일) 제2항(신설)
　　「1. 상시 300명 이상의 근로자를 사용하는 사업 또는 사업장:
2020년 1월 1일

　'공공기관의 운영에 관한 법률' 제4조에 따른 공공기관, '지방공기업법'
제49조 및 같은 법 제76조에 따른 지방공사 및 지방공단, 국가·지방자치
단체 또는 정부투자기관이 자본금의 2분의 1 이상을 출자하거나 기본재산
의 2분의 1 이상을 출연한 기관·단체와 그 기관·단체가 자본금의 2분의
1 이상을 출자하거나 기본재산의 2분의 1 이상을 출연한 기관·단체, 국
가 및 지방자치단체의 기관을 포함한다.

2. 상시 30명 이상 300명 미만의 근로자를 사용하는 사업 또는 사업장:
　2021년 1월 1일

3. 상시 5인 이상 30명 미만의 근로자를 사용하는 사업 또는 사업장:
　2022년 1월 1일」

❼ 근로자의날 하루만 일한 일용직 및 주주야야비의 휴일근로수당

반대로 근로자의날은 관공서에는 법정휴일이 아니다. 민간기업에게만 유
급휴일이다. 5/1일 딱 하루만 채용되어 일하는 알바나 일용직도 이 날은

50%의 가산수당이 발생한다. 유급휴일로서 100%임금, 일한 것 100%, 가산수당 50%해서 총250%가 이 날의 임금이 된다.

하루단위로 근로계약체결과 종료가 반복되는 일용직이 근로자의 날에 일을 하지 않았다면 **근로자의 날 전후로 일을 했더라도 유급휴일이 아니다.** 그러나 근로자의 날을 껴서 3일간 일을 하기로 했는데 근로자의 날에 쉬었다면 유급이 되어야 한다. 주주야야비처럼 근로자의 날이 비번일인 경우 유급이 되어야 하는것과 같다.

근로자의 날 제정에 관한 법률

「5월 1일을 근로자의 날로 하고 이 날을 "근로기준법"에 의한 유급휴일로 한다.」(위반 시 2년 이하의 징역 또는 1천만원 이하의 벌금, 양벌규정)

근기68207-2508, 2001.8.6.

「근로자의 날이 근로계약 기간 내에 있어야 유급휴일로 될 수 있는 바, 일일단위로 근로계약이 체결되는 일용근로자의 경우 원칙적으로 유급휴일 부여문제가 발생하지 않음. 다만, 근로계약을 반복갱신하여 일정기간을 계속근로해 온 경우라면 그 기간 내에 포함된 근로자의 날에 대해서는 유급휴일을 부여해야 할 것으로 사료됨.」

공무원에게는 근로자의 날을 휴일로 하지 않아도 차별이 아니라는 헌재판결이 있다.(헌법재판소 2015.5.28.선고, 헌재2013헌마3430). 국민에 봉사하고 국가재정으로 봉급을 받으며 유급휴가 등 근로조건이 법령으로 정해지는 신분이기 때문에 평등권을 침해한 것으로 보기 어렵다고 밝혔다.

❽ 휴일·연장·야간이 겹칠 때의 가산수당

이 3가지를 초과근로 또는 시간외근로라 한다. 각각 통상임금시급의 50%가 가산된다.

평일

근로시간(대)	통상임금의	비고
09시~18시(8시간)	100%	월급에 들어 있다
19시~22시(연장근로)[9]	150%	각각 월급에 추가하여 지급
22시~06시(야간근로)	200%	

주휴일, 근로자의 날 또는 국공휴일[10]

근로시간(대)	통상임금의	비고
09시~18시(8시간)	150%	
19시~22시(연장근로)	200%	각각 월급에 추가하여 지급
22시~06시(야간근로)	250%[11]	

근로기준법 제56조(연장·야간 및 휴일근로)

「① 사용자는 연장근로(제53조·제59조 및 제69조 단서에 따라 연장된 시간의 근로를 말한다)에 대하여는 통상임금의 100분의 50 이상을 가산하여 근로자에게 지급하여야 한다.

---

9 1일 4시간하기로 약정한 단시간근로자라면 4시간 초과하는 근로가 연장근로가 된다.
10 국공휴일이 의무유급휴일이 되기 전까지는 취업규칙으로 휴일로 정한 때만 국공휴일이 휴일근로가 된다.
11 법적 할증수당은 연장·야간·휴일의 3가지뿐이므로 할증수당은 최대 250%를 넘을 수 없다.

② 제1항에도 불구하고 사용자는 휴일근로에 대하여는 다음 각 호의 기준에 따른 금액 이상을 가산하여 근로자에게 지급하여야 한다.

  1. 8시간 이내의 휴일근로: 통상임금의 100분의 50

  2. 8시간을 초과한 휴일근로: 통상임금의 100분의 100

③ 사용자는 야간근로(오후 10시부터 다음 날 오전 6시 사이의 근로를 말한다)에 대하여는 통상임금의 100분의 50 이상을 가산하여 근로자에게 지급하여야 한다. (위반 시 3년 이하의 징역 또는 2천만원 이하의 벌금. 양벌규정, 반의사불벌죄,[12] 5인 미만 미 적용)

❾ 토요일의 가산수당

1) 토요일을 취업규칙에 휴일로 명시한 경우

주휴일이나 국공휴일처럼 휴일근로가산수당 50%가 붙는다. 이날 연장근로, 야간근로와도 겹치면 앞페이지처럼 가산수당들이 붙는다. 엄연한 휴일이기 때문이다. 유급휴일로 정했으면 쉬었더라도 지급되는 유급분 100%에 가산수당들이 추가된다.

2) 토요일을 평일로 명시한 경우(취업규칙에 언급이 없거나 휴무(일)로 명시)

가산수당이 붙을 수 있는 경우의 수는 연장근로수당과 야간근로수당이다.

① 연장근로수당이 붙는 경우: 월~금까지 소정근로시간(예:40시간)을 다 한 상태에서 토요일에 근로하는 경우다.

② 연장근로수당이 붙지 않는 경우: 월~금중에 휴가나 결근 등으로 소정근로시간(예:40시간)을 다 하지 못한 상태일 때다. 주중에 32시간

---

12 반의사불벌죄: 진정인(고소인, 고발인)이 처벌을 원하지 않으면 처벌할 수 없는 죄.

만 했다면 토요일에 8시간을 해야 소정근로 40시간을 채우게 되기 때문이다.

주중에 연차휴가를 가서 유급처리됐더라도 이는 급여의 유급처리일 뿐 실근로가 아니다. 토요일에 8시간까지가 법내 소정근로다. 그렇다고 토요일에 당연히 근로하여 40시간을 채워야 하는 것은 아니다. 토요일이 소정근로일이 아닐 것이므로 주중에 32시간 했더라도 토요일 근로는 당사자의 동의가 있어야 한다.

월수금 주24시간만 일하기로 한 사람에게 화요일 근로를 시키기 위해서는 동의가 있어야 하는 것과 같다. 이 때 월수금 24시간을 다 한 상태에서 화요일에 근로했다면 위의 논리대로 연장근로가 된다.

③ 야간근로수당: 연장근로가 22시 이후에도 진행됐다면 100%가 가산된다.

1일 8시간, 주40시간, 월~금 근로자를 가정

구분		토		일
		평일인 경우	휴일인 경우	
월~금 40시간 일한 경우	휴일근로수당	–	50% 가산	토요일이 휴일인 경우와 같음
	출근해서 8시간까지의 연장근로수당	50%가산	–	
	8시간 이후의 연장근로수당		50% 또 가산	
	야간근로수당 (22시~06시 근로)	50%또 가산	50% 또 가산	
월~금 32시간 일한 경우	휴일근로수당	–	50% 가산	
	출근해서 8시간까지의 연장근로수당	–	–	
	8시간 이후의 연장근로수당	50% 가산	50% 또 가산	
	야간근로수당 (22시~06시 근로)	50%또 가산	50%또 가산	

⑩ 주중 평일과 국공휴일의 가산수당

주중 평일에는 당연히 연장근로수당과 야간근로수당만 해당된다.

1일 소정근로시간을 초과한 시간은 연장근로수당 50%, 22시~06시에는 야간근로수당 50%가 가산된다. 두가지 근로가 겹치면 100% 가산이다. **1일의 연장근로는 한도가 없다. 주당 한도만 12시간이다.**

주중 국공휴일에는 휴일근로수당이 기본으로 깔린다. 1시간만 일해도 1시간분의 휴일근로수당 50%가 가산된다. 소정근로시간을 초과하면 연장근로수당 50%가 더 붙고, 22시~06시 사이에는 야간근로수당 50%가 추가된다.

⑪ 단시간근로자, 격일제 근무자의 가산수당

단시간근로자, 예로 1일4시간 1주20시간을 하기로 한 근로자는 그 시간 자체가 소정근로시간이다. 연장근로수당은 **소정근로시간을 초과하면 발생한다고 했다.** 8시간을 초과해서 발생하는 것은 1일 8시간을 일하기로 한 사람의 경우다.

1일 4시간이 소정근로인 근로자에게는 4시간을 초과한 근로가 연장근로이므로 50%가 가산된다. **토·일만 하기로 한 근로자가 토·일의 소정근로를 다 채우고 다른 요일에 근로하면 연장근로가** 된다. 이 때 다른 요일들 중의 하나가 주휴일이 되는데 다른 요일에 일했을 때 휴일근로인지 평일의 연장근로인지가 불명확할 수 있다.

휴일근로로 간주하면 4시간까지는 휴일근로수당이, 이를 초과하면 연장근로수당이 추가되어 100%가 가산되지만, 평일근로로 간주하면 4시간이든 넘든 50%만 가산된다.

이때 다른 요일들 중 하루(예:월)만 일했다면 연장근로로 보는 것이 합리적이다. 월요일 하루 더 일하더라도 화~금까지 비번일이 있고, 비번일 중 하루를 주휴일로 할 수 있기 때문이다. 다른 요일들 월~금을 모두 일했다면 하루도 못 쉰 것이므로 이중 하루를 휴일근로로 보아야 하는 것은 당연한 이치다.

격일제 근무자도 비번일에 근무하면 연장근로 또는 휴일근로가 된다. 비번일중 매주 몇 번째 비번일을 주휴일로 할지 규정으로 명시해 놓는 것이 바람직하다.

근기68207-2663, 2002.8.8.

「24시간 격일제근로자의 경우 특별한 사정이 없는 한, 1주간의 비번일 중 1일을 유급처리하는 경우라면 주휴일을 부여한 것으로 볼 수 있다.」

⑫ 예비군훈련자의 주휴수당과 가산수당

오전에 예비군훈련 후 허락없이 오후에 회사로 복귀하지 않은 경우는 **결근에 해당한다.** 회사 입장에서는 노쇼이기 때문이다.

예비군훈련 통보서상 훈련시간이 오전 4시간이라, 오후에 회사로의 복귀를 명하였으나 출근하지 않은 경우 이는 조퇴가 아니라 결근에 해당하여 그 날의 오후시간분과 주휴수당은 급여공제대상이 된다.

예비군훈련이 하루종일 8시간이었다면 향토예비군법상 유급이며 근로한 것으로 간주되므로 개근이 된다.

향토예비군설치법 제10조

「근로자가 향토예비군훈련을 받는 때에는 그 기간을 휴무로 하거나 그 훈련을 이유로 불이익한 처우를 할 수 없다.」

📖 근로기준과-5560, 2009.12.23.
「퇴근 후의 예비군훈련은 무급이며, 휴일의 훈련이라도 휴일가산수당이 발생하지 않는다.」

⑬ 감시 · 단속근로자와 관리감독자의 가산수당

관할노동청으로부터 사용자가 감시 · 단속근로승인을 받은 근로자에 대해서는 야간근로수당만 적용된다. **연장근로시간 주12시간 한도는 적용되지 않는다.** 다만 노동강도가 낮아서 감시단속근로승인을 받는 것이므로 근로시간이 길면 승인을 받기 어렵다.

관리감독자나 기밀을 취급하는 자도 감시 · 단속근로자와 똑같은데 노동청의 승인을 받는 것은 아니다. 회사 내부적으로 근태가 자유롭고 인사평가의 최종평가자일 것, 예산의 수립과 집행에 전권이 있을 것 등의 조건이 요구된다. 대기업의 임원(때로는 팀장), 대기업수퍼나 판매매장의 점장 등이 될수 있다.

⚖️ 근로기준법 제63조(적용의 제외)
「이 장과 제5장에서 정한 근로시간, 휴게와 휴일에 관한 규정은 다음 각 호의 어느 하나에 해당하는 근로자에 대하여는 적용하지 아니한다.
  1. 생략
  2. 생략
  3. 감시(監視) 또는 단속적(斷續的)으로 근로에 종사하는 자로서 사용자가 고용노동부장관의 승인을 받은 자

4. 관리―감독업무 또는 기밀을 취급하는 업무에 종사하는 자」

근로감독관 집무규정 제68조(감시·단속근로에 종사하는 자에 대한 적용제외 승인)

「① 근로기준법 제63조제3호 및 같은 법 시행규칙 제10조제2항에 따른 "감시적근로에 종사하는 자"의 적용제외 승인은 다음 각 호의 기준을 모두 갖춘 때에 한한다.

  1. 수위·경비원·물품감시원 또는 계수기감시원 등과 같이 심신의 피로가 적은 노무에 종사하는 경우. 다만, 감시적 업무이기는 하나 잠시도 감시를 소홀히 할 수 없는 고도의 정신적 긴장이 요구되는 경우는 제외한다.

  2. 감시적인 업무가 본래의 업무이나 불규칙적으로 단시간동안 타 업무를 수행하는 경우. 다만, 감시적 업무라도 타 업무를 반복하여 수행하거나 겸직하는 경우는 제외한다.

  3. 사업주의 지배하에 있는 1일 근로시간이 12시간 이내인 경우 또는 다음 각 목의 어느 하나에 해당하는 격일제(24시간 교대)근무의 경우
    가. 수면시간 또는 근로자가 자유로이 이용할 수 있는 휴게시간이 8시간 이상 확보되어 있는 경우
    나. 가목의 요건이 확보되지 아니하더라도 공동주택('주택법 시행령' 제2조제1항 및 「건축법 시행령」 별표 1 제2호 가목부터 라목까지 규정하고 있는 아파트, 연립주택, 다세대주택, 기숙사) 경비원에 있어서는 당사자간의 합의가 있고 다음날 24시간의 휴무가 보장되어 있는 경우

② 근로기준법 제63조제3호 및 같은 법 시행규칙 제10조제3항에 따른 '단속적 근로에 종사하는 자'의 적용제외 승인은 다음 각 호의 기준을 모두

갖춘 때에 한한다.

1. 평소의 업무는 한가하지만 기계고장 수리 등 돌발적인 사고발생에 대비하여 대기하는 시간이 많은 업무인 경우
2. 실 근로시간이 대기시간의 반 정도 이하인 업무로서 8시간 이내인 경우. 다만, 격일제(24시간 교대) 근무인 경우에는 당사자 간의 합의가 있고 다음날 24시간의 휴무가 보장되어야 한다
3. 대기시간에 근로자가 자유로이 이용할 수 있는 수면 또는 휴게시설이 확보되어 있는 경우

③ 제1항 및 제2항의 근로시간은 일정기간(주 또는 월 등)의 평균적 개념으로 산정한다.」

감시 · 단속근로자를 둘러싼 이슈들은 다음과 같다.

아파트나 공동주택 경비원과 오피스텔이나 빌딩 경비원의 감시적 근로승인 요건 차이

	아파트나 공동주택	오피스텔이나 빌딩
감시적근로 승인 요건	수면시간 또는 근로자가 자유로이 이용할 수 있는 휴게시간을 8시간 이상 확보 필수	• 감시적근로승인을 받는다는 당사자간 합의 +24시간 근무후 24시간 휴무보장 • 수면시간 또는 근로자가 자유로이 이용할 수 있는 휴게시간 8시간 이상 확보는 필수는 아니지만 건강문제를 고려 수면시간 또는 휴게시간 부여를 권장

본사가 서울 사업장이 전국에 있을 때의 관할 노동청

노동청의 인허가는 주된 사업장(본사)을 관할하는 노동청에 하는 것이 원칙이다. 그러나 감시 · 단속근로승인의 경우 휴게시설확보 여부, 필요시

해당 근로자와의 면담 등을 통한 현장실사를 해야 할 때도 있어 각 사업장 소재지의 관할노동청에서 하는 경우도 많다.

승인 당시와 근로시간이나 휴게시간 등 근무조건이 변경된 경우

근무조건이 변경되는 시점에서 승인의 효력은 상실된다. 노동청이 승인을 취소한 날이 아니라 취소사유가 발생한 날이다.

근기68207-779, 2003.6.26.

「승인 당시의 근로조건이 변경되어 승인 취소사유가 발생, 일정 기간 경과후 지방노동관서가 이를 알고 승인을 취소한 경우 취소의 효력 발생시기는 취소사유가 발생한 시점부터 생긴다.」

감시 · 단속승인의 효력발생일

반대로 효력발생일은 승인사유가 있었을 때가 아니라 관할노동청이 승인서를 내어준 날부터다. 사용자가 1/1일부터 경비업무를 수행하면서 1/2 승인신청을 했지만 노동청에 2/1에 승인서를 내준 경우 연장근로수당, 휴일근로수당, 주12시간의 연장근로한도 등을 면제받는 것은 2/1부터가 된다.

필자의 견해로는 사실관계가 중요한 것이고 승인행위는 행정청의 절차에 불과하므로 사실관계가 감시적근로승인요건을 갖추고 있었다면 1/1부터 효력이 있다고 보는 것이 타당하다고 생각한다. 효력 상실과 같은 맥락이다.

근로감독관 집무규정 제67조(인 · 허가 및 승인의 효력)

「감독관은 사용자로부터 노동관계법령상의 인가 · 인정 · 승인 · 허가 등(이하 "인 · 허가"라 한다)의 신청이 있는 때에는 다음 각 호의 사항에 유념하여 처리하여야 한다.

1. 노동관계법령 및 규정에 정한 인 · 허가 요건에 합당한지를 철저히 검토한 후 결정하여야 한다.
2. **인 · 허가기간을 결재일 이전으로 소급하지 않아야 한다.**(단, 법령이나 규정에 별도의 정함이 있는 경우는 예외로 한다).
3. 인 · 허가 이후에 근로형태에 변경이 있거나 인 · 허가기준에 미달하게 된 때에는 동 인 · 허가를 취소하여야 한다.」

⑭ 지각, 조퇴 시의 급여 공제와 주휴수당 공제

해당시간(분) 만큼만 공제해야 한다. 반올림이나 올림은 허용되지 않는다. 30분 이내의 지각은 30분 공제, 30분 초과 1시간의 지각은 1시간 공제 등은 위법이다.

주중에 지각과 조퇴 등의 시간이 합 8시간이라고 해서 그 주의 주휴수당을 차감하는 것도 위법이다.

근로기준과-5560, 2009.12.23.

「1주일간의 지각 또는 조퇴시간을 합산하여 8시간이 되더라도 1일을 결근처리하여 개근일수에 영향을 줄 수 없다. 그 주의 근로시간이 32시간이었어도 주휴수당은 8시간분이 지급되어야 한다. 비례해서 6.4시간분이 아니다.」

그러나 그러한 지각 · 조퇴 등을 상여금지급기준에 반영하여 상여금을 삭감하거나, 징계를 통해 감급이나 다른 징계를 하는 것은 문제없다. 상여금은 법에 언급된 것이 아니기 때문이다.

법무 811-17966, 1978.8.22.
「단체협약이나 취업규칙 등에 규정하여 월 3회의 지각 · 조퇴 등을 결근 1일로 간주하여 징계나 감급 등은 할 수 있으나 이를 주휴일이나 연차휴가와 연계하여 소정근로일수를 개근하지 않은 것으로 할 수 없다.」

⑮ 금요일에 퇴사한 자의 주휴수당

주휴일이 일요일인 사업장에서 금요일에 퇴사하는 경우, **그 주의 소정근로일수를 개근하였다 하더라도 주휴수당은 발생하지 않는다.** 주휴일이란 1주간 근로에서 오는 피로를 풀고, 새 한 주를 맞이하라는 취지기 때문이다.

실제 근로를 제공한 금요일까지만 급여가 발생한다. 토요일 퇴직하여도 마찬가지다. 위 대법원 판결에서 보듯이 유급주휴일이 적용되기 위해서는 개근은 당연하고, "앞으로도 계속적인 근로제공이 예정되어 있는 상태"를 충족시켜야 하기 때문이다.

법률은 이러하나 실무에서 이렇게 처리하면 근로자들이 월요일을 퇴사일자로 잡는 경우들이 발생한다. 그래서 실무에서는 금요일에 퇴사한 자라 하더라도 일요일분까지의 급여(주휴수당)를 일할계산하는 방법을 사용하는 경우도 종종 있다.

대법원 2010.7.15.선고, 2008다33399
「근로기준법상 휴일 및 유급휴일 제도를 규정한 규범적 목적에 비추어 보면, 근로의 제공 없이도 근로자에게 임금을 지급하도록 한 유급휴일의 특별규정이 적용되기 위해서는 평상적인 근로관계, 즉 근로자가 근로를 제공하여 왔고 또한 계속적인 근로제공이 예정되어 있는 상태가 당연히 전제되어 있다고 볼 것이다.」

⑯ 화요일에 입사한 자의 주휴수당

**주휴일이 일요일인 사업장에서 화요일에 입사한 자에게는 그 첫주의 소정
근로일수를 개근하였다 하더라도 주휴수당은 발생하지 않는다.**

월요일은 입사 전이라 물리적으로 근무할 수 없었고 자신에게 주어진
화~금의 소정근로일을 만근하였으므로 주휴일이 있어야 하는 것 아닌가
라는 의문이 있을 수 있다. 그 논리대로라면 금요일에 입사하여 하루의 소
정근로일만 개근해도 주휴수당이 발생한다는 논리가 되어 비합리적이라
고 본다.

그러나 화요일에 입사하여 그 다음 주 수요일에 퇴사한다면 만9일을 일
한 것이고 주당 1일의 유급휴일(주휴일)은 주어야 하므로 하루는 유급처리
를 해야 타당하겠다.

⑰ 주중에 하루 또는 일주일 내내 쟁의행위를 한 경우의 주휴수당

하루만 쟁의행위를 한 경우 **실제 일한 시간에 비례해서 주휴수당이 발생
한다.** 32시간만(40시간의 80%) 일했으므로 주휴수당도 8시간분의 80%인
6.4시간분만 발생한다. 일주일내내 쟁의행위를 한 경우 위의 논리를 적용
하면 주휴수당은 제로다.

이상은 합법파업일 때이다. 불법파업은 결근으로 간주된다. 주중 하루
만 불법파업해도 그 주의 주휴수당은 발생하지 않는다.

대법원 2010.7.15.선고, 2008다33399

「근로제공의무 등의 주된 권리·의무가 정지되어 근로자의 임금 청구권이 발생하지 아니하는 파업기간 중에는 그 기간 중에 유급휴일이 포함되어 있다 하더라도 그 유급휴일에 대한 임금의 지급을 구할 수 없다.」

⑱ 연차휴가를 내고 파업에 참가한 경우 연차휴가의 임금청구권은 없다

연차유급휴가 또한 근로에서 오는 피로를 풀라는 취지다. 평상적인 근로관계를 전제로 한다. 파업기간 중에 주휴일이 끼어 있어도 그 주휴일이 무급이 되듯이 **연차휴가를 내고 파업에 참가하였다면 그 연차휴가일도 무급**이 된다.

대법원 2010.7.15.선고, 2008다33399

「관련 법률의 규정이나 단체협약·취업규칙·근로계약 등에 의하여 근로자에게 부여되는 유급휴가 역시 이를 규정한 규범적 목적에 비추어 보면 유급휴일과 마찬가지로 평상적인 근로관계를 당연히 전제하고 있는 것이다.

따라서 근로자가 유급휴가를 이용하여 파업에 참여하는 것은 평상적인 근로관계를 전제로 하는 유급휴가권의 행사라고 볼 수 없으므로 파업기간 중에 포함된 유급휴가에 대한 임금청구권 역시 발생하지 않는다.」

⑲ 병가와 급여공제 여부

병가는 법에 언급이 없다. **결근의 한 종류다.** 결근의 사유가 질병이나 부상이기 때문에 실무에서 병가라 부른다. 갖고 있는 연차휴가가 없을 때 회사의 허락을 받고 가게 된다.

규정상 병가를 유급으로 할 수도, 무급으로 할 수도 있다. 유급으로 하던 무급으로 하던 결근(허락받은 결근)이기 때문에 당일과 그 주의 주휴수당을 공제할 수 있다. 다만 자신의 의지와 상관없는 질병이나 부상이기 때문에 주휴수당까지 공제하는 것은 가혹하다 하여 하지 않는 경우가 있을 뿐이다. 며칠 정도의 병가면 다음 년도에 생길 연차휴가를 당겨서 사용케 할 수도 있지만 관리하는 입장에서는 업무가 늘어나서 잘 사용되지 않고 있는 편이다. **필자의 경험으로도 연차를 당겨서 사용하게 하는 것 보다 그 달의 급여에서 공제하고 마감하는 것이 효율적**이라 생각한다.

⑳ 유급휴가와 무급휴가

1) 연차유급휴가
법정휴가이면서 유급휴가의 대표적인 휴가다.

2) 출산전후휴가, 유사산휴가의 급여(2019년 기준)
법정휴가지만 당연히 유급이 아니다.
- 우선지원대상기업: 90일(다태아 120일)간 국가에서 30일당 180만원 지급, 회사는 첫 60일(다태아 75일)만 30일 당 180만원을 초과하는 급여가 있을 때만 그 초과액을 근로자에게 지급. 나머지 30일(다태아 45일)은 국가만 지급, 회사는 무급처리

– 대기업: 첫 60일(다태아 75일)은 회사가 지급(국가지급 없음), 나머지 30일(다태아 45일)은 국가에서 지급, 회사는 무급처리.

금액은 매년 바뀔 수 있으므로 각 회사와 근로자는 매번 확인해야 한다.

3) 배우자 출산휴가

법정휴가로서 3일은 유급, 2일은 무급이다. 배우자가 출산한 날의 다음 날로부터 30일 안에만 청구할 권리가 있다. 30일 째 청구하면 31일째 이후에도 사용할 수 있다. 2일 무급을 유급으로 할지는 회사 재량이다.

4) 난임치료휴가

법정휴가로서 연간 3일 이내에서 1일 유급 2일 무급이다. 2일 무급을 유급으로 할지는 회사 재량이다. 휴가 3일 전에 신청하여야 하고 치료를 받은 사실을 입증할 수 있는 의사진단서를 회사에 제출하여야 한다. 1일씩 분할 사용도 가능하다. 남녀근로자 모두 신청 가능하다.

5) 생리휴가

법정휴가로서 여성근로자가 청구할때 주어야 한다. 무급이다.

6) 여름휴가

법에 없는 약정휴가(노사 또는 회사가 정한 휴가)이기 때문에 유급 또는 무급 중 택일이 가능하다. 무급으로 한 경우에는 보통 연차휴가를 사용한다. 규정으로 한번 정하면 이행하여야 하고 휴가일수를 줄일 때에는 근로자 과반수 또는 과반수를 대표하는 자의 동의를 얻어야 한다.

7) 경조휴가

법에 없는 약정휴가다. 경조사 중 어떤 경조사에 휴가를 줄지, 준다면 며칠을 줄지는 회사의 재량이다. 규정으로 한번 정하면 이행하여야 하고 휴가를 줄일 때에는 근로자 과반수 또는 과반수를 대표하는 자의 동의를 얻어야 한다.

이처럼 법에 없는 약정휴가는 회사 재량으로 만들어서 시행할 수 있다. 취업규칙에 명시하지 않았더라도 **수년간 관행으로 시행하면 근로자에게 불이익하게 변경할 때에는 근로자과반수의 동의 또는 과반수 대표자의 동의를** 받아야 한다.

 근로기준법 제74조(임산부의 보호)
「① 사용자는 임신 중의 여성에게 출산 전과 출산 후를 통하여 90일(한 번에 둘 이상 자녀를 임신한 경우에는 120일)의 출산전후휴가를 주어야 한다. 이 경우 휴가 기간의 배정은 출산 후에 45일(한 번에 둘 이상 자녀를 임신한 경우에는 60일) 이상이 되어야 한다.(위반 시 2년 이하 징역 또는 1천만원 이하 벌금, 양벌규정, 5인 미만도 적용)」

남녀고용평등법 제18조의2(배우자 출산휴가)
「① 사업주는 근로자가 배우자의 출산을 이유로 휴가를 청구하는 경우에 5일의 범위에서 3일 이상의 휴가를 주어야 한다. 이 경우 사용한 휴가기간 중 최초 3일은 유급으로 한다.(1항 위반 시 500만원 이하 과태료, 5인 미만도 적용)
② 제1항에 따른 휴가는 근로자의 배우자가 출산한 날부터 30일이 지나면 청구할 수 없다.)」

남녀고용평등법 제18조의3(난임치료휴가)
「① 사업주는 근로자가 인공수정 또는 체외수정 등 난임치료를 받기 위하여 휴가(이하 "난임치료휴가"라 한다)를 청구하는 경우에 연간 3일 이내의 휴가를 주어야 하며, 이 경우 최초 1일은 유급으로 한다. 다만, 근로자가 청구한 시기에 휴가를 주는 것이 정상적인 사업 운영에 중대한 지장을 초래하는 경우에는 근로자와 협의하여 그 시기를 변경할 수 있다.(1항 위반 시 500만원 이하 과태료, 5인 미만도 적용)

② 사업주는 난임치료휴가를 이유로 해고, 징계 등 불리한 처우를 하여서는 아니 된다.」

근로기준법 제73조(생리휴가)
「① 사용자는 여성근로자가 청구하면 월1일의 생리휴가를 주어야 한다.」(위반 시 500만원 이하 벌금, 양벌규정, 5인 미만 미 적용)

㉑ 유급휴직과 무급휴직

법률이 정한 법정휴직중에는 업무상재해휴직 외에는 유급은 없다. 모두 무급이다. 회사가 정하는 휴직(약정휴직)과 함께 유급으로 할지 무급으로 할지 회사의 재량이다.

1) 육아휴직

법정휴직으로서 최대 1년이며 무급이다.

2) 가족돌봄휴직

법정휴직으로서 법이 정한 사유가 있을 때 90일 한도로 갈 수 있고 무급이다.

3) 업무상 재해 휴직

산재로 출근하지 못하면 휴직이 된다. 법률상 용어는 요양을 위한 휴업이다. 업무상이므로 회사가 거부할 수 없으며 치료를 위한 기간과 치료종결 후 30일간은 해고도 금지된다. 근로복지공단에 산재처리를 하지 않는 경우 회사는 평균임금의 70%를 지급해야 한다.

4) 상병휴직

약정휴직으로서 업무외질병이나 부상으로 휴직을 갈 수 있지만 회사의 승인이 있어야 한다. 회사가 상병휴직제도를 도입하지 않았거나(취업규칙에 없거나), 도입하지 않았더라도 그때그때 허락하지 않으면 휴직을 갈 수 없다. 법에는 없는 복리후생 중의 하나로서 회사로 하여금 강제할 수 없기 때문이다. 휴직제도가 없어서 휴직을 하지 못하게 될 때 퇴직 외에는 방법이 없다.

약정휴직은 상병휴직 외에도 회사가 재량으로 도입할지 말지를 결정할 수 있다. 학위취득을 위한 휴직, 군복무휴직, 재판을 위한 휴직 등이다.

제7장

주52시간제와
유연근무제

한 달의 단위기간으로 선택근무제를 도입한 A사의 엔지니어 김 선임은 인사팀 설명회 때 한 달을 평균하여 주 52시간을 넘겨 일하지 말라는 통보를 받았다. 인사팀은 주 평균 40시간은 무조건 채워야 한다는 설명도 곁들였다.

김 선임은 자신이 하는 개발업무가 언제 폭증할지 몰라 월 후반에 일이 늘어날 걸 대비해서 중반까지는 하루 8시간 미만으로 일하면서 시간관리를 했다. 그러나 월 후반에 일이 늘어나지 않아 주 평균 40시간도 못채우게 됐다.

인사팀 주 평균 40시간을 다 못 채웠으니 월급을 그에 비례해서 감액해야겠습니다.

김 선임 제가 일부러 주40시간을 안 채운 것도 아니고 주 평균 52시간을 절대 넘기지 말라 해서 보수적으로 안전하게 시간관리하다 보니 그리 된 건데 억울합니다. 만약 시간관리 안하다가 월 후반쯤에 개발업무가 폭증해서 주 평균 52시간 넘으면 인사팀이 책임지시겠습니까?

인사팀 ......

위와 같이 선의로 시간관리를 하다가 결국 한 달간 주 평균 40시간이 되지 않은 경우, 이에 대해 급여를 삭감한다거나 인사조치 하는 것은 합리적이지 않다고 생각한다. 법대로 한다면 월급은 주40시간분에 대한 것이니 삭감할 수는 있겠지만 주52시간을 지키기 위해 김 선임이 능동적이고도 안전하게 시간관리 한 것은 오히려 격려해 줄 일이기 때문이다. 법 테두리 안에서는 법보다는 합리적인 것이 무엇인지가 더 중요하다 하겠다.

❶ 규모별 · 직종별 주52시간제 도입 시기

주52시간제는 2004년에 주40시간제가 도입된 것보다 경영과 실무에 임팩트가 훨씬 크다고 생각한다. 주40시간제는 44시간에서 4시간만 준 것이지만, 주52시간제는 주68시간(토요일도 휴일로 정한 회사) 또는 60시간(토요일을 휴무일(평일)로 정한 회사)이던 것이 16시간~8시간이 준 것이기 때문이다.

주52시간제의 실시현황은 다음과 같다.

구 분	규 모	시행일자	비고
일반업종	300인 이상	2018.7.1.	주52시간 한도
	50명~300명 미만	2020.1.1.	
	5명~50명 미만	2021.7.1.	
특례업종으로 남은 5개업종	위와 같음	위와 같음	근로자대표와 합의서 체결하면 주52시간 초과가능
특례업종에서 제외된 21개 업종	300인 이상	2019.7.1.	일반업종처럼 주52시간 한도 적용
	50명~300명 미만	2020.1.1.	
	5명~50명 미만	2021.7.1.	
연소자	관계없음	2018.7.1.	주40시간 한도; -1일 7시간 -연장근로 1일 1시간, 1주 5시간

주52시간은 소정근로 주40시간과 주당 연장근로한도 12시간을 합한 시간이다. 이에 앞서 연장근로가 금지되는 사람(임신중 근로자 등)은 주40시간을 준수해야 한다. 야간근로 또한 금지되는 근로자가 있다.

근로기준법 개정으로 특례업종으로 남은 5개 업종은 육상운송 및 파이프라인 운송업(노선여객운송업은 특례업종 아님), 수상운송업, 항공운송업, 기타 운송관련 서비스업, 보건업이다. 기타 운송관련 서비스업이란 직접 운송을 하진 않지만 운송업을 지원. 항공터미널 · 공항 지상서비스 · 항공기 관제소 · 비행기 견인 · 철도차량터미널 · 버스정류장 · 화물터미널 · 유료고속도로 · 주차장 · 항구 · 해상터미널 · 등대 · 운송주선업 · 운송화물 포장업, 공항에서 비행기 이착륙과 관련된 시설을 운영하는 업 등을 말한다. 공항이라도 비행기내 청소 · 공항내 청소 · 경비 등은 기타운송관련 서비스업이 아니다.

특례업종에서 제외된 21개 업종은 다음과 같다.

보관 및 창고업, 자동차 및 부품 판매업, 도매 및 상품 중개업, 소매업, 금융업, 우편업, 전기통신업, 교육서비스업, 연구개발업, 시장조사 및 여론조사업, 광고업, 숙박업, 음식점 및 주점업, 영상 · 오디오 기록물 제작 및 배급업, 방송업, 건물 · 산업설비의 청소 및 방제서비스업, 하수 · 폐수 · 분뇨 처리업, 사회복지서비스업, 미용 · 욕탕 및 유사서비스업.

특례업종이란 "근로시간 및 휴게시간의 특례"를 받는 업종의 준말로써, 근로자대표와 서면합의하면 주12시간의 연장근로를 초과하여 근로하게 할 수 있고, 4시간 근로 시 30분, 8시간 근로 시 1시간의 휴게시간을 늘이거나 줄일 수 있는 업종을 말한다.

❷ 주52시간의 계산 방법과 휴일근로수당 가산율

주는 7일을 말한다. 월~금 등의 5일이 아니다. 어느 요일부터 시작하든 상관없다. 단, **어느 요일부터 해서 7일로 할지 한번 정했으면 쭉 가야한다.**

근로기준법 제2조(정의) 제1항 제7호
「1주란 휴일을 포함한 7일을 말한다.」

전일제근로자의 경우 1일 8시간, 1주 40시간이 소정근로한도이고 여기에 7일간 초과근로한도(연장근로+휴일근로)가 12시간임을 의미한다. 초과근로는 주중에 했는지 토·일에 했는지 관계없이 12시간이 한도다.

주중에 40시간 하고 난 후의 주휴일(꼭 일요일은 아니지만)근로는 연장근로도 되고 휴일근로도 되지만 8시간까지는 중복가산 하지 않는다. 8시간 초과분만 100%의 중복 가산수당이 붙는다.

일반업종의 주52시간의 시행일자

– 300인 이상: 2018.7.1.

– 50인 이상 300인 미만: 2020.1.1.

– 5인 이상 50인 미만: 2021.7.1.

이 시행일이 되기 전까지는 주68시간제 또는 주60시간제 중 하나가 적용된다. 취업규칙에 토요일이 휴일로 되어 있으면 주68시간 가능(월~금 40+토8+일8), 휴무(일)로 되어 있으면 평일이기 때문에 주60시간까지만 가능(월~토52+일8)하다. 연장근로한도는 예나 지금이나 주12시간 한도이고, 주52시간제 시행 전까지는 휴일근로는 연장근로로 보지 않기 때문이다. 하지만 주52시간이 시행되는 날부터는 토·일이 휴일인지 평일인지 구분하는건 의미 없다. 7일 통틀어 52시간에 맞춰야 하기 때문이다.

❸ 단시간근로자의 연장근로도 주당 12시간 한도다

단시간근로자의 초과근로(연장+휴일)도 7일간 12시간으로 제한된다. 1일 6시간 주30시간하기로 한 단시간근로자의 총 근로시간한도는 42시간까지다. 초과근로 12시간은 가산수당대상이다.

육아기근로시간단축자도 단시간근로자로 전환된 것이므로 마찬가지다.
1일 6시간하기로 한 사람이 초과근무시간을 적치했다가(일8시간 하고 2시간 적치) 다른 날에 단축을 더 하기로(4시간만 근무)하는 제도를 노사합의로 도입했다면 8시간 한 날도 연장근로로 보기 어렵다.

 여성고용정책과-2768, 2016.8.11.
「**질의**

근로기준법 제74조제7항의 임신기근로시간단축과 관련하여 노사합의로 1일 2시간 근로시간단축을 적치 사용할 수 있는지 여부
*필수공익사업인 병원사업장은 국민의 안전 및 생명과 직결된 보건의료를 담당하여 근무형태가 24시간 3교대 근무형태이므로 1일 2시간 근무시간 단축 시행이 불가능함.
〈갑설〉 근로기준법 취지가 1일 근무시간 단축만을 의미하므로 적치사용은 불가
〈을설〉 근로기준법 취지가 모성보호에 있으므로 사업장의 불가피한 사정이 있고, 노사 간 혹은 노사 간 취지에 공감한다면 노사합의에 의해 적치사용 가능

회시

법정 임신기근로시간단축의 형태는 1일 2시간 단축이나, 이는 법으로 정한 최소한의 규정으로서 노사가 합의하였다면 이를 주 단위로 적치하여 사용한다고 해서 법을 위반한 것으로 볼 수 없다고 판단됨.」

❹ 주중 휴일이나 휴가 시 1주 근로시간

주52시간 준수여부는 실근로시간으로 따진다. 소정근로시간이 아니다. 주중에 연차휴가, 유급공휴일, 결근 등으로 쉬었으면 그 시간만큼 빠진다. 주중 공휴일로 하루 쉬었으면 정상근로는 32시간이므로 토 · 일에 20시간을 해도 주52시간을 준수할 수 있다.

> 근기68207-2990, 2000.9.28.
> 「특정주의 토요일에 8시간을 근로했다고 하더라도 주중에 휴일 또는 휴가기간이 있어 당해 1주간의 총 근로시간이 44시간을 초과하지 않은 경우에는, 당해 토요일에 행해진 8시간 근로에 대하여는 연장근로수당을 지급하지 않더라도 근로기준법 위반문제는 발생하지 아니함.」

유연근무제 중 시간선택제근로나 탄력적근로시간제등을 실시한다면 근로시간 평균을 깎아먹으므로 다른 주에 좀 더 일할 수 있는 여유가 생길 것이다.

❺ 유연근무제의 정의와 종류

유연근무제는 법정용어가 아니다. 여러가지 근로시간제를 통칭하는 용어다. 다음과 같은 제도들이 있다. 공히 근로자대표와 서면합의가 필요하다. 근로자 과반수동의는 무효다.

유연근무제의 종류

구 분		근거조항(근로기준법)	
근로기준법 상	1. 탄력적근로시간제(2주 이내 단위)	51조 1항	18세 미만과 임신근로자실시 불가
	2. 탄력적근로시간제 (2주초과 3개월 이내 단위)	52조 2항	
	3. 선택적근로시간제	52조	18세 미만 불가
	4. 보상휴가제	57조	
	5. 간주근로제(출장 또는 사업장 밖)	58조 1,2항	
	6. 재량근로시간제	58조 3항	
	7. 특수업종 근로시간 특례	59조	
실무상	8. 출근시차제	법조항 없음. 근로자대표합의 또는 과반동의로 취업규칙 개정하여 시행가능	
	9. 재택근무제		
	10. 스마트워킹		

    모든 업종에 도입가능하지만 6번과[13] 7번은[14] 법률이 정한 업종에서만 시행할 수 있다.

    주52시간제가 시행되기 전에는 실무에서 거의 활용도가 없던 제도들이다. 근로자대표와 서면합의를 체결해야 하는데 근로자대표도 없을뿐더러 있다 해도 근로자한테 불리한 요소(연장근로수당 손해 등)도 있어 합의도 쉽지 않기 때문이다. 출장 시에는 소정근로(예:8시간)를 한 것으로 간주한다는 조항 정도만 취업규칙에 두는 정도였다. 2018.7월부터는 탄력적근로시간제, 선택적근로시간제, 출근시차제 위주로 활발히 도입되고 있는 중이다.

---

13 제 ❾ 참조

14 육상운송 및 파이프라인 운송업(노선여객운송업은 특례업종 아님), 수상운송업, 항공운송업, 기타 운송관련 서비스업, 보건업의 5개 업종을 말한다. 역시 근로자대표와 서면합의를 체결하면 주52시간을 초과하여 근로하게 할 수 있다.

❻ 탄력적근로시간제의 근로시간한도, 연장근로한도 및 연장근로수당

탄력적근로시간제의 2가지 유형인 2주 이내 단위와 2주 초과 3개월 이내 단위의 근태처리기준은 해당 법 조항에 따른다.

근로기준법 제51조(탄력적근로시간제)

「① 사용자는 취업규칙(취업규칙에 준하는 것을 포함한다)에서 정하는 바에 따라 2주 이내의 일정한 단위기간을 평균하여 1주간의 근로시간이 제50조제1항의 근로시간을 초과하지 아니하는 범위에서 특정한 주에 제50조제1항의 근로시간을, 특정한 날에 제50조제2항의 근로시간을 초과하여 근로하게 할 수 있다. 다만, 특정한 주의 근로시간은 48시간을 초과할 수 없다.

② 사용자는 근로자대표와의 서면 합의에 따라 다음 각 호의 사항을 정하면 3개월 이내의 단위기간을 평균하여 1주간의 근로시간이 제50조제1항의 근로시간을 초과하지 아니하는 범위에서 특정한 주에 제50조제1항의 근로시간을, 특정한 날에 제50조제2항의 근로시간을 초과하여 근로하게 할 수 있다. 다만, 특정한 주의 근로시간은 52시간을, 특정한 날의 근로시간은 12시간을 초과할 수 없다.

1. 대상 근로자의 범위
2. 단위기간(3개월 이내의 일정한 기간으로 정하여야 한다)
3. 단위기간의 근로일과 그 근로일별 근로시간
4. 그 밖에 대통령령으로 정하는 사항

③ 제1항과 제2항은 15세 이상 18세 미만의 근로자와 임신 중인 여성 근로자에 대하여는 적용하지 아니한다.

④ 사용자는 제1항 및 제2항에 따라 근로자를 근로시킬 경우에는 기존의

임금 수준이 낮아지지 아니하도록 임금보전방안을 강구하여야 한다.」

이 2가지의 연장근로수당 산정방법은 다음과 같이 다르다.

두 제도간의 연장근로 한도와 수당 비교

	2주 이내 단위	2주 초과 3개월 이내 단위
1일 근로시간한도	한도 없음	12시간
1주 근로시간한도(a)	48시간(8시간분 연장근로수당 대상 아님)	52시간(12시간분 연장근로수당 대상 아님)
1주 연장근로한도(b)	12시간	12시간
사실상의 1주 총 근로시간한도(a+b)	60시간(48+12)	64시간(52+12)
연장근로수당 대상	b (※연장외 야간과 휴일근로시에도 가산수당 발생)	
도입방법	취업규칙 또는 별지에 실시대상, 일별 근무표 등을 기재 후 과반수 동의 ※기존 취업규칙에 '2주단위 탄력적 근로시간제를 실시할 수 있다'라고 된 원론적인 조항으로는 실시할 수 없음. 구체적인 근무표가 나온 상태에서 과반동의를 받아야 함.	근로자대표와 서면합의(필수기재사항 다음 항 참조)

❻-1 탄력적근로시간제 합의서상의 근무표대로 일을 못하는 경우

2주 초과 3개월 이내 단위의 탄력적근로시간제는 근로자대표와의 서면합의서에 다음과 같은 내용이 필수로 들어가야 한다.

 근로기준법 제51조(탄력적근로시간제)

「1. 대상 근로자의 범위

2. 단위기간(3개월 이내의 일정한 기간으로 정하여야 한다)

3. 단위기간의 근로일과 그 근로일별 근로시간

4. 서면합의의 유효기간」

여기서 제3번이 근무 표다. 예를 들면 다음과 같다.

월		1일근로시간(월~금)	시업	종업	휴게
1월	1일~말일	7시간	09시	17시	12시~13시
2월	1일~말일	8시간	09시	18시	
3월	1일~말일	9시간	09시	19시	

계절적 업무에 주로 적합하지만 단기간에 장시간근로가 필요한 게임 · 소프트웨어 개발 · 신제품 출시 · 방송프로그램 제작 · 결산업무 · 인사평가업무 등에도 근로시간관리에 유연하게 대처할 수 있다. 위 표처럼 사전에 픽스할순 없더라도 이 표는 필수명시사항이므로 기재해야 한다. **불가피할 경우 근로자의 재량으로 그날그날 상황에 따라 연장근로나 단축근로를 하기로 합의**하면 된다.

이 계획표상의 1일 근로시간을 초과하는 것은 원칙상 연장근로지만 서면합의 시 근무표 대신 근로자 개인별로 근로시간을 관리하여 단위기간 내 주 평균 40시간을 지키도록 하여 연장근로시간에서 제외할 수도 있다. 출근시차제나 보상휴가제와의 병행도 가능하다. 부서별 등 집단뿐만 아니라 개인별로도 신청케 하여 부서장이나 인사팀이 승인하면 실시할 수 있다.

6-2 2주이내단위 탄력적근로시간제의 취업규칙 예시

제○○조(탄력적 근로시간제)

① 회사는 ○월부터 ○월까지 ○개월 동안 생산직 사원에 대하여 다음

각 호에 정하는 바에 따라 2주 단위의 탄력적 근로시간제를 시행한다.
  1. 주당 근무시간: 첫째 주 ○○시간, 둘째 주 ○○시간
  2. 첫째주의 1일 근무시간: ○요일부터 ○요일까지 ○○시간(○○:
     ○○부터 ○○:○○까지)
  3. 둘째주의 1일 근무시간: ○요일부터 ○요일까지 ○○시간(○○:
     ○○부터 ○○:○○까지)
 ② 회사는 제1항에 따라 사원이 첫째주에 ○○시간을 근무한 경우 8시
   간을 초과한 시간에 대하여는 가산수당을 지급하지 아니한다.
 ③ 15세 이상 18세 미만의 사원과 임신 중인 여성사원은 탄력적 근로시
   간제를 적용하지 아니한다.
 ④ 본 제도의 유효기간은 제도 적용 시점부터 1년으로 한다.[15]
  그러나 보통 취업규칙에는 아래와 같이 이미 기재해 놓은 경우가 대부
분이다. 선언적 · 원론적 규정이다.

 예시   제 조(탄력적 근로시간제) 회사는 업무의 사정에 따라 2주 이내의
단위기간을 설정하여 탄력적 근로시간제를 도입할 수 있다.

  이러한 원론적 조항은 근로기준법 제51조제1항의 '취업규칙 등에서 정
하는 바'에 따라 적법하게 도입한 것으로 볼 수 없다.[16]

❼ 선택적근로시간제

선택적근로제는 주 근로시간을 **평균 내는 단위기간이 1개월이 맥스다.** 2

---

15 유연근로시간제 가이드 24쪽, 고용노동부, 2018.6.
16 동 가이드 24쪽

주나 열흘, 3주 등도 가능하다. 보통 1개월 단위로 도입하고 있다.

선택적근로제는 1일·1주 근로시간의 한도에 제한이 없다는 것과, 근로일이나 근로시간대를 근로자가 선택할 수 있게 한다는 게 탄력적근로제와 가장 큰 차이다.

물론 서면합의로 근로자가 선택할 수 있는 요일과 시간대에 제한을 둘 수 있다. 월~금의 06시~22시 사이 등으로 제한을 둘 수 있다. 제한을 두든 제한 없이 365일을 선택범위로 하든 야간근로와 휴일근로 시에는 가산수당이 발생한다. 다만, 사전승인제를 두는 게 보통이므로 사전이든 사후든 승인받은 근로에 한한다.

서면합의서의 필수기재사항은 다음과 같다.

근로기준법 제52조(선택적근로시간제)
1. 대상 근로자의 범위(15세 이상 18세 미만의 근로자는 제외한다)
2. 정산기간(1개월 이내의 일정한 기간으로 정하여야 한다)
3. 정산기간의 총 근로시간
4. 반드시 근로하여야 할 시간대를 정하는 경우에는 그 시작 및 종료 시각
5. 근로자가 그의 결정에 따라 근로할 수 있는 시간대를 정하는 경우에는 그 시작 및 종료 시각
6. 표준근로시간(유급휴가 등의 계산기준으로 사용자와 근로자대표가 합의하여 정한 1일의 근로시간)에 관한 사항

❼-1 표준근로시간

표준근로시간이란 주휴시간과 연차휴가 시간을 말한다. 주휴시간과 연차휴가 시간은 소정근로시간인 하루 당 8시간이 될 수도 있고 4시간이 될 수

도 있는데 선택적근로제에서는 1일 · 1주의 소정근로시간을 정할 수 없다. 따라서 이들을 몇 시간으로 할지를 미리 정해놔야 한다. 전일제를 대상으로 실시할 때의 표준근로시간은 8시간이 합리적이다. 선택적근로시간제는 실무상 두가지 타입이 있다.

❼-2 완전선택제

정산기간중의 근무일 · 근무시간대 · 시종업시각을 근로자에게 일임하여 365일 24시간 중에서 근로하게 하는 것. 야간 · 휴일근로 시 가산수당 지급

❼-3 부분선택제

노사합의로 근무요일 · 근무시간대를 정해 놓고 그 안에서만 선택하게 하는 것.
1) 이 선택범위 안에 국공휴일 · 야간시간대(22시 이후)가 들어 있을 때 국공휴일과 야간시간대에 근로한 경우 가산수당 지급
2) 선택범위를 월~금(국공휴일 제외), 06시~22시로 노사합의한 경우 국공휴일과 22시 이후 근로는 사용자의 지시나 승인이 있는 경우에 한해 가산수당 지급. 국공휴일과 야간시간대의 자발적 근로는 가산수당 지급 의무 없음.

❼-4 선택적근로시간제 노사합의서 예시[17]

합의서는 체결일로부터 3년간 보관해야 한다.

선택적 근로시간제 합의서

주식회사 ○○ 대표이사와 근로자대표는 선택적 근로시간제에 관하여 다음과 같이 합의한다.

제1조(목적) 이 합의서는 근로기준법 제52조와 취업규칙 제○조에 의해 선택적 근로시간제에 필요한 사항을 정하는 것을 목적으로 한다.

제2조(적용범위) 선택적 근로시간제는 과장급 이상의 기획 및 관리·감독 업무에 종사하는 자를 대상으로 한다.

제3조(정산기간) 근로시간의 정산기간은 매월 초일부터 말일까지로 한다.

제4조(총 근로시간) '1일 8시간×해당 월의 소정근로일수(휴일·휴무일은 제외)'로 계산한다.

제5조(표준근로시간) 1일의 표준근로시간은 8시간으로 한다.

제6조(의무시간대) 의무시간대는 오전 10시부터 오후 4시까지로 한다. 다만, 정오부터 오후 1시까지는 휴게시간으로 한다.

제7조(선택시간대) 선택시간대는 시작시간대 오전 8시부터 10시, 종료시간대는 오후 4시부터 7시로 한다.

제8조(가산수당) 업무상 부득이한 경우에 사용자의 지시 또는 승인을 받고 휴일 또는 야간시간대에 근무하거나, 제4조의 근무시간을 초과하여 근무한 시간에 대해 가산수당을 지급한다.

제9조(임금공제) 의무시간대에 근무하지 않은 경우 근무하지 않은 시간만큼 임금을 공제하며, 의무시간 시작시간을 지나 출근하거나 의무시간 종료 전에 퇴근한 경우에는 지각, 조퇴로 처리한다.

---

17 유연근로시간제 가이드 51쪽, 고용노동부, 2018.6.

제10조(유효기간) 이 합의서의 유효기간은 ○○○○년 ○월 ○일부터 1년간
으로 한다.

2○○○. . .

주식회사 ○○ 대표이사   (인) 근로자대표   (인)

⑧ 보상휴가제와 합의서

근로자에게 불이익이 있다고 보기는 어려운 제도라서 주52시간제가 시행
되기 전부터, 특히 365일 24시간 가동하는 업종 중 어느 정도 예비인력을
둔 회사에서 시행된 곳들이 있다. 승무원, 병원 등이다. 예비인력이 빠듯
한 경우 시행하기 힘들다.

연장 · 야간 · 휴일근로수당 대신 휴가로 부여한다. 부여방법 · 사용방법
등을 **근로자대표와의 서면합의서에 기재해야 한다.** 법률상 필수기재사항
은 정해진 바 없다. 근태처리와 관련된 것이므로 노사 당사자가 알아서 정
할 수 있다.

휴일근로 8시간에 대한 돈은 12시간분이다. 이를 1.5일의 휴가로 줄 것
인지, 1일만 휴가로 주고 0.5일분은 수당으로 줄 것인지, 회사가 강제로
결정할 것인지 근로자의 선택에 따라 줄 것인지 등이다. 휴가를 준다면 어
느 정도 기간(해당월 급여계산기간 또는 연말까지 등)내로 할 것인지, 그
기간 내에 휴가를 못가면 언제까지 수당으로 지급하고 끝낼 것인지 등도
중요한 내용이다.

주52시간제를 맞아 탄력적근로시간제+보상휴가제+출근시차제 등으로
병행실시도 권장한다.

근로기준법 제57조(보상휴가제)

「사용자는 근로자대표와의 서면합의에 따라 제56조에 따른 연장근로 · 야간근로 및 휴일근로에 대하여 임금을 지급하는 것을 갈음하여 휴가를 줄 수 있다.」

합의서 예시는 다음과 같다.[18] 합의서는 체결일로부터 3년간 보관해야 한다.

보상휴가제 합의서

주식회사 ○○ 대표이사와 근로자대표는 근로기준법 제57조에 따른 보상휴가에 대하여 다음과 같이 합의한다.

제1조 보상휴가의 기준이 되는 연장 · 야간 · 휴일근로의 기준일은 매월 1일부터 말일까지로 하고 보상휴가는 다음 달에 실시함을 원칙으로 하되, 그 시기는 근로자의 자유의사에 따른다. 단, 근로자가 지정한 시기가 사업운영에 막대한 지장을 줄 경우 사용자는 그 시기를 변경할 수 있다.
제2조 가산수당 외에 모든 연장 · 야간 · 휴일근로분에 대해서도 적용함을 원칙으로 하고, 개별근로자가 명시적으로 청구하는 경우 휴가 대신 임금으로 지급할 수 있다.
제3조 만약 근로자가 다음달에 보상휴가를 일부라도 사용치 않을 경우에는 미사용분에 대해 다음달 근태마감 후의 첫 급여일에 금전보상을 실시해야 한다.
제4조(유효기간) 이 합의서의 유효기간은 ○○○○년 ○월 ○일부터 1년간으로 한다.

---

18 유연근로시간제 가이드 96쪽, 고용노동부, 2018.6.

2000...

주식회사 ○○ 대표이사   (인) 근로자대표   (인)

❾ 간주근로시간제

주로 외근을 많이 하는 영업·A/S·잦은 출장·택시운송에 종사하는 자 또는 재택근무시에 적합하다. 그러나 사업장 밖에서 주로 근무하더라도 근로시간 체크가 가능하면 적합하지 않다.

1) 출장중 또는 사업장밖 간주근로제

출장중에는 소정근로시간을 일한 것으로 간주한다는 취업규칙상의 조항이 대표적이다. 실제 그렇게 운영한다. 출장중이라도 야간이나 휴일근로를 한게 사실이면 가산수당을 지급해야 하지만 그 외에는 6시간을 했든 10시간을 했든 8시간으로 간주하는 게 보통이다. 근로자대표와의 서면합의는 불필요하고 취업규칙에 두는 것으로 족하다.

2) 특정업무의 간주근로제

출장중이든 아니든 특정업무의 수행, 주로 눈에 안 보이는 외근업무(영업·배송·출장의 지속 등)에 대해서는 8시간으로만 간주하는 것이 불합리 할 때가 있다. 9시간, 10시간 등이 통상적이라고 노사가 인정하여 합의서를 체결하면 그 시간이 일 근로시간이 된다. 8시간 넘는 시간은 당연히 연장근로시간이 된다. 근로자대표와의 서면합의서가 필수다. 법에는 필수 기재사항은 없다.

근로기준법 제58조(근로시간의 특례)제1, 2항
「① 근로자가 출장이나 그 밖의 사유로 근로시간의 전부 또는 일부를 사업장 밖에서 근로하여 근로시간을 산정하기 어려운 경우에는 소정근로시간을 근로한 것으로 본다. 다만, 그 업무를 수행하기 위하여 통상적으로 소정근로시간을 초과하여 근로할 필요가 있는 경우에는 그 업무의 수행에 통상 필요한 시간을 근로한 것으로 본다.

② 제1항 단서에도 불구하고 그 업무에 관하여 근로자대표와의 서면 합의를 한 경우에는 그 합의에서 정하는 시간을 그 업무의 수행에 통상 필요한 시간으로 본다.」

❾-1 업무수행에 통상적으로 필요한 시간과 노사합의로 정한 시간은 실무상 같은 얘기

소정근로시간이 일8시간이라 하더라도 통상 하루의 업무를 밖에서 수행할 때 **7시간 또는 10시간이라고 하면 그 7시간 또는 10시간이 통상적으로 업무수행에 필요한 시간**이 된다. 8시간으로 간주하는게 아니면 노사합의로 정해야 한다. 소정근로시간보다 짧게(예:7시간) 합의하는 경우는 거의 없다. 10시간으로 합의했다면 일2시간은 연장근로가 된다.

보통 취업규칙에는 출장이나 사업장밖 근로 시에는 소정근로시간(8시간)을 근로한 것으로 간주한다는 조항들이 들어 있는데 소정근로시간만 인정한다고 하면 특단의 사정이 없는 한(소정근로시간을 초과하여 근로한 것이 입증되지 않는 한) 8시간만 인정하면 된다. 이때는 달리 노사합의서나 취업규칙 개정은 필요 없다고 사료된다.

사업장 밖 근로일지라도 연장 · 야간 · 휴일근로가 확인되면 가산수당을 지급해야 한다.

❾-2 간주근로시간제 노사합의서

이 합의서도 체결일로부터 3년간 보관해야 한다.

사업장 밖 간주근로제 합의서[19]

주식회사 ○○ 대표이사와 근로자대표는 취업규칙 제○○조에 따라, 근로자에 대하여 사업장 밖 근로를 시키는 경우의 근로시간 산정에 관하여 다음과 같이 합의한다.

제1조(대상의 범위) 이 합의서는 영업부 및 판매부에서 주로 사업장 밖의 업무에 종사하는 자에게 적용한다.

제2조(인정근로시간) 제1조에 정한 직원이 통상근로시간의 전부 또는 일부를 사업장 밖에 있어서의 업무에 종사하고, 근로시간을 산정하기 어려운 경우에는 휴게시간을 제외하고 1일 9시간을 근로한 것으로 본다.

제3조(휴게시간) 제1조에 정한 직원에 대해 취업규칙 제○○조에 정한 휴게시간을 적용한다. 다만, 업무에 따라서는 정해진 휴게시간에 휴게할 수 없는 경우는 별도의 시간대에 소정의 휴게를 부여하는 것으로 한다.

제4조(휴일근로) 제1조에 정한 직원이 특별한 지시에 따라 취업규칙 제○○조에 정한 휴일에 근무한 경우에는 회사는 취업규칙 제○○조에 기초하여 휴일근로가산수당을 지급한다.

제5조(야간근로) 제1조에 정한 직원이 특별한 지시에 따라 야간(22:00~06:00)에 근무한 경우에는 취업규칙 제○○조에 기초하여 야간근로가산수당을 지급한다.

제6조(연장근로) 제2조에 따라 근무로 인정된 시간 중 소정근로시간을 넘는 시간에 대해서는 취업규칙 제○○조에서 정한 연장근로 가산수당을 지급한다.

---

19 유연근로시간제 가이드 66쪽, 고용노동부, 2018.6.

제7조(유효기간) 이 합의서의 유효기간은 ○○○○년 ○월 ○일부터 1년간으로 한다.

2○○○.　.　.

주식회사 ○○ 대표이사　　　(인) 근로자대표　　　(인)

⑩ 재량근로시간제

이 제도를 시행할 수 있는 업무는 법으로 6가지가 정해져 있다.

근로기준법 제58조(근로시간의 특례)제3항
「③ 업무의 성질에 비추어 업무수행방법을 근로자의 재량에 위임할 필요가 있는 업무로서 대통령령으로 정하는 업무는 사용자가 근로자대표와 서면합의로 정한 시간을 근로한 것으로 본다. 이 경우 그 서면합의에는 다음 각 호의 사항을 명시하여야 한다.
1. 대상 업무
2. 사용자가 업무의 수행 수단 및 시간 배분 등에 관하여 근로자에게 구체적인 지시를 하지 아니한다는 내용
3. 근로시간의 산정은 그 서면 합의로 정하는 바에 따른다는 내용」

근로기준법 시행령 제31조(재량근로의 대상 업무)
「1. 신상품 또는 신기술의 연구개발이나 인문사회과학 또는 자연과학분야의 연구 업무

2. 정보처리시스템의 설계 또는 분석 업무

3. 신문, 방송 또는 출판 사업에서의 기사의 취재 · 편성 또는 편집 업무

4. 의복 · 실내장식 · 공업제품 · 광고 등의 디자인 또는 고안 업무

5. 방송 프로그램 · 영화 등의 제작 사업에서의 프로듀서나 감독 업무

6. 그 밖에 고용노동부장관이 정하는 업무」

> 고용노동부고시 제2011-44호, 그 밖에 고용노동부장관이 정하는 업무
> 「회계 · 법률사건 · 납세 · 법무 · 노무관리 · 특허 · 감정평가 등의 사무에 있어 타인의 위임 · 위촉을 받아 상담 · 조언 · 감정 또는 대행하는 업무」

❿-1 6가지 시행가능업무의 구체적 예시[20]

업무수행방법이나 근로시간이 근로자의 재량에 달려있지만 이 업무수행 중에도 연장 · 야간 · 휴일근로에 대해서는 가산수당을 지급해야 한다. 근로자의 재량이 많아 연장 · 야간 · 휴일근로가 오남용될 수 있고 오남용에 대해 분쟁이 발생할 수 있으므로 사전승인제는 필수라 사료된다.

1) 신상품 또는 신기술의 연구개발이나 인문사회과학 또는 자연과학분야의 연구업무

- 신상품 또는 신기술의 연구개발은 재료, 제품, 생산 · 제조공정 등의 개발 또는 기술적 개선 등을 말함

- 인문사회과학 또는 자연과학 분야의 연구는 대학 또는 공공 · 민간

---

20 유연근로시간제 가이드 76~78쪽, 고용노동부, 2018.6.

연구소 등에서 연구를 주된 업무로서 수행하는 것을 말함
- 대학의 교수, 조교수 또는 강사 등과 연구소의 연구원이 강의 등의 수업이나 입시 사무 등의 교육 관련 업무를 같이 수행하더라도, 연구업무를 주된 업무로 종사하여야 함

2) 정보처리시스템의 설계 또는 분석 업무
- 정보처리시스템이란 정보 정리, 가공, 축적, 검색 등의 처리를 목적으로 컴퓨터 하드웨어, 소프트웨어, 통신 네트워크, 데이터를 처리하는 프로그램 등이 구성 요소로 조합된 체계를 말함
- 정보처리시스템의 분석 또는 설계 업무는 아래의 업무를 말함
① 수요(needs)의 파악, 유저(user)의 업무 분석 등에 기반한 최적의 업무처리방법의 결정 및 그 방법에 적합한 기종 선정
② 입출력 설계, 처리 순서의 설계 등 애플리케이션·시스템의 설계, 기계구성의 세부적인 결정, 소프트웨어의 결정 등
③ 시스템 가동 후 시스템의 평가, 문제점의 발견, 그 해결을 위한 개선 등의 업무
- 타인의 구체적인 지시에 기반하여 재량권 없이 프로그램 설계 또는 작성을 수행하는 프로그래머는 포함되지 않음

3) 신문, 방송 또는 출판사업에서의 기사의 취재, 편성 또는 편집 업무
① 신문 또는 출판사업의 기사의 취재, 편성 또는 편집의 업무
- 신문 또는 출판 사업에는 신문, 정기간행물에 뉴스를 제공하는 뉴스공급도 포함됨
- 신문 또는 출판 사업 이외의 사업으로 기사 취재 또는 편집의 업무에 종사하는 사람, 예를 들면 사보 편집자 등은 포함되지 않음
- 취재, 편성 또는 편집의 업무는 기사 내용에 관한 기획 및 입안, 기사

의 취재, 원고 작성, 할당 · 레이아웃 · 내용 체크 등의 업무를 말함
- 기사의 취재에 있어서 기자와 동행하는 카메라맨의 업무나, 단순한 교정업무는 포함되지 않음
② 방송 사업에서의 기사의 취재, 편성 또는 편집 업무
- 방송 사업에서의 취재의 업무는 보도 프로그램, 다큐멘터리 등 제작을 위해 행해지는 취재, 인터뷰 등의 업무를 말함
- 취재에 동행하는 카메라맨과 기술 인력(스태프)은 포함되지 않음
- "편성 또는 편집의 업무"는 위의 취재를 요하는 프로그램의 취재대상 선정 등의 기획 및 취재로 얻은 것을 프로그램으로 구성하기 위한 편성 또는 편집을 말함

4) 의복 · 실내장식 · 공업제품 · 광고 등의 디자인 또는 고안 업무
- "디자인 또는 고안 업무"는 전문성 · 창의성이 필요한 디자인 또는 고안 업무를 말함
- 고안된 디자인을 토대로 단순히 도면의 작성, 제품의 제작 등의 업무를 수행하는 자는 포함되지 않음

5) 방송 프로그램 · 영화 등의 제작 사업에서의 프로듀서나 감독 업무
- 방송 프로그램, 영화 등의 제작에는, 비디오, 음반, 음악 테이프 등의 제작 및 연극, 콘서트, 쇼 등의 흥행 등이 포함됨
- 프로듀서의 업무는 제작 전반에 대해 책임을 지고 기획의 결정, 대외 절충, 스태프의 선정, 예산 관리 등을 총괄하여 수행하는 것을 말함
- 감독 업무는 스태프를 통솔하고 지휘하고 현장에서 제작 작업의 통괄을 수행하는 것을 말함

6) 회계 · 법률사건 · 납세 · 법무 · 노무관리 · 특허 · 감정평가 등의 사

무에 있어 타인의 위임 · 위촉을 받아 상담 · 조언 · 감정 또는 대행을
하는 업무

- 소관 법령에 따른 공인회계사, 변호사, 세무사, 법무사, 공인노무사,
  변리사, 감정평가사의 면허 · 자격증을 소지하고, 타인의 위임 · 위촉
  을 받아 상담 · 조언 · 감정 또는 대행을 하는 업무를 말함
- 공인회계사, 변호사, 세무사, 법무사, 공인노무사, 변리사, 감정평가
  사의 보조업무를 수행하고, 해당 분야에 실무경험이 많은 자라도 소
  관 법령에 따른 면허 · 자격증이 없으면 포함되지 않음

⑩-2 재량근로시간제 합의서

법적으로 필수기재사항들이 있다. 근로자의 재량에 맡기기로 하면서 사업
주가 개입하는 건 모순이므로 근로자의 업무수행방법이나 근로시간에 대
해 사업주가 구체적인 지시를 하지 않아야 한다는 것이 필수기재사항 중
하나다. 합의서는 체결일로부터 3년간 보관해야 한다.

필수기재사항

1. 대상 업무
2. 사용자가 업무의 수행 수단 및 시간 배분 등에 관하여 근로자에게 구
   체적인 지시를 하지 아니한다는 내용
3. 근로시간의 산정은 그 서면 합의로 정하는 바에 따른다는 내용
합의서는 체결일로부터 3년간 보존해야 한다.

재량근로제 합의서[21]

주식회사 ○○대표이사와 근로자대표는 근로기준법 제58조 제3항에 기반하여 재량근로시간제에 관하여 다음과 같이 합의한다.

제1조(적용 대상 업무 및 근로자) 본 합의는 각 호에서 제시하는 업무에 종사하는 근로자에게 적용한다.

1. 본사 연구소에서 신상품 또는 신기술의 연구개발 업무에 종사하는 근로자
2. 본사 부속 정보처리센터에서 정보처리시스템의 설계 또는 분석의 업무에 종사하는 근로자

제2조(업무의 수행방법)

① 제1조에서 정한 근로자에 대해서는 원칙적으로 그 업무수행의 방법 및 시간 배분의 결정 등을 본인에 위임하고 회사 측은 구체적지시를 하지 않는다. 다만, 연구과제의 선택 등 종사할 기본적인 업무 내용을 지시하거나 일정 단계에서 보고할 의무를 지울 수 있다.

② 이 조 제1항에도 불구하고 업무 수행과 직접 관련이 없는 직장 질서 또는 회사 내 시설 관리상의 지시는 할 수 있다.

제3조(근로시간의 산정) 제1조에서 정한 근로자는 취업규칙 제○조에서 정하는 근로시간에 관계없이 1일 9시간(간주근로시간) 근로한 것으로 본다.

제4조(연장근로수당) 제3조의 간주근로시간이 취업규칙 제○조에서 정한 소정근로시간을 초과하는 부분에 대해서는 연장근로로 취급하여 가산수당을 지급한다.

제5조(휴일 및 야간근로)

① 제1조에서 정한 근로자가 회사에 출근하는 날에는 ID카드에 의한 시간을 기록해야 한다.

② 제1조에서 정한 근로자가 휴일 또는 야간(22:00~06:00)에 업무를 행하는 경우에는 미리 소속 부서장의 허가를 얻어야 한다.

③ 전항에 따른 허가를 받고서 휴일 또는 야간에 업무를 행한 경우 회사는 취

---

21 유연근로시간제 가이드 84쪽, 고용노동부, 2018.6.

업규칙 제○조의 정한 바에 따라 가산수당을 지급한다.

제6조(휴게, 휴일 및 휴가) 제1조에서 정한 근로자의 휴게, 휴일 및 휴가는 취업규칙에서 정하는 바에 따른다.

제7조(재량근로의 적용 중지) 제1조에서 정한 근로자에 대하여 사용자는 다음 각 호의 어느 하나에 해당하는 경우 해당 근로자에게 재량근로제를 적용하지 않을 수 있다.

1. 업무의 변경 등으로 인해 재량근로시간제를 적용하는 것이 적정하지 않다고 판단된 경우
2. 근로자가 재량근로제의 적용 중지를 신청한 경우

제8조(유효기간) 이 합의서의 유효기간은 ○○○○년 ○월 ○일부터 1년간으로 한다.

2○○○. . .

주식회사 ○○ 대표이사　　　　(인) 근로자대표　　　　(인)

❿-3　재량근로시간제관련 취업규칙 조항

이 합의서를 체결했더라도 구체적인 근태처리(휴일 · 휴가 · 휴게 · 초과근로수당 등)의 분쟁을 방지하기 위해 취업규칙에도 해당 내용을 기재할 것을 권장한다.

재량근로시간제 취업규칙[22]

제○조(재량근로시간제 적용)

① 재량근로시간제는 노사 합의로 정하는 대상근로자에게 적용한다.

② 제1항에 따라 재량근로시간제가 적용되는 근로자(이하 "재량근로자"라 한다)에 대해서는 제○조에서 정하는 근로시간에 관계없이 노사 합의에서 정하는 근로시간을 근로한 것으로 본다.

③ 제2항의 노사 합의에서 정하는 간주근로시간이 제○조에서 정한 근로시간을 초과하는 부분에 대해서는 가산수당을 지급한다.

④ 재량근로자의 근무시간은 재량근로자의 재량에 의해 구체적인 시간 배분을 결정하는 것으로 한다.

⑤ 재량근로자의 휴일, 휴가는 제○조에서 정한 바에 따른다.

⑥ 재량근로자가 휴일 또는 야간에 근로하는 경우에는 미리 소속 부서장의 허가를 얻어야 한다.

⑦ 제7항에 따른 허가를 받고서 휴일 또는 야간에 업무를 행한 경우 회사는 제○조에 따라 가산수당을 지급한다.

⑪ 시차출근제

시차출근제는 법률에 언급이 없다. 취업규칙이나 근로계약서는 시업·종업시각 기재가 필수다. 정해진 시업·종업시각을 변형하여 운영하는게 시차출근제다. 시업시각의 선택을 근로자에게 맡기므로 종업시각은 시업시각에 달려있다.

---

22 유연근로시간제 가이드 83쪽, 고용노동부, 2018.6.

의무근무시간대(예:10시~11시, 14시~15시 등)를 설정할지 여부, 몇 시간으로 설정할지 등은 회사의 재량이다. 전술한 유연근무제들과의 병행 사용도 가능하다.

근로계약서와 취업규칙상의 필수기재사항인 시업·종업시각을 바꾸는 것이므로 취업규칙 개정과 근로계약서 갱신은 둘 다 필수다. 근로자대표와 서면합의서는 필수는 아니다.

⑫ 유연근무제와 근로자대표와의 서면합의

근로자대표와 서면합의가 필수인 유연근무제도는 다음의 6가지다.
① 2주 초과 3개월 이내 단위의 탄력적근로시간제
② 선택적근로시간제
③ 재량근로제
④ 보상휴가제
⑤ 사업장 밖 간주근로시간제
⑥ 특수업종의 근로시간특례제

⑫-1 합의권한 있는 근로자대표

1) 전사 과반수를 대표하는 노동조합은 그 대표자가 근로자대표가 된다

2) 노동조합이 있지만 전사 과반수를 대표하는 노동조합이 아닌 경우
① 주로 생산직을 조직대상으로 한 노동조합이 생산직만으로 볼 때는 과반수지만 전사로 볼 땐 과반수가 되지 않는 경우

- 생산직만을 대상으로 유연근무제를 도입한다면 그 노조대표가 권한 있는 근로자대표가 된다.
- 전사를 대상으로 도입할 때는 전사원을 대표하는 근로자대표를 선출해야 한다. 생산직은 노조대표가 합의하고 사무직은 사무직대표를 따로 뽑아서 각각 합의하는 것은 효력의 다툼이 있다고 사료된다. 특정 직종이나 특정업무에 대해서만 도입하더라도 전사 근로자대표와 합의해야 하기 때문이다. 전사원의 이해관계를 두루 살필 수 있도록 하는 취지다.

실무상 생산직노조대표와 사무직을 대표할 자에게 전사 근로자의 과반수로부터 권한위임을 받아 이 두 명과 동시에 합의하는 방법이 무난하다. 서면합의는 반드시 1명하고만 해야 하는 것은 아니기 때문이다.

📖 근로기준팀-8048, 2007.11.29.
「노동조합이 근로자의 과반수로 조직되지 않은 경우에는 근로자의 과반수를 대표하는 자를 선정하여야 함.」

② 복수노조라서 각각의 노조가 과반수가 되지 않는 경우
   이때도 전사를 대표하는 근로자대표를 선출하여 합의해야 할 것으로 사료된다.

③ 일부 사업장(예: 공장이나 지점)에만 도입하는 경우
   그 사업장이 장소적으로 분리되어 있고 인사노무 · 재정 · 회계 · 취업규칙 등도 분리되어 독자적인 법인처럼 사업경영을 행하지 않는 이상(이러한 예는 드묾) 전사의 과반수를 대표하는 자와 합의해야 한다.

④ 일부 부서만 도입하는 경우

이때도 전사를 대표하는 근로자대표와 합의해야 한다.

근로기준팀-8048, 2007.11.29.
「동일사업 또는 사업장내의 일부 부서에만 적용하고자 하더라도 근로자대표는 반드시 사업 또는 사업장단위로 선정하여야 함.」

⑫-2 근로자대표의 선출방법

법에는 언급이 없다. 투표(직접 · 비밀 · 무기명)든 과반수로부터 권한위임 서명을 받든 관계없다. 사용자와 사용자를 위하여 행위하는 자는 근로대 표로 나서는 것은 물론 투표나 권한위임서명을 해서는 안 된다. 과반수를 대표하는 자에서 과반수란 사용자 및 사용자를 위해 행위하는 자를 제외 한 근로자의 과반수를 의미한다.

⑫-3 근로자와 사용자의 범위

근로자와 사용자의 이중적 지위를 갖는 자는 제외된다. 이들이 근로자로 서 향후 합의내용의 적용을 받더라도 노사서면합의과정에서는 사용자를 위하여 행위하는 자로 볼 수 있기 때문이다.

권한위임서명을 받을 때는 근로자들에게 유연근무시간제 도입 등에 관 한 서면합의의 대표권한을 위임한다는 것을 사전에 주지시켜야 한다.

근기68207-4269, 2001.12.8.
「근로자의 과반수란 근로기준법 제2조제1항제1호에 의한 근로자에 해당하는 자중에서 동조제1항제2호에 의한 **사용자에 해당하는 자를 제외한 자의 과반수를 의미**한다고 사료됨.

　사용자 또는 사용자의 이익 대표자에 해당되는지 여부에 대한 판단은 형식적인 직급명칭이나 지위보다는 회사규정의 운영실태, 구체적인 직무 내용 및 근로자에 관한 사항에의 관여정도 등 구체적인 사실관계를 토대로 인사 · 급여 · 후생 · 노무관리 등 근로조건의 결정 또는 업무상의 명령이나 지휘 · 감독 등에 관한 권한과 책임을 사업주 또는 사업의 경영담당자로부터 부여받고 있는지 여부, 근무평정 권한 및 책임이 있는지 여부, 근로관계에 대한 계획과 방침 등 사용자의 기밀에 속하는 사항을 접하고 있어 직무상의 의무와 책임이 조합원으로서의 의무 및 책임에 상충되는지 여부 등을 종합적으로 고려하여 판단하여야 함.」

⑫-4 노사협의회 근로자위원들과의 의결 또는 합의의 효력

근참법에 따라 유효하게 선출된 근로자위원들이라 하더라도 노사협의회에서의 의결로만 끝내면 유연근무제합의의 효력이 없다. **별도의 서면합의서를 체결해야 유효하다.** 이들에게는 근로시간제도에 관한 한 근로자대표성이 인정된다. 근참법 제20조(협의사항)에는 '작업과 휴게시간의 운용'이 있고 협의사항들은 정족수대로(노사위원 각 과반수 출석과 출석위원 2/3 이상 찬성) 의결할 수도 있기 때문이다.

　　근로기준팀-8048, 2007.11.29.
　「근로시간제도를 도입하고자 하는 사업 또는 사업장단위에 근로자참여및협력증진에관한법률에 의한 노사협의회가 설치되어 있으면 그 근로자위원을 근로자 대표로 볼 수 있다.」

⑬ 근로시간 위반 시의 처벌 절차

이상의 유연근무제는 모두 근로자대표와의 서면합의가 필수다. 서면합의를 하지 않고 시행했다하여 형사처분 대상이 되는 건 아니다. 그러나 해당 근로시간제의 효력이 없기 때문에 **결과적으로 주52시간을 위반하게 된다거나, 연장근로수당 지급의무를 위반**하게 된다.

근로시간한도를 위반하면(주52시간 등) 2년 이하 징역 또는 1천만원 이하 벌금대상이 된다. 연장근로수당 등 법정수당 미지급은 3년 이하 징역 또는 2천만원 이하 벌금 대상이 된다. 모두 양벌규정(법인과 행위자 동시처벌)이다. 근로자 1인당이며 각각의 범죄이기 때문에 각각에 대해 형사처분된다.

유죄혐의가 있으면 관할 노동청과 검찰에서 피의자신분으로 조사를 받은 후 형사재판으로 기소될 수 있다. 대표이사와 행위자는 노동청과 검찰 및 재판정에 서야 한다. 법원에서 형이 확정된다. 지능적이고 상습적, 고의적인 위반이 아닌 이상 대체로 벌금형이지만 전과기록이 남는다.

MEMO

제8장

근로계약서

커피숍에서 알바를 시작한 김 학생에게 며칠이 지나도 사장이 근로계약서를 쓰자는 말을 하지 않는다. 김 학생은 갑자기 일이 생겨 퇴직하였는데 공교롭게 그 며칠 뒤 근로감독이 나왔다.

감독관 김 학생의 근로계약서는 어디 있나요?
사　장 며칠 만에 그만두는 바람에 근로계약서 쓸 시간이 없었습니다.
감독관 그래도 법 위반인 건 아시죠?
사　장 쓰려고 했는데 김 학생이 갑자기 그만둬서 못 쓴걸 저보고 어떻게 하란 말입니까?
감독관 그럼 첫 날 쓰셨어야죠. 근로계약서 서면교부의무가 시행된지가 벌써 언젠데 아직까지도 근무 첫 날 근로계약서를 안쓴단 말입니까? 법 위반이 명백하니 조치하겠습니다.

근로계약서의 중요함은 아무리 강조해도 지나치지 않다. 서면으로 체결하지 않은 경우 500만원 이하의 벌금(기간의 정함이 없는 정규직)과 500만원 이하의 과태료(기간제와 단시간근로자)가 있다.

체결하더라도 필수기재항목을 명시하지 않으면 한 항목 당 30~200만원의 과태료(기간제와 단시간근로자)가 부과된다. 형사처분과 과태료처분은 근로자 1인당이다.

벌금은 돈으로 때우기만 하면 되는 간단한 사안이 아니다. **벌금이 확정되기까지 피의자신분으로 관할노동청과 검찰에 수차례 출석해서 조서를 꾸며야 한다.** 법 위반사실이 중하면 형사재판정에까지 서야 한다. 벌금이 확정되면 전과기록이 남는다.

처벌은 별론으로 하고 문서화된 게 없어서 월급에 주휴수당을 포함해서 지급하였음에도 증명할 방법이 없어 이중으로 지급하게 되는 경우도 있다. 포괄임금약정[23]도 서면증거가 없으면 인정받지 못한다.

최저시급에 미달하는 근로계약서를 쓰느니 차라리 안 쓰는 경우도 있다. 최저시급 못 지킨 건 근로계약서가 없더라도 이미 위반이 된 것이다. 최저임금을 위반했다는 불리한 증거가 되더라도 근로계약서를 쓰는 것이 바람직하다. 근로계약서도 없으면 그 처벌까지 받을 수 있다.

❶ 근로계약서의 필수기재사항

정규직 · 기간제 · 단시간근로자의 필수기재사항은 다음과 같이 다르다.

---

23 포괄임금약정: 월급에 기본급 외에 고정연장, 고정야간, 고정휴일, 고정연차휴가수당 등 법정수당을 포함하는 근로계약

근로형태별 필수기재사항

	정규직	기간제	단시간근로자
공통항목	① 임금액수 · 구성항목 · 계산방법 · 지급방법 ② 소정근로시간 ③ 휴일 ④ 연차휴가(단, 기간제와 단시간은 휴가) ⑤ 근무장소 ⑥ 종사업무 ※ 정규직은 취업규칙의 필수기재사항(근로기준법 제92조 제1호~12호) 　　중 해당사항을 추가로 기재		
서로 다른 항목		⑦ 근로계약기간 ⑧ 근로시간 ⑨ 휴게시간	
			⑩ 근로일과 근로일별 근로시간
근거법률	근로기준법 제17조(근로조건의 명시), 500만원 이하 벌금	기간제법 제17조(근로조건의 서면명시), 500만원 이하 과태료	

❷ 근로계약서의 필수기재사항 누락 시 과태료 (기간제와 단시간근로자)

위의 항목 중, 기간제와 단시간근로자의 경우 근로계약서를 체결했더라도 각 항목을 누락하면 다음과 같이 과태료가 있다. 근로자 1인당, 한 항목당 이다.

누락항목당 및 위반차수별 과태료

누락항목	과태료(한 항목 당)
– 근로계약기간 – 임금액수 · 구성항목 · 계산방법 · 지급방법 – 근로일과 근로일별 근로시간	1차 위반 시 50만, 2차 100만, 3차 200만원
– 근로시간 · 휴게시간 – 휴일 · 휴가 – 근무장소 – 종사업무	1차 위반 시 30만, 2차 60만, 3차 120만원

❸ 근로계약서 예시–고용노동부의 표준근로계약서

표준근로계약서

_____(이하 "갑"이라 함)과(와) _____(이하 "을"이라 함)은 다음과 같이 근로계약을 체결한다.

1. 근로계약기간 :   년   월   일부터   년   월   일까지
   ※근로계약기간을 정하지 않는 경우에는 "근로개시일"만 기재
2. 근무장소 :
3. 업무의 내용 :
4. 소정근로시간 :   시 분부터   시 분까지(휴게시간 :   시 분~ 시 분)
5. 근무일/휴일 : 매주   일(또는 매일단위)근무, 주휴일 매주   요일
6. 임금

- 월(일, 시간)급 : _____원
- 상여금 : 있음 (   ) _____원, 없음 (   )
- 기타급여(제수당 등) : 있음 (   ), 없음 (   )
  · _____원, _____원
  · _____원, _____원
- 임금지급일 : 매월(매주 또는 매일)____일(휴일의 경우는 전일 지급)
- 지급방법 : 을에게 직접지급(   ), 예금통장에 입금(   )

7. 연차유급휴가
- 연차유급휴가는 근로기준법에서 정하는 바에 따라 부여함

8. 근로계약서 교부
- "갑"은 근로계약을 체결함과 동시에 본 계약서를 사본하여 "을"의 교부요
  구와 관계없이 "을"에게 교부함(근로기준법 제17조 이행)

9. 기타
- 이 계약에 정함이 없는 사항은 근로기준법령에 의함

년   월   일

(갑) 사업체명 :   (전화 :   )
　주　　소 :
　대 표 자 :   (서명)

(을) 주　　소 :
　연 락 처 :
　성　　명 :   (서명)

❹ 정규직 근로계약서 예시-고용노동부의 표준근로계약서를 필자가 업그레이드

근로계약서(정규직)

주식회사_____(이하 "회사"라 함)과(와) 근로자_____(이하"직원" 이라 함)는(은) 다음과 같이 근로계약을 체결하고 성실히 준수하기로 한다.

제1조 (근무부서 및 직무)

(1) 직무: _____, 근무장소: _____

(2) 회사는 업무상 필요에 따라 직무 또는 근무장소의 변경을 명하거나 별도 의 업무 수행을 명할 수 있다.

제2조 (복무 및 수습기간)

(1) 소정근로시간: 1일 8시간, 1주 40시간, 휴게시간 1시간(12시~13시로 근로시간에서 제외)을 원칙으로 한다.

  시업시각: _____, 종업시각: _____

(2) "직원"은 업무의 특성 또는 업무량에 따라 연장근로, 야간근로, 휴일근로 를 하는데 동의한다.

(3) 휴일: 주휴일(1주 만근 시 주1일), 근로자의 날 및 취업규칙에서 정한 날

(4) 연차휴가: 관련법률에 따른다.

(5) 생리휴가: 여성에 한하여 월1일로 하되 무급으로 한다.

(6) 수습기간: 신규 입사자는 근무시작일로부터 ( )개월의 수습기간을 둔 다. 수습기간 중 업무 적합성이 부족한 경우 취업규칙의 해고절차 또는 해고사유와 관계없이 즉시 채용을 취소 할 수 있다. 단, ( )안이 공란 인 경우 수습기간은 없는 것으로 한다.

제3조(급여)

(1) 월 급여: _____원

(2) 월 급여의 구성내역

 − 기본급(주휴수당이 포함되어 있다): _____원

 − 연장근로수당: _____원

 − 식대: _____원

(3) 정기상여금: 기본급의 연 _____%

(4) 급여계산 기간: 당월 1일~당월 말일.

(5) 급여지급일: 매 당월 25일

(6) 성과급: "회사"는 "회사"의 정책에 따라 재량으로 성과급 및 장기근속포상금의 지급여부를 결정할 수 있다.

제4조 (계약의 종료 · 해지 및 퇴직금)

(1) "회사"는 취업규칙에 따른 정당한 사유 또는 사회통념상 정당한 사유가 발생한 경우에 "직원"의 근로계약을 중도 해약할 수 있다.

(2) "직원"이 부득이하게 퇴직하는 경우 퇴직을 원하는 날의 30일 이전에 퇴직원을 제출하여야 하며 업무 인수인계에 협조해야 한다.

(3) 퇴직금은 근속 1년을 초과한 경우 발생하며 관계법령에 따라 계산하고 지급한다.

제5조 (일반사항) 이 계약에 정함이 없는 사항은 근로기준법령에 따른다.

[근로계약서 교부 확인]

"직원"은 상기 내용을 자발적 의사에 기해 원만한 분위기에서 체결하고, 근로기준법이 정하는 바에 따라 본 근로계약서 1부를 교부 받았음을 확인합니다. (서명)

"회사"_____   "직원, 근로자"_____

❺ 기간제와 단시간근로자 근로계약서 예시 – 고용노동부의 표준근로계약서를 필자가 업그레이드

근로계약서(기간제 및 단시간근로자)

주식회사 ＿＿＿＿＿＿＿(이하 "회사"라 함)과(와) 근로자 ＿＿＿＿＿＿＿(이하 "직원"이라 함)는(은) 다음과 같이 근로계약을 체결하고 성실히 준수하기로 한다.

제1조 (근무부서 및 직무)
(1) 직 무: ＿＿＿＿＿＿＿, 근무장소: ＿＿＿＿＿＿＿
(2) 회사는 업무상 필요에 따라, 직무 또는 근무장소의 변경을 명하거나 별도의 업무 수행을 명할 수 있다.

제2조 (근로계약기간) 20 년   월 일부터 20 년   월 일까지로 한다.

제3조 (복무 및 수습기간)
(1) 요일별 시종업시각과 휴게시간

	월	화	수	목	금	토	일
시업/종업시각							
휴게시간							

(2) "직원"은 업무의 특성 또는 업무량에 따라 연장근로, 야간근로, 휴일근로를 하는데 동의한다.
(3) 휴일: 주휴일(1주 만근 시 주1일), 근로자의 날 및 취업규칙에서 정한 날
(4) 연차휴가: 관련법률에 따른다.
(5) 생리휴가: 여성에 한하여 월1일로 하되 무급으로 한다.
(6) 수습기간: 신규 입사자는 근무시작일로부터 (   )개월의 수습기간을 둔다. 수습기간 중 업무 적합성이 부족한 경우 취업규칙의 해고절차 또는

해고사유와 관계없이 즉시 채용을 취소 할 수 있다. 단, (   )안이 공란인 경우 수습기간은 없는 것으로 한다.

제4조(급여)
(1) 월 급여: _____원
(2) 월 급여의 구성내역
– 기본급(주휴수당이 포함되어 있다) : _____원
– 연장근로수당: _____원
– 식대: _____원
(3) 정기상여금: 기본급의 연   %
(4) 급여계산 기간: 당월 1일~당월 말일.
(5) 급여지급일: 매 당월 25일
(6) 성과급: "회사"는 "회사"의 정책에 따라 재량으로 성과급 및 장기근속포상금의 지급여부를 결정할 수 있다.

제5조 (계약의 종료/해지 및 퇴직금)
(1) "회사"는 취업규칙에 따른 정당한 사유 또는 사회통념상 정당한 사유가 발생한 경우에 "직원"의 근로계약을 중도 해약할 수 있다.
(2) "직원"이 부득이하게 퇴직하는 경우 퇴직을 원하는 날의 30일 이전에 퇴직원을 제출하여야 하며 업무 인수인계에 협조해야 한다.
(3) 퇴직금은 근속 1년을 초과한 경우 발생하며 관계법령에 따라 계산하고 지급한다.

제6조 (일반사항) 이 계약에 정함이 없는 사항은 근로기준법령에 따른다.

[근로계약서 교부 확인]
"직원"은 상기 내용을 자발적 의사에 기해 원만한 분위기에서 체결하고, 근로기준법이 정하는 바에 따라 본 근로계약서 1부를 교부 받았음을 확인합니다. (서명)

"회사"_____   "직원, 근로자"_____

❻ 근로계약서에서 임금조항 때문에 노무사자문을 받는다

근로계약서는 **임금조항의 중요도 비중이 90%가 될 정도다.** 노동청의 진정사건 중 임금을 둘러싼 분쟁이 거의 다. 필수기재사항들은 법대로 회사 사정에 맞게 기재하면 된다. 사업주들이 노무사들한테 근로계약서 작성을 의뢰하는 이유도 거의 임금조항 때문이다.

1) 최저임금 시급제일 때

최저임금만 기재할 땐 심플하다. 최저임금만 적고 주 또는 월 근태마감 후 소정근로일을 개근한 주에 대해 주휴수당이나 각 초과근무수당을 추가로 지급하면 된다.

2) 최저임금을 초과한 시급제일 때

보통 노동강도가 세거나 사람을 구하기 어렵거나 숙련자일 때지만, 그러한 경우가 아닐 때에는 최저임금시급에 주휴수당을 포함하고 싶을 때다. 시급 옆에 '주휴수당 포함'이라는 단어가 있어야 법정 주휴수당의 일부 금액이라도 인정받는다.

3) 월급제에서 최저임금 기본급만 기재할 때

특히 단시간근로자는 월소정근로시수가 사람마다 직원들마다 다를 수 있다. 주휴수당이 포함된 월 소정근로시수를(209, 180 등) 기재해야 유효하다. 주휴수당을 포함한 월 소정근로시수 계산이 근로계약서를 체결할 때 사업주나 실무자가 가장 어려워하는 것 중의 하나다. 노무사가 필요한 이유다.

4) 월급에 여러 법정수당을 포함할 때

포괄임금약정이다. '월급에는 연장·야간·휴일·연차수당이 포함되어 있다'는 문구만으로는 법정수당을 제대로 지급한 것으로 인정받기 어렵다. 기본급이 얼마고 각각의 초과근로수당이 얼마인지, 몇 시간분인지 알 수 없기 때문이다. 위 3)번의 형식보다 훨씬 더 어려운 각각의 근로시수계산(소정근로시간, 주휴시간, 50%가산을 감안한 연장·야간·휴일시수, 연차휴가시수)이 필요하다. 고난도 실무에 속한다.

❼ 포괄임금계약

포괄임금제는 감시단속근로자처럼 근로시간이나 휴게시간, 비정형근로자처럼 근로시간이나 초과근로산정이 어려운 직종에 적합한 제도다. 그러나 수십년간 생산직 정도를 제외하고는 근로형태나 직종에 관계없이 전 산업에 도입되어 있다.

2017년 정부는 포괄임금계약을 금지하겠다고 발표했다가 2018년 상반기에는 그 금지시기를 당분간 유예한다고 발표하였다. 정부가 금지하기 전까지는 유효하다. 대법원이 포괄임금약정을 무효로 보는 케이스도 있지만 대세는 유효한 것으로 본다. 근로자와 서면근로계약서를 체결하고 근로자에게 금전상이나 근로시간상 불리함이 없을 때다. 그러나 최근으로 올수록 포괄임금약정의 효력을 엄격히 판단하는 추세다.

법원이나 노동청 조사 시의 추세를 볼 때 다음 중 하나 이상에 해당되면 근로자에게 불리하다고 보아 **포괄임금약정의 효력이 부인 될 수 있다.**

① 연장·야간·휴일근로시간을 정확하게 측정할 수 있는데 미리 급여에 포함하는 경우

② 초과근무수당이라고 뭉뚱그려서 여기에 연장·야간·휴일수당이 다

포함된 것으로 하여 각각의 금액과 해당시간이 얼마인지 알 수 없는 경우

③ 포괄임금약정에 포함된 법정수당보다 실제 근로를 더 했으나 추가분을 지급하지 않는 경우

④ 취업규칙에는 연장 · 야간 · 휴일근로에 대해 50% 가산수당을 지급 토록 되어 있음에도 포괄임금근로계약을 체결하여 가산수당을 지급하지 않는 경우

⑤ 특정근로자에게만 기본급 등 통상임금을 낮추기 위해 포괄임금약정을 맺는 경우

⑥ 서면체결 없이 말로만 포괄임금약정이라고 한 경우 등이다.

대법2016도1060, 2016.10.13.

「기본임금을 미리 산정하지 아니한 채 제 수당을 합한 금액을 월 급여액이나 일당임금으로 정하거나 매월 일정액을 제 수당으로 지급하는 내용의 포괄임금제에 관한 약정이 성립하였는지는 근로시간, 근로형태와 업무의 성질, 임금 산정의 단위, 단체협약과 취업규칙의 내용, 동종 사업장의 실태 등 여러 사정을 전체적 · 종합적으로 고려하여 구체적으로 판단하여야 한다.

이때 단체협약이나 취업규칙 및 근로계약서에 포괄임금이라는 취지를 명시하지 않았음에도 **묵시적 합의에 의한 포괄임금약정이 성립하였다고 인정하기 위해서는**, 근로형태의 특수성으로 인하여 실제 근로시간을 정확하게 산정하는 것이 곤란하거나 일정한 연장 · 야간 · 휴일근로가 예상되는 경우 등 실질적인 필요성이 인정될 뿐 아니라, 근로시간, 정하여진 임금의 형태나 수준 등 제반 사정에 비추어 사용자와 근로자 사이에 정액의 월급여액이나 일당임금 외에 추가로 어떠한 수당도 지급하지 않기로 하거나 특정한 수당을 지급하지 않기로 하는 합의가 있었다고 객관적으로 인

정되는 경우이어야 한다.」

📖 서울고법2009누30112, 2010.7.13.

「기본임금을 미리 산정하지 아니한 채 제 수당을 합한 금액을 월
급여액으로 지급하는 내용의 이른바 포괄임금제에 의한 임금지급계약을
체결한 경우에 그것이 근로자에게 불이익이 없고 제반 사정에 비추어 정
당하다고 인정될 때에는 이를 무효라고 할 수 없고, 이 때 포괄임금제에
의한 임금지급계약이 **근로자에게 불이익이 없어야 한다는 것은 단체협약
이나 취업규칙에 구체적인 임금지급 기준 등이 규정되어 있는 경우에 그
러한 규정상의 기준에 비추어 보아 불이익하지 않아야 한다는 것**을 의미
한다.(대법원 1998.3.24. 선고 96다24699 판결 등 참조)」

📖 대법96다24699, 1998.3.24.

「주휴수당이나 연월차휴가수당이 구 근로기준법(1996. 12. 31.
법률 제5245호로 개정되기 전의 것)에서 정한 기간을 근로하였을 때 비로
소 발생하는 것이라 할지라도 당사자 사이에 미리 그러한 소정기간의 근
로를 전제로 하여 주휴수당이나 연월차휴가수당을 일당임금이나 매월 일
정액에 포함하여 지급하는 것이 불가능한 것이 아니며, 포괄임금제란 각
종 수당의 지급방법에 관한 것으로서 근로자의 연월차휴가권의 행사 여부
와는 관계가 없으므로 **포괄임금제가 근로자의 연월차휴가권을 박탈하는
것이라고 할 수 없다.**」

📖 대법2014도8873, 2016.9.8.

「1. 근로시간의 산정이 어려운 경우가 아니라면 근로기준법상
의 근로시간에 관한 규정을 그대로 적용할 수 없다고 볼 만한 특별한 사정
이 없는 한 근로기준법상의 근로시간에 따른 임금지급의 원칙이 적용되어

야 하므로, 이러한 경우에 포괄임금제 방식의 임금 지급계약을 체결한 때에는 그것이 근로기준법이 정한 근로시간에 관한 규제를 위반하는지를 따져, 포괄임금에 포함된 법정수당이 근로기준법이 정한 기준에 따라 산정된 법정수당에 미달한다면 그에 해당하는 포괄임금제에 의한 임금 지급계약 부분은 근로자에게 불이익하여 무효라 할 것이고, 사용자는 **근로기준법의 강행성과 보충성 원칙에 의하여 근로자에게 그 미달되는 법정수당을 지급**할 의무가 있다.

2. 이 사건 근로자들이 요양보호사로서 이 사건 노인센터의 대표와 일체의 법정수당과 상여금 등이 포함된 월정액을 급여로 지급받기로 하는 등의 근로계약을 체결하고 3교대로 이 사건 노인센터에서 근무하였는데, 주간에는 08:30에 출근하여 1시간의 휴게시간을 제외하고는 18:30까지 9시간 동안 주로 중증 치매환자인 요양대상자의 기저귀를 갈아주고 식사할 때 거들어 주며 목욕을 시켜주고 청소하고 약을 챙겨 주는 수발 업무를 하는 등 출·퇴근 시간 및 근로를 제공하는 장소가 정해져 있고 정해진 일과에 따라 상당한 밀도의 업무를 하였으며, 야간에는 18:30에 출근하여 다음날 08:30까지 근무하면서, 요양대상자의 기저귀를 갈아주고 요양대상자가 비상벨을 누르면 가서 돌보았으며 새벽에 물수건으로 요양대상자의 얼굴을 닦아주고 아침식사를 도와주는 등의 업무를 하였는데, 이 사건 근로자들의 **근로계약서에는 야간근무시간 중 4시간의 휴게시간을 정하였으나, 요양보호사는 야간에 요양대상자가 비상벨을 누르는 경우가 많아 잠을 자지 못하고 늘 대기상태**에 있었고, 야간근무시간에도 휴게시간으로 인정하는 1시간을 넘는 휴게시간은 없어서 육체적·정신적 부담이 상당하였던 것으로 보이는 점 등을 종합하면, 이 사건 노인센터의 요양보호사들의 업무가 **근로시간 산정이 어려운 것으로 볼 수 없고, 이 사건 근로자들에게 포괄임금제를 적용함으로써 최저임금법에서 정한 최저임금에도 못 미치는 임금을 지급하여 이들에게 불이익이 있으므로**, 이 사건 근로자

들에 대한 포괄임금제 약정 중 최저임금에 미달하는 금원에 해당하는 부분은 무효다.」

📖 창원지법2015노1581, 2015.12.24.
「포괄임금제는 감시단속적 근로 등과 같이 근로시간, 근로형태와 업무의 성질을 고려할 때 근로시간의 산정이 어려운 것으로 인정되는 경우에 사용자와 근로자 사이에 기본임금을 미리 산정하지 아니한 채 법정수당까지 포함된 금액을 월급여액이나 일당임금으로 정하거나 기본임금을 미리 산정하면서도 법정 제 수당을 구분하지 아니한 채 일정액을 법정제 수당으로 정하여 이를 근로시간 수에 상관없이 지급하기로 약정한 임금지급계약이다.

　① 건설일용근로자로서 1일 근로시간을 9시간으로, 계약기간을 단기간으로 정하여 반복적으로 근로계약서를 작성하여 1년이 넘는 기간 계속적으로 건설현장에서 일해 왔던 점,

　② 위 근로계약서에는 근로시간과 일당만이 기재되어 있고 수당 등을 포함한다는 취지의 기재는 전혀 없으며, '본 계약서에 명시되지 않은 사항은 근로기준법 등 관계법규에 따른다'고 기재되어 있는 점,

　③ 이 사건 근로형태와 업무의 성질상 그 근로관계가 근로시간이 불규칙하거나 감시·단속적이거나 또는 교대제·격일제 등의 형태여서 실제 근로시간의 산출이 어렵거나 당연히 연장·야간·휴일근로가 예상되는 경우라고는 보이지 아니하는 점 등을 종합하여 보면,

위 근로계약과 별도로 포괄임금계약이 체결되었다고 보기 어렵고, **일당이 다른 사람이나 다른 건설현장에서보다 많다는 이유만으로는 당연히 묵시적으로 포괄임금계약이 체결되었다고 볼 수도 없고,** 이에 따라 임금 및 퇴직금을 계산하면 피고인이 공소사실 기재 임금 및 퇴직금을 지급하지 않았음이 인정되며, 포괄임금계약의 존재를 인정할 만한 사정이 없는 이

상 피고인에게 임금체불의 고의도 있었다고 할 것이다.」

대전지법2011가합7721, 2013.6.12.
「원고의 근로에 관하여 포괄임금약정이 존재한다 하더라도 그 포괄임금에 포함된 법정수당이 근로기준법이 정한 기준에 따라 산정한 법정수당에 미달하는 때에는 **그에 해당하는 포괄임금제에 의한 임금지급계약 부분은 원고에게 불이익하여 무효라 할 것이고,** 피고는 근로기준법의 강행성과 보충성 원칙에 의해 근로자에게 그 미달되는 법정수당을 지급할 의무가 있다.」

MEMO

제9장

취업규칙

영업팀의 김 과장은 회사의 취업규칙을 보고 싶어 인사팀에 문의했다.

김 과장: 우리회사는 전자게시판에도 취업규칙이 안 올라와 있고 사내 어디에도 취업규칙이 걸려 있는 걸 못봤는데 취업규칙 사본 하나만 주십시오.

인사팀: 대외비라 드릴 순 없습니다. 제 자리에 있으니 와서 보고 가세요.

김 과장: 취업규칙은 모든 직원이 볼 수 있는데다가 비치해야 하는 거 아닌가요?

인사팀: 누구든지 원하면 제 자리에서 볼 수 있기 때문에 관계없습니다.

필자 주

과연 누구 말이 맞을까?

법에서 누구라도 자유롭게 열람할 수 있는 장소에 게시하라고 한 취지는 인사팀이나 사용자의 눈치를 보지 않고 자신이 필요할 땐 언제든지 보게 하기 위함이다. 인사팀 자리에만 둘 경우 직원들이 편하게 자신에게 필요한 조항을 찾아보기는 힘들 것이기 때문이다.

근로기준법 제14조(법령요지 등의 게시)

① 사용자는 이 법과 이 법에 따른 대통령령의 요지(要旨)와 취업규칙을 근로자가 자유롭게 열람할 수 있는 장소에 항상 게시하거나 갖추어 두어 근로자에게 널리 알려야 한다.

② 사용자는 제1항에 따른 대통령령 중 기숙사에 관한 규정과 제99조제1항에 따른 기숙사규칙을 기숙사에 게시하거나 갖추어 두어 기숙(寄宿)하는 근로자에게 널리 알려야 한다.(본 조 위반 시 500만원 이하 과태료)

취업규칙은 회사에서 모든 인사노무규정들의 모법과 같다. 명칭이 취업규칙이 아니더라도 법률상 취업규칙으로 간주한다. 사규, 임금규정, 퇴직금규정, 성과급규정, 징계규정, 복리후생규정 등이 각각 별도로 돼 있어도 취업규칙으로 본다.

취업규칙은 제정이나 개정 시 과반수의 근로자대표 또는 근로자 과반수의 의견청취(불리하게 개정할 땐 동의)가 필수이고 관할노동청에도 신고해야 한다. 승진급규정, 평가규정 등은 인사권영역이므로 회사의 재량으로 제정이나 개정할 수 있지만 근로조건을 저하시키게 되면 변경할 때 근로자대표 또는 과반수의견을 청취(불리한 개정 시 동의) 해야 할 때도 있다. 인사경영권관련 항목은 케이스별로 상황을 종합해서 판단한다.

취업규칙은 근로자의 이해관계가 달려 있어 필수기재사항, 개정절차 등을 법률로 규율한다. 내용이 법률이나 사회통념에 위배될 때는 그 조항은 효력이 없다. 예컨대 무단결근 3일이면 징계해고한다고 근로자대표동의나 과반수동의로 정했어도 3일 결근으로 해고까지 하는 것은 사회통념상 근로자에게 가혹하기 때문에 그 조항은 효력이 없다.

상시근로자 10인 이상이면 취업규칙을 작성하여 노동청에 신고해야 한다.(위반 시 500만원 이하 과태료)

❶ 취업규칙의 필수기재사항

회사가 도입한 대부분의 근로조건이나 복무방침들은 취업규칙의 필수기재사항이다. 필수기재사항들은 다음과 같다.

 근로기준법 제93조(취업규칙의 작성·신고)
1. 업무의 시작과 종료 시각, 휴게시간, 휴일, 휴가 및 교대 근로

에 관한 사항

2. 임금의 결정 · 계산 · 지급 방법, 임금의 산정기간 · 지급시기 및 승급에 관한 사항

3. 가족수당의 계산 · 지급 방법에 관한 사항

4. 퇴직에 관한 사항

5. 근로자퇴직급여보장법 제4조에 따라 설정된 퇴직급여, 상여 및 최저임금에 관한 사항

6. 근로자의 식비, 작업용품 등의 부담에 관한 사항

7. 근로자를 위한 교육시설에 관한 사항

8. 출산전후휴가 · 육아휴직 등 근로자의 모성보호 및 일 · 가정 양립 지원에 관한 사항

9. 안전과 보건에 관한 사항

9의2. 근로자의 성별 · 연령 또는 신체적 조건 등의 특성에 따른 사업장 환경의 개선에 관한 사항

10. 업무상과 업무외의 재해부조에 관한 사항

11. 직장 내 괴롭힘의 예방 및 발생 시 조치 등에 관한 사항[24]

12. 표창과 제재에 관한 사항

13. 그 밖에 해당 사업 또는 사업장의 근로자 전체에 적용될 사항

위 사항 중 회사가 도입하지 않은 것은 기재할 필요 없다. 도입했을 때는 기재해야 한다. 일부를 누락했다고 하여 취업규칙이 무효화되는 건 아니다.

예를 들면 다음과 같다.

제1호에서 교대근로

---

24 제11호의 시행일자는 2019.7.16.부터다.

제2호에서 가족수당

제5호에서 퇴직연금

제6호에서 식비, 작업용품

제7호에서 업무외 재해부조(경조금이나 경조휴가)

제12호에서 징계위원회나 징계절차 등이다.

❷ 직장내괴롭힘 조항의 신설

세계적으로 직장내괴롭힘이 상존한다. 일본에서는 세크하라(sexual harassment의 준말로써 성희롱)에 이어 파워하라(power harassment의 준말)방지조치가 일찍이 도입되었다.

직장내괴롭힘은 상사의 폭언이나 집요한 추궁은 물론 선배, 동료 심지어 후배들로부터의 따돌림 등이다. 회식에서 배제한다는가 이메일이나 카톡방에서 제외한다는가 행위도 포함된다. 원거리 인사발령, 정당한 사유 없는 대기발령, 180도 업무가 바뀌는 발령 등은 노동위원회에의 구제신청이라도 될 수 있었다. 앞으로는 직장내괴롭힘에 대해서도 사업주가 예방조치의무가 있고 가해자에 대해 인사조치할 의무가 생겼다.

〈근로기준법 제6장의2 직장내괴롭힘의 금지: 신설〉

제76조의2(직장내괴롭힘의 금지): 신설
「사용자 또는 근로자는 직장에서의 지위 또는 관계 등의 우위를 이용하여 업무상 적정범위를 넘어 다른 근로자에게 신체적 · 정신적 고통을 주거나 근무환경을 악화시키는 행위(이하 "직장 내 괴롭힘"이라 한다)를 하여서는 아니 된다.」

제76조의3(직장 내 괴롭힘 발생 시 조치): 신설

「① 누구든지 직장 내 괴롭힘 발생 사실을 알게 된 경우 그 사실을 사용자에게 신고할 수 있다.

② 사용자는 제1항에 따른 신고를 접수하거나 직장 내 괴롭힘 발생 사실을 인지한 경우에는 지체 없이 그 사실 확인을 위한 조사를 실시하여야 한다.

③ 사용자는 제2항에 따른 조사 기간 동안 직장 내 괴롭힘과 관련하여 피해를 입은 근로자 또는 피해를 입었다고 주장하는 근로자(이하 "피해근로자등"이라 한다)를 보호하기 위하여 필요한 경우 해당 피해근로자등에 대하여 근무장소의 변경, 유급휴가 명령 등 적절한 조치를 하여야 한다. 이 경우 사용자는 피해근로자등의 의사에 반하는 조치를 하여서는 아니 된다.

④ 사용자는 제2항에 따른 조사 결과 직장 내 괴롭힘 발생 사실이 확인된 때에는 피해근로자가 요청하면 근무장소의 변경, 배치전환, 유급휴가 명령 등 적절한 조치를 하여야 한다.

⑤ 사용자는 제2항에 따른 조사 결과 직장 내 괴롭힘 발생 사실이 확인된 때에는 지체 없이 행위자에 대하여 징계, 근무장소의 변경 등 필요한 조치를 하여야 한다. 이 경우 사용자는 징계 등의 조치를 하기 전에 그 조치에 대하여 피해근로자의 의견을 들어야 한다.

⑥ 사용자는 직장 내 괴롭힘 발생 사실을 신고한 근로자 및 피해근로자등에게 해고나 그 밖의 불리한 처우를 하여서는 아니 된다.」

본 조항들(근로기준법 제6장의2)은 2019. 7. 16.부터 시행된다.

제76조의3 제6항 위반 시 3년 이하 징역 또는 3천만원 이하 벌금 대상이다. 취업규칙의 필수기재사항으로도 추가되었다.(본 서의 취업규칙 장 참조)

❸ 작성후 신고하지 않은 취업규칙의 효력

유효하게 의견청취나 동의를 받았으면 노동청에 신고하지 않았어도 효력은 인정된다. 미신고에 따른 500만원 이하의 과태료가 부과되더라도 효력에는 영향이 없다.

근기01254-8835, 1991.6.21.
「동법의 신고의무규정은 일반적으로 취업규칙에 대한 감독행정상 필요에 의한 것이며 효력요건이 아닌 것으로 해석하고 있으므로 취업규칙의 내용이 법령 또는 단체협약에 위반되지 않는 경우에는 비록 신고절차를 이행치 아니하였더라도 과태료 책임은 별론으로 하고 취업규칙으로서의 효력을 부인하여서는 아니될 것임.」

❹ 과반수의 의견청취 또는 동의

최초 제정할 때는 전후 비교할 게 없으므로 과반수가 그 내용에 대해 반대하더라도 의견청취는 한 것이므로 유효하다. 개정할 때도 의견청취를 해야 하지만 근로자에게 불리하게 변경할 때는 동의여야 한다.

최초 제정은 두 가지 케이스가 있다. 회사설립과 거의 동시에 10명 이상이 되어 제정하는 경우, 회사 설립은 수년 됐지만 노동청의 지적 또는 회사 자체 필요에 의해 뒤늦게 제정하는 경우다. 후자의 경우엔 이미 시행되어온 근로조건들이나 복무규율이 있었을 것이므로 **비록 문서는 최초제정이지만 기존 근로조건들을 근로자에게 불리하게 제정할 땐 과반의 동의**가 있어야 한다.

취업규칙 제정이나 개정은 과반수근로자대표만 동의권한이 있는 게 아니라 과반수 근로자의 동의도 유효하다. 유연근무제와 다른 대목이다.

근로기준법 제94조(취업규칙의 작성, 변경절차)

「① 사용자는 취업규칙의 작성 또는 변경에 관하여 해당 사업 또는 사업장에 근로자의 과반수로 조직된 노동조합이 있는 경우에는 그 노동조합, 근로자의 과반수로 조직된 노동조합이 없는 경우에는 근로자의 과반수의 의견을 들어야 한다. 다만, 취업규칙을 근로자에게 불리하게 변경하는 경우에는 그 동의를 받아야 한다.

② 사용자는 제93조에 따라 취업규칙을 신고할 때에는 제1항의 의견을 적은 서면을 첨부하여야 한다.」(위반 시 500만원 이하 벌금, 양벌규정, 10인 이상부터 적용)

의견청취나 동의절차는 근로자들한테 개별적으로 받아서는 안 되며 과반수를 대표하는 근로자(과반수 노조대표 등)가 있지 않는 한 집단의사결정방식으로 받아야 한다. 인사부서 또는 각 부서장들이 근로자들을 모아놓고 설명한 후, 인사부서와 팀장 등 사용자성 직원들은 빠진 상태에서 근로자들 간의 자유로운 토론을 거친 다음 서명케 해야 효력이 있다. 부서별, 공장별, 매장별 설명회를 따로따로 할 순 있다. 개별적으로 받은 동의서명은 그 동의를 한 사람조차에게도 효력이 없다.

대법77다355, 1977.7.26.

「취업규칙의 불이익변경 시 근로자집단의 집단의사결정방법에 의한 동의를 요한다.」

대법93다17898, 1003.8.24.

「집단적 의사결정방법이라 함은 반드시 한 사업 또는 사업장의 전 근로자가 일시에 한 자리에 집합하여 회의를 개최하는 방식만이 아니라 한 사업 또는 사업장의 단위부서별로 **사용자측의 개입이나 간섭이 배제된 상태에서 근로자 상호간에 의견을 교환하여 찬반의견을 집약**한 후 이를 전체적으로 취합하는 방식도 허용된다.」

이러한 적법한 동의절차 없이 개정한 경우 당시의 직원들에겐 효력이 없지만 개정 이후 신규입사자부터는 효력이 있다.

📖 **대법91다45156, 1992.12.22.**
「취업규칙 불이익 변경 시 동의의무를 위반한 경우 **취업규칙 전체가 무효가 되지만** 변경 이후 신규입사한 자에게는 변경된 취업규칙의 효력이 인정된다.」

과반수 노동조합의 대표가 동의하면 전체 근로자 과반수의 동의나 의견 청취는 필요 없다.

📖 **대법99다45376, 2000.9.29.**
「근로자 과반수로 조직된 노동조합이 있는 회사에서 취업규칙을 근로자에게 불리하게 개정하는 경우 그에 대한 노동조합의 동의를 얻어야 하고, 이 경우 노동조합의 동의는 법령이나 단체협약 또는 노동조합의 규약 등에 의하여 조합장의 대표권이 제한되었다고 볼 만한 특별한 사정이 없는 한 조합장이 노동조합을 대표하여 하면 되는 것이지 노동조합 소속 근로자의 과반수의 동의를 얻어서 하여야 하는 것은 아니다.」

❺ 불리한 변경

일부근로자에겐 유리, 일부에겐 불리하면 불리한 개정으로 본다. 모든 근로자에게 유리하게 바뀐 근로조건, 불리하게 바뀐 근로조건이 섞여 있어도 불리한 개정으로 본다. 다만 바뀐 근로조건들을 종합해서 봤을 때 누구에게라도 유리해졌다면 불리한 변경으로 단정할 수 없다.

불리한 변경의 예는 다음과 같다.

「근로기준과-1118, 2009.4.24. 취업규칙 해석 및 운영지침 중
「1. 취업규칙의 일부인 퇴직금 규정의 개정이 근로자들에게 유리한지 불리한지 여부를 판단하기 위해서는 퇴직금 지급률의 변화와 함께 그와 대가관계나 연계성이 있는 기초임금의 변화도 고려하여 종합적으로 판단하여야 하지만, 그 판단의 기준 시점은 퇴직금 규정의 개정이 이루어진 시점이며, 그 종합 판단의 결과 일부 근로자에게는 유리하고 일부 근로자에게는 불리하여 근로자 상호간에 **유·불리에 따른 이익이 충돌되는 경우에는 전체적으로 보아 근로자에게 불리한 것으로 취급**하여 종전의 급여 규정의 적용을 받고 있던 근로자들의 집단적 의사결정 방법에 의한 동의를 필요로 함(대판 1997. 8. 26. 96다1726 ; 2001.4.24., 99다9370)

2. **직제상의 기구 및 직급별 정원을 규정한 사항**은 근로 조건을 직접 규율하는 내용이 아니고 기업 경영 차원에서 근로자들이 적정한 운영과 배치를 위한 기준을 삼기 위하여 각 부서별·직급별로 배치할 정원의 기준을 정해 둔 것에 불과하므로 원칙적으로 사용자의 경영권에 속하고 근로기준법 제93조에 의한 **취업규칙으로 보기는 어려움**

다만 직제 변경으로 인해 전체적으로 근로자의 직급이 하향 조정되어 **임금 등 기존의 근로 조건이 직접적으로 저하되는 등과 같이** 실질적으로 인사·급여 규정 등 취업규칙을 불이익하게 변경하는 것과 같은 것으로 볼 수 있는 경우에는 동법 제94조의 규정에 의한 동의를 얻어야 할 것(2008.4.29., 근로조건지도과-1153)

3. 사용자가 취업규칙으로 볼 수 있는 「인사규정(또는 직급규정)」을 개정하여 일정 직위(예 : 소속장급)를 담당할 수 있는 직무등급(A1, A2, B1, B2)에 그보다 연봉액이 낮은 새로운 등급(Ba)을 추가하여 기존의 직무등급에 소속된 근로자를 신설된 등급으로 배치할 수 있도록 정하고, 실제로도 특정한 근로자가 회사 측이 정한 일정한 사유(업적부진, 능력부족 등)에 해당한다는 이유만으로 구체적인 징계절차 등이 없이 해당 신설 직무등급으로 발령하여 **결과적으로 임금이 삭감(약14%)되었다면, 그와 같은 인사규정(직급규정)의 개정은 취업규칙의 불이익변경**으로 볼 수 있을 것임 (2006.2.16., 근로기준팀-750)

4. 취업규칙(귀 질의의 '인사규정')을 변경하여 근로자의 정년을 단축하는 것은 그 단축되는 범위가 일부 직급에만 해당된다 하더라도 취업규칙의 불이익변경으로 볼 수 있을 것이나(근로기준과-1296, 2004. 3.16 참조), 취업규칙을 변경하면서 경과규정을 두어 단축된 정년을 신규 입사자에 대해서만 적용하는 경우에는 기득의 이익을 침해하는 취업규칙의 불이익변경이라 볼 수 없다고 보아야 할 것임(대판 94다 30638, 1996. 4.26. 참조)
 - 다만, 이후 그와 같은 경과규정을 삭제함으로써 기존 근로자의 전부 또는 일부의 정년이 단축되는 결과를 가져온다면 이는 취업규칙의 불이익변경이라 볼 수 있으므로 당해 사업장의 전체 근로자의 과반수의 동의를 얻지 못하면 그 효력이 없음
 - 한편, 취업규칙의 불이익변경에 관한 근기법 제94조의 규정은 취업규칙의 변경에 의하여 **기존의 근로조건뿐만 아니라 근로자의 권리를 소급하여 불이익하게 변경하는 경우에도 마찬가지로 적용됨**(대판 1994.5.24, 93다46841 참조)(2006.1.10., 근로기준팀-194)

5. 당초에 일반정년제를 정하여 시행하고 있는 사업장에서 **직급정년제를**

추가로 도입하는 경우에는 취업규칙을 근로자에게 불리하게 변경하는 것으로 볼 수 있으므로 적법한 취업규칙 불이익변경 절차를 거치지 아니하면 그 효력이 인정될 수 없고, 그 직급정년을 이유로 일반정년 도래 전에 조기에 퇴직토록 하는 것은 해고에 해당하며, 일반적으로 일정기간 내에 **상위직급으로 승진하지 못한 것만을 이유로 해고하는 것은 사회통념상 일반적이고도 객관적인 타당성이 있다고 보기 어려워** 정당성이 인정될 수 없다고 사료됨(근기 68207-1571, 2001.5.16 참조)

- 다만, 취업규칙 불이익변경에 의하여 직접 불이익을 당하게 될 1급 내지 2급 직원이 노동조합 가입대상이 아닐 뿐만 아니라, 당해 노동조합이 1급 내지 2급 직원의 근로조건이나 대우 등에 관하여 교섭할 권한이 없고, 실제 교섭한 경우도 없는 등 1급 내지 2급 직원의 근로조건 불이익변경에 대하여 대표권을 행사할 수 없는 경우라면, **그 노동조합은 직급정년제 도입에 관하여 동의권을 행사할 수 없다**고 보아야 할 것이고,
- 직급정년제의 도입으로 직접 불이익을 입게 될 **1급 내지 2급 직원 전체의 과반수의 동의가 필요**하다고 보아야 할 것이며, 전체 근로자의 과반수로 조직된 노동조합의 의견을 청취하면 될 것으로 사료됨 (2005.11.23., 근로기준팀-1329)

6. '재개발임대주택관리사무소직원인사관리시행내규'나 '재개발임대주택관리사무소직원인사및운영내규'가 임금 · 퇴직금 등 근로조건과 근로자의 복무규율에 관한 규정 등을 포함하고 있다면 이는 근로기준법상 취업규칙에 해당한다고 볼 수 있고, 따라서 사용자가 일방적으로 내규에 규정된 관리사무소장의 근무가능 상한 연령을 65세에서 63세로 저하시키는 것은 취업규칙의 불이익변경에 해당하므로 근로자 과반수(근로자 과반수로 조직된 노동조합이 있을 경우에는 그 노동조합)의 동의를 얻지 못한 경우 그 효력이 인정될 수 없음(2004.8.17, 근로기준과-4310)

7. 취업규칙에서 통상근무자와 교대제근무자의 근무형태에 관하여만 규정하고 있는 상태에서 개별 근로계약으로 근무형태를 결정하고 장기간 근무해왔다면 **개별 근로계약의 변경 없이 사용자가 일방적으로 근무형태를 변경할 수는 없다고** 사료됨.

 – 다만, 취업규칙 개정을 통해 직종별 근무형태를 새로이 정하여 통상근무를 하여 온 특정 직종 근로자를 교대제근무자로 변경하는 것은 가능할 것이나, 이 경우에는 **생활리듬의 파괴 등을 고려할 때 근로자에게 불이익한 변경에 해당**하므로 근로기준법 제94조에 의한 불이익변경절차를 거쳐야 할 것임. 다만 변경된 취업규칙의 내용이 단체협약에 반할 경우에는 효력이 없다고 사료됨(2003.07.23, 근기 68207-935)

8. 개인업적 평가에 따른 상여금 차등지급(PLUS-SUM방식)으로의 변경이 일부 근로자에게 유리하고 일부 근로자에게는 불리한 것인 때에는 불이익변경으로 보아야 하며, 근로자의 과반수로 조직된 노동조합이 있으면 그 노동조합, 없으면 근로자의 과반수의 동의를 얻어야 할 것임

 – 한편, 귀 질의와 같이 변경된 취업규칙이 노동조합에 가입할 수 없는 1급 및 2급 직원에 대해서만 적용되는 경우라면 근로자의 과반수로 조직된 노동조합이 있는 경우에도 동 노동조합이 1급 및 2급 직원에 대해 대표권을 행사할 수 있는 지위에 있다고 보기 어려울 것이므로 이 경우 당해 1급 및 2급 직원을 대상으로 그 과반수의 동의를 얻어야 할 것임 (2002.8.20, 근기 68207-2775)」

❻ 불이익하지 않은 변경

개정전후상황을 종합적으로 비교하여 판단해야 한다.

근로기준과-1118, 2009.4.24. 취업규칙 해석 및 운영지침 중

「1. 개정 인사규정이 포괄적·추상적으로 규정되어 있던 개정 전 인사규정의 징계사유와 징계종류를 세목화하여 상세히 규정한 것에 불과하다는 이유로 근로자에게 불이익하게 변경된 것이 아니라고 판시(대판 1999.6.22, 98두6647)

2. 정년을 55세에서 58세로 3년 연장하되, 연장된 기간 중 임금을 정년 당시의 70% 수준으로 지급하는 것과 같이 **정년이 연장된 기간에 한하여 임금수준을 종전보다 저하시키는 경우에는 종전에 비해 근로자에게 불이익하다고 볼 수 없으므로** 달리 볼 사정이 없는 한 취업규칙 변경 시 근로자의 집단적 방식에 의한 동의를 얻어야 하는 것은 아니라고 사료됨
- 또한, 정년이 연장되는 기간 동안 임금이 저하됨에 따라 퇴직금 산정 시 불리할 수 있으므로 정년 연장으로 임금이 저하되기 전에 근로자의 동의를 받아 퇴직금 중간정산을 실시하는 것은 가능하며 오히려 바람직하다고 사료됨. 다만, 연차유급휴가의 산정을 위한 계속근로년수는 퇴직금 중간정산 여부에 관계없이 단절되지 않음(2002.6.8, 근기68207-2163)

3. 취업규칙의 하나인 인사규정 중 해직사유 및 임용자격제한사유에 관한 보완 및 변경이 사회통례상 합리성이 있다고 인정되는 한 근로자에게 불이익한 것이라고 속단할 수 없는 것이므로, 그 변경에 즈음하여 근로기준법 제94조가 정하는 절차를 밟지 아니하였다 하여 그 변경된 인사규정의 효력을 부인할 수 없음(대판 1988.5.10, 87다카2853)

4. 누진제 퇴직금 지급규정이 비누진제로 변경되었으나, 동 취업규칙 변경에 임금인상, 근로시간의 단축 등 근로자에게 유리한 부분도 포함되어

근로조건의 내용이 근로자에게 일방적으로 불이익하게 변경되었다고 단정할 수 없을 뿐더러 노동조합 대의원에서 이에 관한 권한을 위임받은 위 조합운영위원회가 비누진제를 받아들이기로 결의하였다면 이는 유효함(대판 1984.11.13, 84다카414)

5. 사용자가 경영상의 이유 등으로 **법정근로시간을 초과하는 연장근로를 축소 또는 폐지하는 것은 근로조건의 불이익변경에 해당하지 않으므로** 그에 따른 취업규칙 변경 시 근로기준법 제94조 단서에 의해 근로자의 집단적 동의를 얻을 필요가 없고 의견만 청취하면 될 것으로 사료되며, 사용자가 기왕에 실시하던 연장근로를 폐지하겠다는 의사표시를 분명히 하고 노무수령 거부 등 실제 연장근로를 시키지 않았다면 연장근로수당을 지급할 필요가 없음(2003.3.13, 근기68207-286)

6. 교대제 근로형태의 변경이 근로기준법 제94조 제1항 단서규정의 "근로자에게 불이익하게 변경하는 경우"에 해당하는지 여부는 그 변경의 취지와 경위, 취업규칙의 각 규정의 전체적인 체제 등 제반사정을 종합하여 구체적으로 판단되어져야 할 것이나, 교대제 근로형태를 3조3교대제에서 4조3교대제로 변경하는 경우, 실근로시간의 단축으로 연장근로가 줄게 되어 기존 3조3교대제하에서 지급받던 **연장근로수당이 감소하게 되나, 소정근로시간이 단축되고 소정의 근로에 대한 기존의 임금은 감소되지 않는다면** 이와 같은 제반사정을 볼 때 근로조건의 변경내용이 근로자에게 불이익한 변경에 해당하는 것으로 볼 수는 없음(1994.11.4. 근기 68207-1732)」

❼ 의견청취나 동의의 주체; 내가 전사 과반 노조대표인데 전사원 과반사인을 받는다고?

고난도 실무영역중 하나다. 전체 과반수노조가 있으면 간단하다. 노조대표의 서명만 받으면 되기 때문이다. 노조가 생산직만 대표한다든가 복수노조라서 각 노조가 과반수가 안 된다든가 할 때는 잘 판단해야 한다. 몇 가지 경우의 수가 있다.

1) 생산직 조합원이 전사의 과반이지만 사무직은 노조가입대상 아닌 경우

생산직노조원이 전사 근로자의 과반이 된다 하더라도 취업규칙은 사무직을 포함한 전사에 적용되는 것이므로 **사무직을 대표하지 못하는 생산직 노조대표만 동의하는 것은 효력이 없다**고 사료된다.

📖 근로기준과-1118, 2009.4.24. 취업규칙 해석 및 운영지침 중
「사업장에 전체 근로자 과반수 대표 노동조합이 있다고 하더라도 "취업규칙 변경 대상이 되는 근로자집단"이 가입할 수 없는 등, 노동조합이 적용대상 근로자집단 과반수를 대표하고 있다고 볼 수 없는 경우에는 취업규칙 변경 시 의견청취 주체가 될 수 없다.」

2) 생산직 조합원이 전사의 과반이면서 사무직이 노조가입대상인 경우

사무직도 노조가입대상이면 노조대표가 전사 과반노조로서 대표권이 있다. 그러나 사무직이 형식상(노조 규약상) 가입대상일 뿐 상당기간 한 명도 가입안했거나 가입하고 있지 않으면 실질적으로 사무직 대표권이 없다고 사료된다. **이때는 위 1)의 경우의 수가 된다.**

3) 이 때 생산직에 대해서는 노조대표만 서명하고, 사무직에 대해서는 사무

직 과반의 서명을 받는 방법

이렇게 할 때 생산직 노조대표는 찬성하고, 사무직 과반은 반대한다는 서명결과가 나온 경우 생산직노조가 전사(생산+사무)의 과반이라 하여 찬성효력을 인정할 수는 없다고 본다. 양쪽 다 찬성이든 반대든 서명결과가 같다 하더라도 이는 우연의 일치일 뿐 법적으로 유효한 절차는 아니라고 사료된다. 위 지침에도 있듯이 노동조합이 적용대상 근로자집단 과반수를 대표하고 있다고 볼 수 없는 경우에는 **애초부터 취업규칙 변경 시 의견청취 주체가 될 수 없기** 때문이다.

4) 전 사원 과반수의 서명을 받는 방법

생산직 과반을 대표하는 노동조합 대표로서는 서운할 수 있지만 이 방법이 유효한 방법이라 하겠다.

5) 산별노조 지부장의 권한

과반노조대표란 단위노조든 산별노조든 행정관청 또는 고용노동부로터 설립신고필증을 받은 노조를 말한다. **산별노조에 직가입한 단위사업장의 지부장(또는 지회장)은 서명권한이 없는 게 보통이다.** 그러나 설립신고는 안했더라도 독자적인 규약이나 집행부를 구성하고 독립된 조직체로서 활동을 한다면 의견청취와 동의의 주체가 될 수 있다.

독자적인 규약이나 집행기관이 없다면 상급노조 대표가 서명하거나 지부장(또는 지회장)이 그에게서 의견청취·동의권한을 위임받은 후 서명해야 한다.

근기68207-1521, 2001.5.10.

「취업규칙 변경이 사업장에 근로자 과반수로 조직된 노동조합이 있는 경우 그 노동조합의 동의 또는 의견을 듣도록 규정되어 있고, 여기서 노동조합이라 함은 설립신고 된 노동조합을 의미하므로 설립신고 되지 않은 노동조합의 임의조직인 **분회장이 노동조합으로부터 취업규칙 변경 동의에 관한 위임을 받지 않고 임의 동의한 취업규칙은 효력이 없음.」**

6) 한 회사에 직종별 또는 직무별로 취업규칙이 있는 경우
각 직종의 과반수 대표자 또는 과반수근로자의 서명을 받는다.

❽ 근로계약서-취업규칙-단체협약과의 관계

효력의 순서로 보면 단체협약→취업규칙→근로계약서의 순이다. 단체협약이 가장 효력강도가 세다.

그러나 취업규칙이나 근로계약서의 어느 조항이 단협의 같은 조항과 비교하여 근로자에게 유리하면 그 효력의 순서는 무너진다. 이 3개 중에서 근로자에게 가장 유리한 조항이 우선 효력이 있다. 그래서 단협이나 취업규칙을 개정한 후에는 근로계약서와 충돌되는 조항은 없는지 잘 살펴서 이 3개가 일관성 있는 내용이 되도록 개정 또는 갱신체결해야 한다.

근로기준법 제97조(위반의 효력)
「취업규칙에서 정한 기준에 미달하는 근로조건을 정한 근로계약은 그 부분에 관하여는 무효로 한다. 이 경우 무효로 된 부분은 취업규칙에 정한 기준에 따른다.」

노동조합법 제33조(기준의 효력)
「① 단체협약에 정한 근로조건 기타 근로자의 대우에 관한 기준에 위반하는 취업규칙 또는 근로계약의 부분은 무효로 한다.

② 근로계약에 규정되지 아니한 사항 또는 제1항의 규정에 의하여 무효로 된 부분은 단체협약에 정한 기준에 의한다.」

MEMO

제10장

징계와 해고

상시근로인원이 4.6명인 모 편의점의 김 사장은 수시로 알바를 내보내곤 한다. 5인 미만 사업장에서는 해고가 자유롭다는 것을 악용하는 것 같기도 하다. 그러던 어느 날 해고된 알바가 노동청에 진정을 냈다. 해고예고수당을 받지 못했다는 것이다. 김 사장은 노동청으로부터 출석통보를 받고 출두하게 되었다.

감독관 한달 전에 해고를 예고하거나 아니면 한달분의 해고수당을 주어야 하는데 아직까지 이렇게 한 경우가 한 번도 없었던 것 같습니다. 이번 진정 건도 그렇고요.

김 사장 5인 미만인데 무슨 해고수당이니 해고예고가 필요합니까?

감독관 5인 미만이어도 해고수당이나 해고예고는 의무입니다. 해고는 정당한 사유가 없어도 사장님 마음대로 하더라도 말입니다. 해고수당이나 해고예고를 하지 않으면 형사처분예요.

김 사장 법이 그렇다면 한달분 월급 주면 될 거 아닙니까?

감독관 이번 사건의 근로자가 한달분을 받더라도 사장님을 엄벌해달라고 하는데 어쩔겁니까? 한달분 해고수당은 속히 지급하시고, 그렇더라도 근로자가 사장님 처벌을 원하니 저도 어쩔 수 없습니다. 2년 이하 징역 또는 1천만원 이하 벌금이 적용되는데 검찰로 입건조치 하겠습니다.

노무실무에서 임금분쟁 다음으로 분쟁이 많은 영역이다. 실무난이도도 높다. 징계는 항상 그런 것은 아니지만 취업규칙이나 근로계약으로 정한 사유에 해당될 때 하는 것이 원칙이다. 취업규칙에 해당된다고 하여 그 징계가 자동으로 유효한 건 아니다. 사회통념이라는 게 있기 때문이다. 그렇기에 사용자가 징계나 해고할 때 그 양정이 적정한 지가 고민되는데, 사회통념이라는 관점과 자신의 회사에서의 규율관리의 필요성관점 둘 다를 충족해야 한다. 판례나 다른 회사에서 해고가 정당했다고 하여 내 회사에서도 똑같이 적용되는 것은 아니기 때문이다.

그래서 근로기준법은 정당한 사유가 있을 때만 징계가 가능하다는 원칙적인 규정만 둘 수밖에 없다.

근로기준법 제23조(해고 등의 제한)

「① 사용자는 근로자에게 정당한 이유 없이 해고, 휴직, 정직, 전직, 감봉, 그 밖의 징벌(이하 "부당해고등"이라 한다)을 하지 못한다.
② 사용자는 근로자가 업무상 부상 또는 질병의 요양을 위하여 휴업한 기간과 그 후 30일 동안 또는 산전·산후의 여성이 이 법에 따라 휴업한 기간과 그 후 30일 동안은 해고하지 못한다. 다만, 사용자가 제84조에 따라 일시보상을 하였을 경우 또는 사업을 계속할 수 없게 된 경우에는 그러하지 아니하다.」(제2항 위반 시 5년 이하 징역 또는 3천만원 이하 벌금, 양벌규정. 제1항 위반 시는 노동위원회에서 사용자가 구제명령을 이행하지 않은 경우, 노동위원회가 검찰에 고발할 때 한하며 1년 이하 징역 또는 1천만원 이하 벌금, 양벌규정. 제①항은 5인 이상부터 적용)

❶ 수습기간중 해고(채용취소)

수습중 채용취소로 인한 노동위원회에의 부당해고구제신청도 많이 발생한다. 수습중에는 아무 때나 해고해도 되는 것으로 알고 있는 사람들이 의외로 많다. 굳이 계량화하자면 수습후의 해고보다 20~30%정도 쉬운 것뿐이다. 즉 **정당한 사유가 있어야 함은 똑같다.** 실무에서 수습이나 시용, 견습 등은 취업규칙에 특단의 정의를 따로따로 정하지 않은 이상 차이는 없다.

수습중 채용취소가 정당하기 위해서는 다음 4가지 조건이 필수 또는 권장사항이다.

① 취업규칙에 수습조항이 있고 채용취소할 수 있다는 근거조항이 있을 것(필수)

② 근로계약서에도 같은 내용이 있을 것(필수). 취업규칙에 있더라도 경력사원 등 사람마다 수습기간이 없거나 다를 수 있기 때문

③ 채용취소할 만한 정당한 사유가 있고 수습 중에 면수습될 수도 있다는 면담이나 지도한 기록들이 있을 것(강하게 권장). 예로 3개월간 아무 말 없다가 3개월 되는 날 업무부적합을 이유로 채용취소하는 것은 설득력이 없다. 수습평가표를 입사한 날 주지시키고 중간중간 피드백을 한다면 회사에게나 근로자에게나 최상의 유익한 방법이 된다.

④ 특단의 채용취소사유(폭행, 절도, 횡령, 장기간 무단결근, 취업규칙에 업무 부적합 시 즉시 채용취소 조항 등)가 있지 않는 한 수습기간 만료까지 개선기회를 줄 것(강하게 권장)

📖 중노위2001부해720, 2002.1.22.
　「사용자가 근로자를 평가하여 수습기간이 종료된 이후 본채용을 거부하는 것은 유보해약권의 행사로 통상의 해고보다는 광범위하게 인정되기는 하지만, 시용기간중의 근무태도, 능력 등의 관찰에 의해 앞으로 맡

게 될 임무에의 적격성 판단에 기초하여 행해져야 하고 객관적으로 합리적인 이유가 존재하여야 한다.

직장 동료 및 선배들의 진술서, 종합평가서 의견, 수습사원평가표상의 점수 등 업무적격성에 충족하는 조건이 객관적인 증거에 의하여 인정되고 있음에도, 인사위원회에서 **객관적이고 합리적으로 입증되지 않는 사유를 근거로 채용취소 결정을 한 것은 유보해약권을 남용한 부당한 해고**라 할 것이다.」

중노위2006부해1009, 2007.3.2.
「인사규정 제26조 제1항에서 수습기간을 단축할 수 있다는 것은 수습기간 중의 근로자에 대해 이를 단축하여 본채용을 거부할 수 있는 것으로 해석할 수 없으므로 **10여 일 만에 이루어진 이 사건 본채용 거부는 해고**이며 이 해고에 대하여 이 사건 사용자가 주장하는 해고사유는 해당 업무의 경력자가 아니라면 처음부터 일을 능수능란하게 하기 힘든 점 등을 감안한다면 10여 일 동안을 평가기간으로 삼아 해고한 것은 합리성이 결여되었고 사용자의 징계권을 남용한 부당해고이다.」

❷ 수습중 채용취소 시 징계위원회 절차여부

법에는 언급이 없다. 규정에 정해놓은대로만 해야 한다. 규정에 수습중 채용취소를 징계사유의 하나로 정해놓았거나, 인사위원회 절차를 거치도록 정해놓지 않은 이상 징계처럼 절차를 거칠 의무는 없다. 징계해고가 아니라 채용자체를 없던 것으로 시간을 되돌리는 것과 같기 때문이다. 그러나 규정에 채용취소절차를 어떤 식으로든지 정해놓았다면 그에 따라야 한다.

서울지노위2006부해429, 2006.6.21.
「수습기간 중의 근로자라고 해도 근로관계를 종료시키기 위해서
는 객관적이고 합리적인 사유가 있어야 하고, **취업규칙 등에 징계절차가**
정해져 있는 경우에는 이에 따라야 한다.」

중노위97부해329,1998.3.16.
「근무태도에 대하여 계속하여 고용관계를 유지하기 어렵겠다는
결론에 이른 것에 대해 수긍이 간다 하겠고, **신청인을 징계절차 없이 해고**
하였으나 신청인이 수습중이므로 관계법령을 위배하였다고는 볼 수 없다.」

❸ 징계절차, 소명기회와 재심절차 등은 필수인지

매우 중요하다. **법에는 언급이 없어 규정에 정한대로만 해야 한다.** 징계위
원회는 어떻게 구성하는지 몇 명으로 하는지, 규정에 징계위원회개최를
며칠 전에 징계대상자와 징계위원들에게 통보하도록 되어 있는지, 출석
하게 하여 소명기회를 주도록 되어 있는지, 재심을 신청할 권리가 있는지,
징계결과 통보는 의결일로부터 며칠 내에 하도록 되어 있는지, 서면으로
하게 되어 있는지 등이다.

취업규칙에 징계사유와 징계양정만 명시되어 있고 상기와 같은 내용이
아예 없을 수도 있다. 이때는 사용자나 인사주무부서가 합리적으로 진행
하면 된다. **이러한 규정들이 없다고 하여 그 취업규칙이 무효도 아니며 인**
사주무부서가 재량으로 진행한 징계가 곧바로 무효가 되는 건 아니다.

규정에 아무런 언급이 없어 소명기회를 주지 않았더라도 절차위반이 될
수 없다. 재심규정이 없어서 초심으로만 종결하더라도 징계절차는 유효하

다. 그러나 해고를 포함한 중징계(정직, 강등 등)일 때에는 규정에 언급이 없더라도 근로자의 인생이 걸려있는 문제일 수도 있기에 소명기회는 부여하는 것이 합리적이라 사료된다.

규정에 절차가 명시되어 있음에도 특단의 합리적인 이유 없이 이를 위반하면 그 징계는 대체로 부당징계가 된다. 아무리 징계사유가 많고 심각해도 그러하다.

대법2010다100919, 2012.1.27.
「징계대상자에게 징계위원회에 출석하여 변명과 소명자료를 제출할 기회를 부여하도록 되어 있음에도 이러한 징계절차를 위반하여 징계해고하였다면 이러한 징계권의 행사는 **징계사유가 인정되는지와 관계없이 절차의 정의에 반하여 무효**라고 보아야 한다.」

서울행법2011구합28967, 2012.5.31.
「단체협약에 반하여 징계위원회가 구성되었고 재심 징계위원회 개최의 통보기간을 준수하지 아니하였으며, 소명할 기회를 부여하지 아니한 위법이 있는 징계는 무효다.」

❹ 해고만은 반드시 서면통보

해고를 제외한 징계양정은 규정에 정한 방법대로 통보하면 된다. 아무 언급이 없으면 문자, 카톡, 이메일, 전화 등 상관없다.

그러나 **해고는 반드시 서면으로만 해야 하며 해고일자와 해고사유의 2가지를 기재하지 않으면 서면으로 해도 그 해고는 무효다.** 아무리 해고사유가 많아도 그렇다.

근로기준법 제27조(해고사유 등의 서면통지)

「① 사용자는 근로자를 해고하려면 해고사유와 해고시기를 서면
으로 통지하여야 한다.

② 근로자에 대한 해고는 제1항에 따라 서면으로 통지하여야 효력이 있다.

③ 사용자가 제26조에 따른 해고의 예고를 해고사유와 해고시기를 명시하
여 서면으로 한 경우에는 제1항에 따른 통지를 한 것으로 본다.」(위반
시 처벌 없지만 해고가 무효가 될 수 있음. 5인 이상부터 적용)

손에서 손으로 직접 전달해야 하지만 내용증명도 서면으로 본다. 이메
일로 보낸 통보서도 받아서 출력하면 서면이지만 서면통보로 보지 않는
다. **해고사유도 구체적으로 자세히 기재해야 한다.**

이는 사용자로 하여금 근로자를 해고하는 데 신중을 기하게 하는데 목
적이 있다. 해고의 존부 및 시기와 그 사유를 명확하게 하고 향후 분쟁이
발생할 때 근로자에게 해고에 적절히 대응할 수 있도록 방어권을 보장하
기 위한 취지다.

해외연수자에게 달리 방법이 없어 이메일로 통보할 수밖에 없었다면 이
는 유효하다고 볼 수 있다.

대법2011다42324, 2011.10.27.

「근로기준법 제27조는 사용자가 근로자를 해고하려면 해고사유
와 해고시기를 서면으로 통지하여야 효력이 있다고 규정하고 있는데, 이
는 **해고사유 등의 서면통지를 통해 사용자로 하여금 근로자를 해고하는
데 신중을 기하게 함과 아울러,** 해고의 존부 및 시기와 그 사유를 명확하
게 하여 사후에 이를 둘러싼 분쟁이 적정하고 용이하게 해결될 수 있도록
하고, **근로자에게도 해고에 적절히 대응할 수 있게 하기 위한 취지**이다.
따라서 사용자가 해고사유 등을 서면으로 통지할 때는 근로자의 처지에서

해고사유가 무엇인지를 구체적으로 알 수 있어야 하고, 특히 징계해고의 경우에는 **해고의 실질적 사유가 되는 구체적 사실 또는 비위내용을 기재하여야 하며 징계대상자가 위반한 단체협약이나 취업규칙의 조문만 나열하는 것으로는 충분하다고 볼 수 없다.」**

서울지법2008가합42794, 2009.9.11.
「원고의 **해외연수 기간 동안 이메일로 교신하여 왔고,** 피고는 원고에게 해고사실을 기재한 이메일만 발송한 것이 아니라 해고의 사유가 담긴 '인사위원회 의결통보서'를 첨부하여 발송하였으며, 원고는 종전과 같이 이를 정상적으로 수신하여 확인하였다는 점을 종합하면, 이 사건에서 이메일은 원고와 피고 사이의 의사연락 수단이자 피고의 해고의 의사가 담긴 문서인 '인사위원회 의결통보서'를 원고에게 전달하기 위한 방법이므로, 이 사건 이메일에 의한 해고 통지는 '서면'에 의한 통지이다. 따라서 해고통지에 하자가 없다.」

❺ 이메일 해고통보를 인정한 극히 예외적인 사례

대법원이 극히 예외적으로 인정한 사례로써 일반화하긴 어렵다고 본다. 따라서 해고통보는 서면으로 행하길 바란다.

대법2015두41401, 2015.9.10.
「해고통보 시 서면이란 일정한 내용을 적은 문서를 의미하고 이메일 등 전자문서와는 구별되지만, ① 전자문서 및 전자거래기본법 제3조는 '이 법은 다른 법률에 특별한 규정이 있는 경우를 제외하고 모든 전자문서 및 전자거래에 적용한다.'고 규정하고 있고, 같은 법 제4조제1항은 '전자문서는 다른 법률에 특별한 규정이 있는 경우를 제외하고는 전자적 형태로 되어 있다는 이유로 문서로서의 효력이 부인되지 아니한다'고 규정하고 있는 점, ② 출력이 즉시 가능한 상태의 전자문서는 사실상 종이 형태의 서면과 다를 바 없고 저장과 보관에 있어서 지속성이나 정확성이 더 보장될 수도 있는 점, ③ 이메일(e-mail)의 형식과 작성 경위 등에 비추어 사용자의 해고 의사를 명확하게 확인할 수 있고, 이메일에 해고사유와 해고시기에 관한 내용이 구체적으로 기재되어 있으며, 해고에 적절히 대응하는 데에 아무런 지장이 없는 등 서면에 의한 해고통지의 역할과 기능을 충분히 수행하고 있다면, 단지 이메일 등 전자문서에 의한 통지라는 이유만으로 서면에 의한 통지가 아니라고 볼 것은 아닌 점 등을 고려하면, 근로자가 이메일을 수신하는 등으로 그 내용을 알고 있는 이상, 이메일에 의한 해고통지도 앞서 본 해고사유 등을 서면 통지하도록 규정한 **근로기준법 제27조의 입법취지를 해하지 아니하는 범위 내에서 구체적 사안에 따라 서면에 의한 해고통지로서 유효하다고** 보아야 할 경우가 있다.

2. 사용자가 근로자의 대리인인 노무사의 이메일로 사용자의 대표이사 인감이 날인된 징계결과통보서를 복사한 파일 등을 발송하였고, 근로자가 그 이메일을 수신한 경우, 이메일에 의한 해고통지가 예외적으로 유효하다.」

❻ 징계사유와 양정

징계사유는 수없이 많아 일일이 기재하긴 어렵다. 기재하더라도 각 회사의 경영철학, 복무방침, 평소 교육 및 주지 상태(성희롱이나 물품반출, 음주운전 등) 등에 따라 징계사유가 같더라도 회사마다 같은 양정이 될 순 없다. 같은 횡령금액이더라도 회사의 자산규모, 방지 시스템, 그 근로자의 보직 등에 따라 징계양정은 같을 수가 없다. 모든 징계는 사안별로 종합적으로 판단해야 하는 고난도 업무 중의 하나다.

주로 발생하는 징계사유별 사례를 본다.

징계사유와 처분 사례

구분	사건명	처분
직장내 성희롱	서울행법2010 구합28717, 2011.8.12.	4차례에 걸쳐 직장 내 성희롱 행위를 한 자를 해고한 것은 정당
	서울행법2002 구합26433,2003.3.11.	여직원의 비율이 높아 성희롱의 재발 가능성이 크고, 직장내에서의 성희롱 행위는 근절되어야 한다는 점들을 고려하여 볼 때 부하 여직원들에 대하여 수차례에 걸쳐 성희롱 발언과 행동을 계속한 자에 대한 해고는 정당
	중노위2002부노60 부해132, 2002.6.21.	도로주행강사가 운전교습시간 중 짧은 시간이라도 여성수강생을 성희롱한 것은 해고사유에 해당
	서울행법2005 구합13582, 2005.9.29.	노조지회장의 지위를 이용하여 성희롱행위를 한 것이 행위의 태양에 비추어 볼 때 그 비위의 정도가 중하고, 처벌의 대상이 되는 범죄행위인 점, 인격적 피해를 입게 하였으며 공단의 명예가 크게 실추되고 위신이 손상된 점에 비추어 징계해고는 정당
	서울고법2013 누46619, 2014.7.16.	전체 소속 직원 중 여성이 60% 정도에 이르는 특성상 직장 내 성희롱 행위를 엄격히 금지할 필요가 있고, 취업규칙에 '성희롱을 하여 사내외 질서를 문란시킨 자'에 대해 징계해고를 할 수 있다고 정하고 있으며, 그동안 성희롱 행위에 대하여는 무관용 원칙을 고수하여 왔다. 원고가 행한 이 사건 육체적·언어적 성희롱은 40대 후반인 원고가 20대 초중반의 미혼 여성들에게 행한 것으로, 그 행위내용 등에 비추어 보면 당시 그 여성들이 심한 성적 굴욕감이나 혐오감을 느끼기에 충분한 것으로 보인다. 더욱이 원고는 센터장으로서 스스로 직장 내 성희롱을 예방할 지위에 있었음에도, 오히려 우월한 지위를 이용하여 자신의 지휘·감독을 받는 여직원들을 여러 차례 성희롱하였고, 특히 단기계약직으로 고용이 불안정한 파견업체 소속 여직원들을 주된 대상으로 삼았다는 점에서 비위행위의 정도는 매우 중하다고 보아야 한다. 해고는 정당하다.

	중노위2000 부해483, 2000.12.6.	음주 후 사내에서 난동을 피우는 등 불성실 근무로 인한 해고는 정당
음주	서울고법2010 누10404, 2010.9.16.	단기간에 고의로 반복하여 음주·무면허운전이라는 범죄행위를 하여 징역형의 집행유예 판결을 받은 자를 해고한 것은 정당
	서울행법2010 구합41598, 2011.4.14.	회사내 음주폭력과 회사 기물 파손, 상급단체를 달리하는 노조의 회사 앞 집회에 참석하여 회사의 명예를 실추시킨데 대한 해고 처분은 정당
반출	서울행법2017 구합79080, 2018.4.27.	25년 근속한 직원이 130여 만원 상당의 회사 공구를 무단반출하려다 적발되어 절도죄로 형사 처분을 받았더라도 해고까지 한 것은 부당
	서울중앙지법2016 가합538955, 2017.3.16.	영업비밀이 포함된 내부자료 파일을 외부저장장치(USB 메모리 등)에 다운로드받은 사실은 인정되나, 원고가 영업비밀을 누설(아직 알지 못하는 타인에게 알려주는 일체의 행위)하거나 이로 인하여 피고에게 피해가 발생하였음을 알 수 있는 아무런 증거가 없다. 따라서 원고의 위와 같은 행위는 취업규칙 제53조제2호에서 정한 징계사유에 해당하지 아니한다. 나아가 피고는 원고의 위와 같은 행위는 취업규칙 제53조제2호를 구체화한 이 사건 비밀유지서약 제4조, 제5조에 위반된다고 주장한다. 그러나 취업규칙 제53조제2호는 업무상 비밀 및 기밀을 누설하고, 이로 인한 피해가 발생할 것을 요건으로 하고 있음에 반하여, 이 사건 비밀유지서약 제4조, 제5조는 기밀사항을 열람 및 복사, 전송하거나 허가 없이 외부로 유출 또는 반출하는 것을 요건으로 하는바, 비밀유지서약 제4조, 제5조에 위반하는 행위가 반드시 취업규칙 제53조제2호에 위반된다고 보기도 어렵다. 이로 인한 해고는 부당하다.
근태 불량	중노위2016 부해624, 2016.9.12.	무단결근, 사원간의 폭행, 노트북 무단반출의 징계사유로 해고한 것은 정당
	서울행법2000 구24388, 2001.8.16.	무단결근 방지 위해 상습적인 월5일 이상 결근자에 대해 결근공제 하지 않고 징계해고한 처분은 정당
	서울행법2012 구합16954, 2012.11.27.	무단결근으로 제1차 정직처분을 받고도 거듭하여 2차 결근과 3차 결근을 반복하여 각 정직처분한 것은 정당

근태 불량	서울행법2000 구22078, 2001.2.6.	지각 등을 짧은 기간에 반복적으로 행했고, 동료를 시켜 출근 사인을 대신한 것 역시 지각을 은폐하기 위한 수단으로 이루어졌을 가능성을 배제하기 어렵다. 해고는 정당하다.
	서울행법2009 구합29653, 2010.4.30.	부하직원의 잦은 지각을 관리 · 감독하지 못했다는 사유로 한 해고처분은 양정이 과하여 부당
	서울행법.2000 구24067, 2001.8.16.	한두 번 지각한 사실만으로 해고한 것은 부당
	서울고법2002 누12542, 2003.12.18.	7일 연속 무단결근자의 당연퇴직은 정당. 치료를 마치고 퇴원하여 휴직사유가 해소되었음에도 끝내 복직원을 제출하지 아니한 채 당연퇴직 처리 시까지 참가인 회사의 승무통보에 불응한 것은 참가인 회사의 단체협약과 취업규칙에 정한 사유인 '계속하여 1주일 이상 무단결근'한 행위에 해당한다고 보아야 할 것이다. 그렇다면 단체협약상의 당연면직 사유인 원고의 위와 같은 장기간 무단결근은 근로계약에 따른 근로자의 본질적이고 기본적인 의무인 근로제공의무를 이행하지 않은 것이어서 사회통념상 근로관계를 지속시킬 수 없을 정도로 근로자에게 책임 있는 사유라고 할 것이다.

❼ 당연퇴직

취업규칙에 당연퇴직(당연면직)사유를 두는 경우가 많다. 규정화했더라도 당연하게 퇴직시킬 수 있는 건 아니다. 다툼의 여지가 없는 당연퇴직사유는 정년, 사망, 퇴직원 제출 정도다.

무단결근 연속 7일 이상, 휴직 후 복직원의 미제출 등은 그 상황별로 판단해야 한다. 무단결근할 수밖에 없었던 사정이 있었는지, 복직원을 제출하지 못할 만한 사정이 있었는지 등을 살펴야 한다. 당연퇴직사유로 되어 있더라도 징계사유에도 언급이 되어 있으면 서명기회 부여 등 징계절차도 준수해야 한다.

서울행법2009구합10567, 2009.7.23.
「취업규칙에 당연퇴직사유를 정하였다 하더라도 그에 기한 당연
퇴직처리는 해고의 일종으로서 근로기준법이 정하는 해고의 정당한 이유
를 갖추어야 한다.」

서울행법2008구합6776, 2008.6.3.
「폭력행위등처벌에관한법률위반죄로 징역 1년 6월에 집행유예 2
년의 형을 선고받아 그 형이 확정되었다는 사유만으로는 당연퇴직처분한
것은 그 실체적 정당성이 인정된다고 할 수 없다.」

서울고법2009누25509, 2010.4.14.
「단체협약 소정의 해고사유 이외에 근로자를 그 의사에 반하여
면직할 수 있는 사유를 규정하는 당연퇴직규정은 무효다.」

대구지법2011가합287, 2012.11.2. 대구고법2012나6425,
2016.4.20.
「인사규정 등에 대기발령 후 일정 기간이 경과하도록 복직발령을 받지 못
하거나 직위를 부여받지 못하는 경우에는 당연퇴직된다는 규정을 두는 경
우, 대기발령에 이은 당연퇴직 처리를 일체로서 관찰하면 이는 근로자의
의사에 반하여 **사용자의 일방적 의사에 따라 근로계약 관계를 종료시키는
것으로서 실질상 해고**에 해당하므로, 사용자가 그 처분을 함에 있어서는
근로기준법 제23조 제1항 소정의 정당한 이유가 필요하다.」

서울행법2012구합14408, 2013.3.28.
「여직원에 대하여 반복적인 성희롱 행위를 하여 유죄판결이 확정
된 지점장에 대한 정직처분에 이은 당연퇴직처리는 정당하다.」

서울고법2002누12542, 2003.12.18.(7일 연속 무단결근자의 당연퇴직)
「7일 연속 무단결근자의 당연퇴직은 정당하다.」(위 표 징계사례의 맨 밑칸 참조)

❽ 감봉금액의 법정 상한선

감봉(감급)으로 징계할 때는 그 상한금액이 있다. 법에 정한 금액 이상으로 감봉한 경우 그 초과금액은 해당근로자에게 돌려주어야 한다.

두 가지 조건을 동시에 충족해야 한다.

① 한 달의 감급액: 평균임금 1일분의 50%까지

② 몇 달간의 누적금액의 감급액: 한 달 월급총액의 10%까지

단, 하나의 징계사유로 6개월의 감급을 의결한 후, 새로운 징계사유로 또 감급하더라도 각각의 감급사유가 위 두 조건을 충족하면 적법하다.

근로기준법 제95조(제재 규정의 제한)
「취업규칙에서 근로자에 대하여 감급의 제재를 정할 경우에 그 감액은 1회의 금액이 평균임금의 1일분의 2분의 1을, 총액이 1임금지급기의 임금 총액의 10분의 1을 초과하지 못한다.」(위반 시 500만원 이하 벌금, 양벌규정, 5인 이상부터 적용)

❾ 해고수당과 해고예고 및 이의 예외사유

해고양정과 절차가 모두 정당하더라도 해고 시에는 해고예고수당 또는 해고예고를 해야 한다. 예고는 해고일자의 한달 전, 수당은 통상임금 한달

분이다. **30일 전에 예고를 하거나 해고수당만 지급하면 해고는 아무 때나 할 수 있는 것으로 아는 사람이 의외로 많다.** 해고예고나 수당은 해고가 정당하다는 전제에서만 이행하는 법적 의무에 불과하다.

해고예고를 보름 전에 한다고 하여 해고수당은 나머지 보름치만, 나머지 보름치는 일을 했으니 월급으로 처리하는 등 일할계산하는 하는 것은 허용되지 않는다. 한 달 전에 예고하지 않으면 한달분의 해고예고수당을 지급해야 한다. 한 달 전에 해고예고를 했는데 출근하지 않는 날은 무급이다.

해고예고나 해고수당은 이 둘 중에서 사용자가 택일한다. 이것이 면제되는 근로자의 귀책사유는 법으로 정해져 있는데 대폭 개정되어 2019.1.16.부터의 근로계약을 체결한 자부터 적용된다. 해고사유가 아무리 충분했어도 해고예고나 해고수당 모두를 이행하지 않은 경우 2년 이하 징역 또는 2천만원 이하 벌금 대상이다.

개정 전	개정 후
제26조(해고의 예고) 사용자는 근로자를 해고(경영상 이유에 의한 해고를 포함한다)하려면 적어도 30일 전에 예고를 하여야 하고, 30일 전에 예고를 하지 아니하였을 때에는 30일분 이상의 통상임금을 지급하여야 한다. 다만, 천재·사변, 그 밖의 부득이한 사유로 사업을 계속하는 것이 불가능한 경우 또는 근로자가 고의로 사업에 막대한 지장을 초래하거나 재산상 손해를 끼친 경우로서 고용노동부령으로 정하는 사유에 해당하는 경우에는 그러하지 아니하다.	제26조(해고의 예고) 사용자는 근로자를 해고(경영상 이유에 의한 해고를 포함한다)하려면 적어도 30일 전에 예고를 하여야 하고, 30일 전에 예고를 하지 아니하였을 때에는 30일분 이상의 통상임금을 지급하여야 한다. 다만, 다음 각 호의 어느 하나에 해당하는 경우에는 그러하지 아니하다. 1. 근로자가 계속 근로한 기간이 3개월 미만인 경우 2. 천재·사변, 그 밖의 부득이한 사유로 사업을 계속하는 것이 불가능한 경우 3. 근로자가 고의로 사업에 막대한 지장을 초래하거나 재산상 손해를 끼친 경우로서 고용노동부령으로 정하는 사유에 해당하는 경우

제35조(예고해고의 적용 예외) 제26조는 다음 각 호의 어느 하나에 해당 하는 근로자에게는 적용하지 아니한다. 1. 일용근로자로서 3개월을 계속 근무하지 　 아니한 자 2. 2개월 이내의 기간을 정하여 사용된 자 3. 월급근로자로서 6개월이 되지 못한 자 4. 계절적 업무에 6개월 이내의 기간을 정 　 하여 사용된 자 5. 수습 사용 중인 근로자	제35조: 삭제

　　개정 후 제26조에서 제3호, 고용노동부령으로 정하는 사유는 기존과 같다.

 고용노동부령(근로기준법 시행규칙) 별표1.
　　해고예고의 예외가 되는 근로자의 귀책사유

「1. 납품업체로부터 금품이나 향응을 제공받고 불량품을 납품받아 생산에 차질을 가져온 경우

2. 영업용 차량을 임의로 타인에게 대리운전하게 하여 교통사고를 일으킨 경우

3. 사업의 기밀이나 그 밖의 정보를 경쟁관계에 있는 다른 사업자 등에게 제공하여 사업에 지장을 가져온 경우

4. 허위 사실을 날조하여 유포하거나 불법 집단행동을 주도하여 사업에 막대한 지장을 가져온 경우

5. 영업용 차량 운송 수입금을 부당하게 착복하는 등 직책을 이용하여 공금을 착복, 장기유용, 횡령 또는 배임한 경우

6. 제품 또는 원료 등을 몰래 훔치거나 불법 반출한 경우

7. 인사·경리·회계담당 직원이 근로자의 근무상황 실적을 조작하거나 허위 서류 등을 작성하여 사업에 손해를 끼친 경우

8. 사업장의 기물을 고의로 파손하여 생산에 막대한 지장을 가져온 경우
9. 그 밖에 사회통념상 고의로 사업에 막대한 지장을 가져오거나 재산상
   손해를 끼쳤다고 인정되는 경우」

　해고예고를 해야 하는지 아닌지는 이 9가지 사유를 보고 신중하게 판단
해야 한다.

제11장

모성보호와
연소자보호

수능시험을 막 마친 고3의 김 학생은 보건소에서 보건증을 교부받고 커피숍에서 알바를 시작했다. 현재 만 17세 10개월이다. 이 사장은 처음으로 고3학생을 채용해보기로 하고 면접을 했다.

이 사장 내일부터 출근해 주세요.
김 학생 감사합니다.

김 학생이 일을 성실하게 잘해서 이 사장은 또 다른 고3학생들을 뽑아서 일을 하게 했다.
어느 날 최 학생의 아버님으로부터 이 사장에게 전화가 걸려왔다.

아버님 우리 애를 써 주시는 건 감사한데 제 동의서도 없이 일을 시키셨네요. 18세 미만이거든요.
이 사장 아 무슨 말씀이신지. 최 학생하고도 근로계약서도 다 쓰고 급여나 근로시간도 다 협의를 했거든요.
아버님 만 18세 미만자를 쓰실 땐 친권자동의서하고 가족관계증명서도 구비하셔야 되는 걸 모르셨단 말입니까?
이 사장 처음 듣는 말인데요. 법이 그렇다면 신속히 보완하도록 하겠습니다.

근로기준법과 남녀고용평등법이 주 법률이다. 근로기준법은 여성과 연소자의 장을 따로 두고 있다. 근로시간의 제한, 유해 · 위험업종에의 사용금지, 출산전후휴가, 태아검진시간, 생리휴가 등이 주 내용이다.

① 근로시간의 제한

성인 남녀의 연장근로는 1주 12시간이 한도다. 연장근로에는 휴일근로시간도 포함된다.[25] 야간근로는 제한이 없다. **임산부와 연소자에겐 여러 제한이 있다.** 연소자란 만18세 미만자를 말한다.

여성, 임산부 및 연소자의 근로시간 한도

	소정근로시간한도	연장근로 조건과 한도	야간 · 휴일근로
18세 이상 여성		당사자 동의	당사자 동의
임산부	일8시간 주40시간	• 임신중: 불가 (본인동의 있더라도), • 쉬운 근로 원할 경우 배치전환의무 • 산부(산후 1년 미만): 일2시간, 주6시간, 년 150시간 한도	• 임신중: 본인청구+ 노동부 인가 • 산부: 본인동의+ 노동부인가 ▶ 공히 노동부 인가 전에 근로자 대표와 협의
연소자 (18세 미만)	일7시간 주35시간	당사자합의로 일1시간, 주5시간한도	당사자동의+노동부 인가

25 2018.7.1. 300인 이상 사업장부터 적용.

여기서 휴일이란 근로기준법상의 휴일로서 **주휴일과 근로자의 날 2개만 의미한다.** 취업규칙에 국공휴일을 휴일로 정했어도 여기서 말하는 휴일은 아니다. 국공휴일근로는 노동부인가 없이 당사자 동의면 된다. 야간근로는 22시~06시 사이의 근로를 말한다.

근로기준법 제70조(야간근로와 휴일근로의 제한)

「① 사용자는 18세 이상의 여성을 오후 10시부터 오전 6시까지의 시간 및 휴일에 근로시키려면 그 근로자의 동의를 받아야 한다.

② 사용자는 임산부와 18세 미만자를 오후 10시부터 오전 6시까지의 시간 및 휴일에 근로시키지 못한다. 다만, 다음 각 호의 어느 하나에 해당하는 경우로서 고용노동부장관의 인가를 받으면 그러하지 아니하다.

  1. 18세 미만자의 동의가 있는 경우

  2. 산후 1년이 지나지 아니한 여성의 동의가 있는 경우

  3. 임신 중의 여성이 명시적으로 청구하는 경우

③ 사용자는 제2항의 경우 고용노동부장관의 인가를 받기 전에 근로자의 건강 및 모성 보호를 위하여 그 시행 여부와 방법 등에 관하여 그 사업 또는 사업장의 근로자대표와 성실하게 협의하여야 한다.」(제1,2항 위반 시 2년 이하 징역 또는 1천만원 이하 벌금, 제3항 위반 시 500만원 이하 벌금, 양벌규정, 1인 이상이면 적용)

근로기준법 제71조(시간외근로)

「사용자는 산후 1년이 지나지 아니한 여성에 대하여는 단체협약이 있는 경우라도 1일에 2시간, 1주에 6시간, 1년에 150시간을 초과하는 시간외근로를 시키지 못한다.」(위반 시 2년 이하 징역 또는 1천만원 이하 벌금, 양벌규정, 1인 이상이면 적용)

근로기준법 제74조(임산부의 보호) 제5항

「⑤ 사용자는 임신 중의 여성 근로자에게 시간외근로를 하게 하여서는 아니 되며,(생략)」(위반 시 2년 이하 징역 또는 1천만원 이하 벌금, 양벌규정, 1인 이상이면 적용)

여원 68240-230, 2000.7.24.

「임산부와 18세 미만인 근로자는 당해 근로자의 동의와 노동부장관의 인가를 받은 경우를 제외하고는 야간 및 휴일근로를 금지하도록 하고 있으며, 동 휴일근로의 금지는 최소한 주 1회의 휴일을 확보하게 하여 이들을 특별히 보호하기 위한 것임. 이때 동 조항의 휴일의 범위에는 근로기준법 제55조의 주휴일과 근로자의 날 등 법정휴일이 포함되는 것으로써 **취업규칙 · 단체협약 등 노사당사자가 정한 약정휴일까지를 의미하는 것은 아니므로 동 약정휴일에 근로할 필요가 있는 경우에는 당해 근로자의 동의를 얻으면 족하고 노동부장관의 인가는 필요하지 않다고 할 것임.**」

※ 참조: 2001.11.1.개정시행된 근로기준법부터 18세 이상 여성은 당사자의 동의만으로 휴일 · 야간근로를 시행한다. 18세 이상 남성과 같아졌다. 그 이전에는 당사자 동의 외에 노동부인가를 받아야 했다. 여성의 야간근로를 제한하면 여성을 보호하기보다는 취업에 제약을 준다는 이유가 반영되어 개정됐다.

❷ 태아검진시간은 몇 시간(유급)

법에는 몇 시간을 주어야 하는지 언급이 없다. 유급의무만 규정되어 있다.

근로기준법 제74조의2(태아검진시간의 허용 등)

「① 사용자는 임신한 여성근로자가 모자보건법 제10조에 따른 임산부 정기건강진단을 받는데 필요한 시간을 청구하는 경우 이를 허용하여 주어야 한다.

② 사용자는 제1항에 따른 건강진단 시간을 이유로 그 근로자의 임금을 삭감하여서는 아니 된다.」(위반 시 처벌은 없음)

제①항의 문구(건강진단을 받는데 필요한 시간)대로 한다면 병원에서 진료를 받는 시간으로 국한할 수도 있다. 병원에 도착해서 기다리고 진료와 검사를 하고 나올 때까지의 시간으로 볼 수 있다. **통상의 절차를 감안할 때 2시간 정도면 합리적이라 본다.** 특별한 검사(단, 임산부 정기건강진단)를 하여 병원에서 장시간 소요되었다면 그 증빙에 입각하여 유급으로 인정하면 되겠다.

회사 자체적으로 2시간, 3시간, 4시간 정도 중에서 택일하여 운영하는 것도 방법이다. 각자의 이동시간은 천차만별일 것이기 때문이다. 태아검진 시간은 근로자가 청구할 때에 한해 부여의무가 있다.

모자보건법 제10조(임산부 · 영유아 · 미숙아등의 건강관리 등)

「① 특별자치시장 · 특별자치도지사 또는 시장 · 군수 · 구청장은 임산부 · 영유아 · 미숙아등에 대하여 대통령령으로 정하는 바에 따라 정기적으로 건강진단 · 예방접종을 실시하거나 모자보건전문가(의사 · 한의사 · 조산사 · 간호사의 면허를 받은 사람 또는 간호조무사의 자격을 인정받은 사람으로서 모자보건사업에 종사하는 사람을 말한다)에게 그 가정을 방문하여 보건진료를 하게 하는 등 보건관리에 필요한 조치를 하여야 한다.(이하 생략)」

❸ 생리휴가(무급) 승인 여부

근로기준법 제73조(생리휴가)
「사용자는 여성 근로자가 청구하면 월 1일의 생리휴가를 주어야 한다.」(위반 시 500만원 이하 벌금, 양벌규정, 5인 이상부터 적용)

근로자가 청구할 때 한하지만 연차휴가처럼 며칠 전 신청하게 한다든가 사용자가 시기를 변경한다든가 하는 것은 허용되지 않는다. **당일 아침에 신청해도 부여해야 한다.** 2004년 근로기준법 개정으로 유급에서 무급이 되어 잘 사용되진 않고 있다.

❹ 출근시간과 퇴근시간 때 육아시간(유급 수유시간)

근로기준법 제75조(육아시간)
「생후 1년 미만의 유아를 가진 여성근로자가 청구하면 1일 2회 각각 30분 이상의 유급 수유시간을 주어야 한다.」(위반 시 2년 이하 징역 또는 1천만원 이하 벌금, 양벌규정, 5인 이상부터 적용)

휴게시간은 '근무시간 도중에 주어야 한다'는 조항이 있지만 육아시간은 그런 말이 없다. 9시~18시 근무자가 9시~9시30분, 17:30분~18시로 각각 30분을 청구할 수도 있다. 실제 출퇴근시각은 9:30~17:30분이 될 것이다. **법 문구로 보면 거부하기 어렵다고 본다.** 수유시간을 회사가 지정할수는 없기 때문이다.

❺ 출산전후휴가를 각서 쓰고 두 달만 가는 경우

출산전후휴가도 강행규정이다. 모든 강행규정에서 근로자에게 부여된 권리, 회사에게 지워진 의무는 근로자가 권리를 포기한다는 각서를 써도 무효다. 임금이나 퇴직금을 받지 않고 일하겠다는 각서, 최저임금 밑으로 일해도 이의제기하지 않겠다는 각서, 임신중에도 연장근로를 하겠다는 각서 등은 무효다. **강행규정의 공통점에는 미 이행 시 형사처분이 있다.**

근로기준법 제74조(임산부의 보호) 제1항
「① 사용자는 임신 중의 여성에게 출산 전과 출산 후를 통하여 90일(한 번에 둘 이상 자녀를 임신한 경우에는 120일)의 출산전후휴가를 주어야 한다. 이 경우 휴가 기간의 배정은 출산 후에 45일(한 번에 둘 이상 자녀를 임신한 경우에는 60일) 이상이 되어야 한다.」 (위반 시 2년 이하 징역 또는 1천만원 이하 벌금, 양벌규정, 1인 이상이면 적용)

평정 68240-249, 2002.11.7.
「근로기준법 제74조는 강행규정으로 사업주의 시기변경권이나 근로자의 권리포기가 인정되지 않으므로 사업주는 반드시 산전후를 통하여 분할 없이 90일(다태아 120일) 이상을 부여하여야 하며, 기간의 배치는 산후에 45일(다태아 60일) 이상이 보장되도록 하여야 함. 따라서 **근로자가 산전후휴가중에 복귀를 원한다고 하여 90일(다태아 120일)의 산전후휴가기간을 단축할 수 없으며,** 이를 위반할 경우 2년 이하의 징역 1천만원 이하의 벌금에 처하게 됨.」

❻ 유산사실을 몰라서 유사산휴가를 주지 못한 경우

유사산휴가도 출산전후휴가와 같은 것으로써 강행규정이다. **회사가 유산 사실을 몰라서 못줬다 하여 자동으로 처벌이 면해지는 건 아니다.** 회사는 주의의무를 다하여 근로자를 보호할 의무가 있기 때문이다.

임신초기에는 외견상 누구라도 임신사실을 모를 수 있고, 본인이 이야기 하지 않아 회사 내부에서 아무도 몰랐고, 회사가 취업규칙을 평소에 잘 설명하고 비치의무까지 이행하여 사용자로서 주의의무를 다했음을 입증한다면 죄형법정주의에 의거 면책이 될 수 있다.

그러나 본인이 회사 내 누구에게라도 얘기했는데도 사용자가 몰랐다면 이는 보고체계에 문제가 있는 것이다. 사용자가 조금만 주의를 기울여 임신사실이나 유산 등의 사실을 알 수 있었다면 사용자의 귀책사유가 될 수 있다.

근로기준법 제74조(임산부의 보호) 제3항
「③ 사용자는 임신 중인 여성이 유산 또는 사산한 경우로서 그 근로자가 청구하면 대통령령으로 정하는 바에 따라 유산·사산 휴가를 주어야 한다. 다만, 인공임신중절수술(모자보건법 제14조제1항에 따른 경우는 제외한다)에 따른 유산의 경우는 그러하지 아니하다.」(위반 시 2년 이하 징역 또는 1천만원 이하 벌금, 양벌규정, 1인 이상이면 적용)
본조에 따른 유사산휴가기간은 다음과 같다.

근로기준법 시행령 제43조(유사산휴가의 청구 등)
「1. 임신기간이 11주 이내: 유산 또는 사산한 날부터 5일까지
2. 임신기간이 12주 이상 15주 이내: 유산 또는 사산한 날부터 10일까지

3. 임신기간이 16주 이상 21주 이내: 유산 또는 사산한 날부터 30일까지

4. 임신기간이 22주 이상 27주 이내: 유산 또는 사산한 날부터 60일까지

5. 임신기간이 28주 이상: 유산 또는 사산한 날부터 90일까지(위반 시 2
   년 이하 징역 또는 1천만원 이하 벌금, 양벌규정, 1인 이상이면 적용)

    인공임신중절은 유사산휴가부여 대상이 아니지만 모자보건법에서 정한
인공임신중절에는 부여해야 한다.

모자보건법 제14조(인공임신중절수술의 허용한계) 제1항

    「① 의사는 다음 각 호의 어느 하나에 해당되는 경우에만 본인과
배우자(사실상의 혼인관계에 있는 사람을 포함한다. 이하 같다)의 동의를
받아 인공임신중절수술을 할 수 있다.

1. 본인이나 배우자가 대통령령으로 정하는 우생학적 또는 유전학적 정신
   장애나 신체질환이 있는 경우

2. 본인이나 배우자가 대통령령으로 정하는 전염성 질환이 있는 경우

3. 강간 또는 준강간에 의하여 임신된 경우

4. 법률상 혼인할 수 없는 혈족 또는 인척간에 임신된 경우

5. 임신의 지속이 보건의학적 이유로 모체의 건강을 심각하게 해치고 있거
   나 해칠 우려가 있는 경우」

❼ 임신기 근로시간단축은 누구에게 몇 시간으로 단축

근로자가 청구하면 응해야 한다. **사용자가 거부할 수 있는 예외조항이 없
다.** 일 8시간 근로자의 경우 6시간 밑으로 청구할 때 그 시간만 거부할 수
있을 뿐이다. 2시간 범위 내에서만 단축을 청구할 수 있기 때문이다. 근로

자가 청구할 때 한하고 임신 12주(84일)까지, 36주(246일)부터 가능하다. 단축 후에도 급여삭감은 불허다. 임신 36주는 36주가 시작되는 날을 말한다. 즉 35주(245일)의 다음 첫날(246일째)부터다. 12주 이내에 사용했어도 36주 이후에도 사용가능하다. 횟수에 제한을 두지 않는다.

근로기준법 제74조(임산부의 보호) 제7항, 8항

「⑦ 사용자는 임신 후 12주 이내 또는 36주 이후에 있는 여성 근로자가 1일 2시간의 근로시간 단축을 신청하는 경우 이를 허용하여야 한다. 다만, 1일 근로시간이 8시간 미만인 근로자에 대하여는 1일 근로시간이 6시간이 되도록 근로시간 단축을 허용할 수 있다.

⑧ 사용자는 제7항에 따른 근로시간 단축을 이유로 해당 근로자의 임금을 삭감하여서는 아니 된다.」(7항 위반 시 500만원 이하 과태료, 1인 이상 이면 적용)

일6시간이 되면 휴게시간의무는 30분이 된다.

여성고용정책과-1998, 2015.7.8.

「사용자가 임신기 근로자의 근로시간을 8시간미만으로 단축하면서 휴게시간도 1시간에서 30분으로 단축하는 경우 법 위반으로 보기는 어렵다.」

육아휴직 대신 근로시간을 단축하는 육아기근로시간단축과는 다르다. 육아기근로시간단축은 급여삭감이 되어 근로계약서를 반드시 다시 써야 한다. 육아기근로시간단축후에 단축된 근로를 초과한 근로는 연장근로에 해당한다. 단시간근로자와 같다.

❽ 임신기 근로시간단축동안 연장근로수당

임신기근로시간단축을 하더라도 급여는 삭감없이 그대로 지급되므로 연장근로수당은 발생하지 않는다. 6시간으로 단축한 후 8시간을 일했으면 원래의 급여인 8시간분의 급여가 지급된다. 연장근로수당이 발생하진 않지만 근로시간단축 위반으로 500만원 이하 과태료 대상이 된다.

임신중에는 연장근로는 무조건 금지된다. 금지되는 연장근로는 소정근로시간을 초과한 시간이다. 일8시간 근로자는 8시간, 일5시간의 단시간근로자는 5시간 등이다. 그러나 임신기근로시간단축자는 소정근로시간 8시간과 급여도 그대로이고 해당기간에만 단축한 것이므로 단축한 시간을 초과근로하더라도 연장근로로는 보지 않는 것이다. 육아기근로시간단축과 다른 점이다. 육아기근로시간단축자의 연장근로에 가산수당이 발생함은 전술하였다. (제69쪽)

❾ 단시간근로자의 임신기 근로시간단축

이미 8시간미만으로 단시간근로를 하고 있는 경우에는 단축근무를 허용할 수도 안할 수도 있고, 허용하더라도 일6시간까지만 단축하면 된다. 이미 일6시간 근무하는 단시간근로자라면 그 밑으로까지 단축해 줄 의무는 없다.

일7시간의 단시간근로자라면 1시간만 단축하면 된다. 법 단서에 '허용할 수 있다'로 되어 있다고 해서 7시간 근로자에게 6시간으로 해줘도 되고 안 해줘도 되는 건 아니다. 이 조항 자체가 강행규정이고 **'허용할 수 있다'의 의미는 시간 자체, 즉 6시간까지만 해 주면 된다는(1시간만 단축하면 된다는)** 의미로 봐야 할 것이다.

근로기준법 제74조(임산부의 보호) 제7항 단서

「⑦ (생략) 다만, 1일 근로시간이 8시간 미만인 근로자에 대하여는 1일 근로시간이 6시간이 되도록 근로시간 단축을 허용할 수 있다.」(위반 시 500만원 이하 과태료, 1인 이상이면 적용)

여성고용정책과[26], 2018.2.6.

「근로기준법 제74조 제7항의 '다만'이하의 규정은 단서규정으로서 1일 근로시간이 8시간 미만인 근로자에게도 일률적으로 1일 2시간 단축을 허용하면 형평에 맞지 않는 점을 고려한 것임. 따라서 사업주는 제74조 제7항의 전반부 내용에 기속되며 예외적으로 '다만'이하의 내용을 선택할 수 있다는 것으로서 1일 2시간 단축을 허용하거나 또는 1일 근로시간이 6시간이 되도록 단축을 허용할 수 있다는 의미로 해석해야 함.」

❿ 단축한 일2시간을 모아서 쓸 수 있는지

업무형편상 매일 2시간 단축이 어려워 **어떤 날에 8시간 정상근무했다가 다른 날에 4시간 단축근무하는 것도 가능**하다. 단축근무가 임산부의 건강과 모성보호를 위한 것이므로 이에 지장이 없어야 하고, 회사 또한 업무추진상황에 대처해야 하므로 회사에도 지장이 없어야 할 것이다. 따라서 회사에 그럴만한 사정이 있고 당사자 또는 노사 간에 합의만 된다면 가능하다고 사료된다.(제7장 3에서 전술)

26 번호미상

여성고용정책과-2768, 2016.8.11.

「질의

근로기준법 제74조제7항의 임신기 근로시간단축과 관련하여 노사합의로 1일 2시간 근로시간단축을 적치 사용할 수 있는지 여부

* 필수공익사업인 병원사업장은 국민의 안전 및 생명과 직결된 보건의료를 담당하여 근무형태가 24시간 3교대 근무형태이므로 1일 2시간 근무시간 단축 시행이 불가능함.

  〈갑설〉 근로기준법 취지가 1일 근무시간 단축만을 의미하므로 적치사용은 불가

  〈을설〉 근로기준법 취지가 모성보호에 있으므로 사업장의 불가피한 사정이 있고, 노사 간 혹은 노사 간 취지에 공감한다면 노사합의에 의해 적치사용 가능

회시

법정 임신기 근로시간단축의 형태는 1일 2시간 단축이나, **이는 법으로 정한 최소한의 규정으로서 노사가 합의하였다면 이를 주 단위로 적치**하여 사용한다고 해서 법을 위반한 것으로 볼 수 없다고 판단됨.」

⑪ 쉬운 종류의 근로로 전환

임신중의 근로자가 쉬운 근로로의 전환배치를 요구하면 사용자는 응할 의무가 있다.

근로기준법 제74조(임산부의 보호)제5항

「⑤ 사용자는 임신 중의 여성 근로자에게 시간외근로를 하게 하여서는 아니 되며, 그 근로자의 요구가 있는 경우에는 쉬운 종류의 근로로

전환하여야 한다.」(위반 시 2년 이하 징역 또는 2천만원 이하 벌금, 양벌규정, 1인 이상이면 적용)

근로자가 요청하면 미룰만한 타당한 사유가 있지 않는 한 즉시 전환해야 한다.

쉬운 근로의 정의는 상대적이고 주관적이어서 해당 근로자가 원하는 직무 위주로 할 수밖에 없다. **근로자의 심신상태에 따라 어려움 없이 수행할 수 있는 직무여야 한다. 시간대의 변경도 쉬운 근로로의 변경에 해당된다.**

같은 임신중 근로자라 하더라도 사람마다 심신 상태가 다르기 때문에 회사가 객관적으로 쉬운 근로임을 입증하더라도 해당근로자가 쉬운 근로라고 느끼지 못하면 쉬운 근로로 전환한 것으로 보기 어렵다.

⑫ 출산전후휴가 복귀 후엔 동일업무 또는 동등수준 임금 유지

복귀 후에 해당근로자의 업무를 다른 사람이 수행하여 동일업무에 배치하지 못하게 되거나, 심지어 팀 자체가 없어진 경우에도 최대한 동종유사직무에 복귀시켜야 한다. **동종유사직무가 아예 없어졌다면 협의를 거쳐 다른 직무에 복귀시키되 휴가 전과 동등한 임금을 지급**해야 한다.

근로기준법 제74조(임산부의 보호)제6항
「⑥ 사업주는 제1항에 따른 출산전후휴가 종료 후에는 휴가 전과 동일한 업무 또는 동등한 수준의 임금을 지급하는 직무에 복귀시켜야 한다.」(위반 시 500만원 이하 벌금, 양벌규정, 1인 이상이면 적용)

⑬ 출산전후휴가중과 종료 후 30일간 해고 금지

출산전후휴가기간(90일 또는 120일)과 종료 후 30일간은 해고금지기간이다. 복귀하여 일을 하거나 출산전후휴가에 이어서 육아휴직이나 개별휴직을 가더라도 마찬가지다. 다른 조항보다 처벌이 세다.

그러나 **출산전후휴가기간 중에 그의 비위가 발견돼 해고를 결정하고, 해고일자만 복귀 후 30일이 경과한 다음으로 잡아서 해고통보하는 것은 가능**하다. 해고 자체를 금지하는 것이지 해고통보 자체를 금지하는 게 아니기 때문이다. 이는 육아휴직 때도 같다.

근로기준법 제23조(해고 등의 제한)제2항
「② 사용자는 근로자가 업무상 부상 또는 질병의 요양을 위하여 휴업한 기간과 그 후 30일 동안 또는 산전·산후의 여성이 이 법에 따라 휴업한 기간과 그 후 30일 동안은 해고하지 못한다.」(위반 시 5년 이하 징역 또는 3천만원 이하 벌금, 양벌규정, 1인 이상이면 적용)

남녀고용평등법 제19조(육아휴직)제3항
「③ (전략)육아휴직 기간에는 그 근로자를 해고하지 못한다. 다만 사업을 계속할 수 없는 경우에는 그러하지 아니하다.」(위반 시 3년 이하 징역 또는 2천만원 이하 벌금, 양벌규정, 1인 이상이면 적용)

⑭ 출산전후휴가중에 근로계약기간만료, 육아휴직중과의 비교

기간제의 근로계약기간만료로 인한 근로계약 종료는 해고가 아니다. 앞페이지의 해고금지가 적용되지 않는다. 출산전후휴가중이라도 근로계약기간이 만료되면 근로계약을 갱신체결하거나 기간제로 2년이 초과된 자가 아니라면 **자동으로 종료된다.**

 육아휴직중에 근로계약기간이 만료돼도 같다. 다만 기간제의 근로계약기간 도중에 육아휴직을 갔다면 육아휴직기간은 기간제 2년의 기간에서 제외할 수도 있다. 육아휴직을 6개월 가있는 동안 근로계약기간이 만료되면, 종료하지 않고 2년 6개월로 할 수 있다. 2년 6개월로 '해야 한다'가 아니기 때문에 **사용자의 재량으로 2년 되는 날 종료할 수도, 연장할 수도 있다.** 이는 파견근로자에게도 같이 적용된다.

 출산휴가기간과 육아휴직기간은 모두 연차휴가를 산정할 때 출근한 것으로 간주해야 한다.

여성고용과-2112, 2010.6.14.
 「출산전후휴가와 육아휴직 중 계약기간이 만료되면 사업주의 의무도 함께 종료되므로 산전후휴가 및 육아휴직은 종료됨.」

남녀고용평등법 제19조(육아휴직)제5항
 「⑤ 기간제근로자 또는 파견근로자의 육아휴직 기간은 기간제 및 단시간근로자 보호 등에 관한 법률 제4조에 따른 사용기간 또는 파견근로자보호 등에 관한 법률 제6조에 따른 근로자파견기간에 산입하지 아니한다.」(위반 시 벌칙 없음)

⑮ 연소자 보호 조항

근로기준법은 임산부와 함께 연소자도 특별히 보호한다. 만18세 미만자다. 자신의 생일기준이다. 연소자는 근로기준법상의 용어고 민법상 만19세 미만자인 미성년자와 나이기준을 달리한다. 만18~19세 사이는 민법상 미성년자지만 **노동관계법에서는 성인으로 분류된다.** 다음과 같은 조항이다.

근로기준법 제67조(근로계약)

「① 친권자나 후견인은 미성년자의 근로계약을 대리할 수 없다.

② 친권자, 후견인 또는 고용노동부장관은 근로계약이 미성년자에게 불리하다고 인정하는 경우에는 이를 해지할 수 있다.

③ 사용자는 18세 미만인 자와 근로계약을 체결하는 경우에는 제17조에 따른 근로조건을[27] 서면으로 명시하여 교부하여야 한다.」(1항, 3항 위반 시 500만원 이하 벌금, 양벌규정, 1인 이상이면 적용)

근로기준법 제68조(임금의 청구)

「미성년자는 독자적으로 임금을 청구할 수 있다.」(1인 이상이면 적용)

---

[27] 제17조(근로조건의 명시)
　① 사용자는 근로계약을 체결할 때에 근로자에게 다음 각 호의 사항을 명시하여야 한다. 근로계약 체결 후 다음 각 호의 사항을 변경하는 경우에도 또한 같다.
　　1. 임금
　　2. 소정근로시간
　　3. 제55조에 따른 휴일
　　4. 제60조에 따른 연차 유급휴가
　　5. 그 밖에 대통령령으로 정하는 근로조건
　② 사용자는 제1항제1호와 관련한 임금의 구성항목 · 계산방법 · 지급방법 및 제2호부터 제4호까지의 사항이 명시된 서면을 근로자에게 교부하여야 한다. 다만, 본문에 따른 사항이 단체협약 또는 취업규칙의 변경 등 대통령령으로 정하는 사유로 인하여 변경되는 경우에는 근로자의 요구가 있으면 그 근로자에게 교부하여야 한다.

⑯ 연소자 채용 시 구비서류

사업주는 연소자를 채용할 경우 다음의 서류 전부를 반드시 확보하여야 한다.

1) 근로계약서
2) 연소자임을 증명하는 가족관계증명서
3) 친권자 또는 후견인의 동의서

근로기준법 제66조(연소자 증명서)

「사용자는 18세 미만인 자에 대하여는 그 연령을 증명하는 가족관계기록사항에 관한 증명서와 친권자 또는 후견인의 동의서를 사업장에 갖추어 두어야 한다.」 (위반 시 500만원 이하 과태료, 1인 이상이면 적용)

후견인은 친권자(친부모)가 없거나 친권자가 법률행위의 대리권 또는 재산관리권을 행사할 수 없을 때 연소자를 대리하는 자를 말한다. 가정법원이 판결한다.

연소자취업에 관한 친권자 동의서
(친권자 본인이 작성)

○ 친권자(이하 "본인"이라 함)
– 성명:
– 생년월일:
– 취업한 연소자와의 관계:
– 연락처:

○ 취업근로자
− 성명:
− 생년월일:

위 본인은 위 취업근로자의 친권자로서 위 취업근로자가 귀사에서 근로하는
것과 근로 중에 22시 이후 및 휴일근로를 하는 것에 대해 동의하며 가족관계
증명원을 첨부합니다. 또한 이 동의서 및 첨부의 개인정보를 귀사가 수집하
고 업무에 활용하는데 동의합니다.

첨부: 가족관계증명원 1부

20　　년　　월　　일

친권자 본인,
주소:
연락처:
성명:　　　　　　　　　(인또는서명)

⑰ 연소자의 법정수당

성인과 비교할 때 연장근로수당만 다르다. 법내 기준근로시간이 다르기
때문이다. 연소자의 기준근로시간은 1일 7시간, 1주 35시간이다. 1일 7
시간 또는 1주 35시간을 을 초과한 근로에 대해서는 연장근로수당 50%가
가산된다. 성인은 1일 8시간 또는 1주 40시간을 초과할 때다. 휴일근로수
당과 야간근로수당은 성인과 같다.

　　연소자의 휴일근로와 야간근로는 당사자의 동의가 있고 관할노동청의
인가가 있을 때만 가능하다.

근로기준법 제69조(근로시간)

「15세 이상 18세 미만인 자의 근로시간은 1일에 7시간, 1주에 35시간을 초과하지 못한다. 다만, 당사자 사이의 합의에 따라 1일에 1시간, 1주에 5시간을 한도로 연장할 수 있다.」(위반 시 2년 이하 징역 또는 1천만원 이하 벌금, 양벌규정, 1인 이상이면 적용)

⓲ 연소자의 야간근로에 대한 노동부 인가기준

편의점이나 음식점, PC방 등에서 연소자가 있을 수 있다. 본인이 동의했어도 고용노동부 인가가 없으면 불법이다.(2년 이하 징역 또는 1천만원 이하 벌금)

노동부는 2004.7.26.까지는 패스트푸드점에 대해서만 연소자의 야간근로에 대해 인가를 내주었다. 야간근로가 불가피하다는 이유에서다. 이후에는 **주유소, 편의점, 일반 음식점, PC방 등에 대해서도 야간영업이 불가피할 경우 인가를 내주고 있다.** 인가기준은 다음과 같다. 불가피하게 연소자를 야간근로에 투입할 때에는 다음을 참조하여 반드시 노동부인가를 받길 바란다. **인가는 자정까지의 야간근로를 허용하는 것으로 내준다.**

연소근로자의 야간근로 인가업무 처리지침 중

「연소근로자의 건강보호 및 학습보장, 귀가 등 안전을 고려하여 특별한 사유가 없는 한 오후 12시까지 제한적으로 인가.

* "특별한 사유"라 함은 사업주의 야업의 필요성과 따라 인가가 남용되어서는 안 되며, 연소근로자의 사유에 따라 판단하되 근로자의 건강 등에 무리가 없는 경우를 말함.

〈주유소, 편의점 등에 대한 조치〉

연소자가 실제 아르바이트를 많이 하고 있는 업종인 주유소, 편의점, 일반 음식점, PC방 등도 야간가동(영업)이 불가피한 경우에 해당한다고 볼 수 있으므로 동일하게 처리

※ "사업의 계속적인 영위가 곤란하여 야업이 불가피할 것"은 사업 경영에 관한 사항이므로 원칙적으로 사업주의 판단사안임.」

⑲ 만15세 미만자, 아동의 채용

학생일 가능성이 매우 높아 특별히 보호된다. 이들이 취업하고자 할 때는 고용노동부로부터 **취직인허증을 발급받아야 한다.** 만15세가 넘었어도 18세 미만자가 중학생이면 역시 15세 미만자처럼 취직인허증을 발급받아야 한다.

취직인허증은 해당 근로자(학생)와 그를 채용할 사용자가 연명으로, 학교장과 친권자(또는 후견인)의 서명을 받아 회사관할 노동청에 신청하여 발급받는다.

학교수업에 지장이 있거나, 도덕상·보건상 유해위험업종, 당해 근로자의 생명·건강·복지에 위험요소가 있는 경우 노동부는 발급하지 않는다.

만13세 미만자는 예술공연참가에 한해 받을 수 있다. 아역배우, 연예인 등이다. 사업주는 취직인허증이 있는 경우에만 이들을 채용할 수 있다. 우리나라에 들어온 외국인학생도 노동부로부터 취직인허증을 발급받으면 채용이 가능하다.

사용자와 근로자가 연명으로 신청한 후 취직인허증을 받으면 연소자증명서(친권자동의서, 가족관계증명서)를 구비한 것으로 본다.

근로기준법 제64조(최저연령과 취직인허증)

「① 15세 미만인 자(초·중등교육법에 따른 중학교에 재학 중인 18세 미만인 자를 포함한다)는 근로자로 사용하지 못한다. 다만, 대통령령으로 정하는 기준에 따라 고용노동부장관이 발급한 취직인허증을 지닌 자는 근로자로 사용할 수 있다.

② 제1항의 취직인허증은 본인의 신청에 따라 의무교육에 지장이 없는 경우에는 직종을 지정하여서만 발행할 수 있다.

③ 고용노동부장관은 거짓이나 그 밖의 부정한 방법으로 제1항 단서의 취직인허증을 발급받은 자에게는 그 인허를 취소하여야 한다. (1항 위반 시 2년 이하 징역 또는 1천만원 이하 벌금, 양벌규정, 1인 이상이면 적용)

MEMO

제12장

채용절차 공정화 의무

극심한 취업난이다. 수십 곳, 수백 곳에 지원해도 취업이 힘든 이 시대가 개탄스럽다. 온라인으로 접수받는 것은 그나마 낫다. 구직자가 준비하는 지원서류를 떼는데 들어가는 비용이나 시간도 적지 않다. 우편으로 제출한 지원서류는 돌려받을 순 있지만 그 절차도 의문이고 번거롭기도 하다. 온라인으로 제출한 지원서류의 개인정보가 잘 다뤄지고 있는지도 왠지 개운치 않다.

지원자 제가 우편으로 제출했던 지원서류들을 되돌려 받고 싶은데요.

인사담당자 지원자 본인 김길동씨 맞습니까. 몇가지 본인확인 후 진행하겠습니다.(중략). 본인확인 감사합니다. 그럼 채용서류반환청구서 양식을 보내드릴테니 기재하시어 팩스나 이메일, 우편으로 저희에게 보내주시겠습니까?

지원자 채용서류반환청구서를 내면 언제까지 제가 받아볼 수 있나요?

인사담당자 저희에게 도착하면 그 다음날부터 14일 내에 지원서류를 받아보실 수 있게 우편으로 보내드리겠습니다. 14일째 우편소인이 찍힐 수도 있습니다. 아 그런데 지금 확인해보니 온라인으로만 접수받기로 했고 회사가 따로 우편으로 요구한 적이 없는데 김길동씨가 자발적으로 우편으로 제출한 서류들이라 반환의무는 없네요. 저희가 개인정보보호 내부 방침에 따라 폐기하도록 하겠습니다.

인사에서 채용실무도 중요한 업무 중의 하나다. 채용절차공정화에 관한 법률은 2014.1.21.에 제정 시행되었는데 채용절차와 관련해서도 그만큼 지켜야 할 의무가 많아졌다.

채용과 관련한 조항이 들어있는 법률로는 이 법 외에도;
① 고용정책기본법
② 직업안정법
③ 남녀고용평등과 일 · 가정 양립지원에 관한 법률
④ 고용상 연령차별금지 및 고령자고용촉진에 관한 법률
⑤ 장애인고용촉진 및 직업재활법
⑥ 국가유공자 등 예우 및 지원에 관한 법률
⑦ 개인정보보호법
⑧ 표시 · 광고의 공정화에 관한 법률 등이 있다.

이 장에서 알아볼 채용절차공정화에 관한 법률의 골격과 흐름은 다음의 다섯가지다.
채용광고 → 채용서류의 작성 · 제출 · 접수 절차 → 채용절차상의 고지 의무 → 채용심사비용의 부담금지 → 채용서류의 반환방법과 절차다.
이 장에서 다루는 '채용절차의 공정화에 관한 법률'은 상시근로자 30인 이상부터 적용된다.

❶ 채용광고과정에서의 금지행위

실무상으로는 채용'공고', '모집공고'라고 많이 쓰이지만 법률용어는 채용'광고'다. 같은 뜻이다.

채용광고과정 또는 채용직후 금지되는 사항은 다음과 같다.(법 제4조)

① 구인자가 채용을 가장하여 아이디어를 수집하거나 사업장을 홍보하기 위해 거짓의 채용광고를 내는 것(위반 시 5년 이하 징역 또는 2천만원 이하 벌금)

② 구인자가 정당한 사유 없이 채용광고의 내용을 구직자에게 불리하게 변경하는 것(위반 시 500만원 이하 과태료)

③ 구인자가 구직자를 채용한 후 정당한 사유 없이 채용광고에서 제시한 근로조건을 불리하게 변경하는 것(위반 시 500만원 이하 과태료)

④ 구인자가 구직자가 제출한 저작권 등의 지식재산권을 자신에게 귀속되도록 강요하는 것(위반 시 500만원 이하 과태료)

구인자란 구직자를 채용하려는 자를 말하며 구직자란 직업을 구하기 위해 구인자의 채용광고에 응시하는 자를 말한다.(법 제2조)

❷ 거짓 채용광고의 사례

월급이나 근로조건 등을 부풀려서 내는 채용광고, 내근 사무직을 선호하니 사무직이라고 거짓으로 내는 광고, 성과급을 마치 고정급처럼 오해하게 하는 광고, 계약직을 뽑으면서 정규직이라고 내는 광고 등이 주를 이룬다. 대표적인 사례는 다음과 같다.

- 정규직 채용광고 후 면접 때 계약직 통보
- 월 200만원 광고, 입사 후에 퇴직금 포함됐으니 퇴직금은 모았다가 퇴직할 때 주겠다고 통보
- 월 300만원 광고 후 성과급포함 300만원이라고 통보

- 채용광고에는 기본급이 있었으나 면접과정에서 기본급 없고 100% 성과급 제로 통보
- 내근사무직 광고 후 영업직 통보
- 채용담당자의 연락처가 SNS아이디로만 기재된 경우(카카오톡, 페이스북, 트위터 등). 취업사기꾼들이 주로 쓰는 수법이다.
- 퇴직 후 창업하였으나 재직 당시 회사 명의로 구인광고, 광고에 기재한 임금보다 면접 때 낮게 제시
- 택배기사 면접을 가장한 화물차 판매: 지입차 구입하면 월350만원 수입보장. 계약금, 지입차량 비용 등 2,500만원 선납요구. 선납했음에도 화물 일연결 안 해줌(이는 형사상 사기죄에도 해당될 수 있다)
- 합격통보후 전산착오 또는 회사경영이 어려워졌다며 불합격 통보

  채용광고내용을 채용 후에 정당한 사유 없이 합격자에게 불리하게 변경하는 경우 500만원 이하의 과태료에 처해질 수 있다. 실제 2017년 공공기관에 대한 감사원 감사결과 과태료 200만원 처분이 내려진 적이 있다.

❸ 거짓 채용광고 관련 직업안정법과의 비교

직업소개사업이나 근로자모집사업, 근로자공급사업을 하는 자는 자신이 채용할 목적이 아니라 제삼자에게 알선하려는 자인데 **이들이 위의 ①과 같이 허위과장광고를 낼 때에는 처벌이 더 세다.**

채용절차공정화법과 직업안정법의 거짓구인광고에 대한 규정과 처벌

채용절차공정화에 관한 법률	직업안정법
법 제4조(거짓 채용광고 등의 금지) ① 구인자는 채용을 가장하여 아이디어를 수집 하거나 사업장을 홍보하기 위한 목적 등으로 거짓의 채용광고를 내서는 아니 된다. ② 구인자는 정당한 사유 없이 채용광고의 내용을 구직자에게 불리하게 변경하여서는 아니 된다. ③ 구인자는 구직자를 채용 한 후에 정당한 사유 없이 채용 광고에서 제시한 근로 조건을 구직자에게 불리하게 변경 하여서는 아니 된다.	**법 제34조(거짓 구인광고 등의 금지)** 직업소개사업, 근로자 모집 또는 근로자공급사업을 하는 자나 이에 종사하는 사람은 거짓 구인광고를 하거나 거짓 구인조건을 제시하여서는 아니 된다. **시행령 제34조(거짓 구인광고의 범위 등)** 법 제34조에 따른 거짓 구인광고 또는 거짓 구인조건 제시의 범위는 신문·잡지, 그 밖의 간행물, 유선·무선방송, 컴퓨터통신, 간판, 벽보 또는 그 밖의 방법에 의하여 광고를 하는 행위 중 다음 각 호의 어느 하나에 해당하는 것으로 한다. 1.구인을 가장하여 물품판매·수강생모집·직업소개·부업알선·자금모금등을 행하는 광고 2.거짓 구인을 목적으로 구인자의 신원(업체명 또는 성명)을 표시하지 아니하는 광고 3.구인자가 제시한 직종·고용형태·근로조건 등이 응모할 때의 그것과 현저히 다른 광고 4.기타 광고의 중요내용이 사실과 다른 광고
5년 이하 징역 또는 2천만원 이하 벌금	5년 이하 징역 또는 5천만원 이하 벌금

❹ 채용서류 접수 시 유의 사항

회사가 서류심사 → 필기시험 → 면접시험의 단계별로 채용을 진행할 때에는 **서류전형단계에서는 기초심사자료만, 서류심사에 합격한 자에 한해 입증자료와 심층심사자료를 제출토록** 해야 한다. 위반 시 처벌은 없지만 구직자의 편의와 개인정보보호, 회사의 채용업무의 효율화를 위해 필요하다고 본다.

채용서류	예시
기초심사자료	이력서나 입사지원서에 기재하는 기본항목으로써 인적사항, 우대사항, 경력, 학력, 기술보유 여부, 자기소개서 등
입증자료	기초심사자료에 기재한 내용을 증명하는 서류로써 학위증명서, 경력증명서, 자격증명서 등
심층심사자료	입증자료 외에 연구실적물, 작품 포트폴리오 등 구직자의 실력을 입증할 수 있는 일체의 물건이나 자료 등

구직자는 허위서류를 제출해서는 안 된다.

법 제6조(채용서류의 거짓 작성금지)
「구직자는 구인자에게 제출하는 채용서류를 거짓으로 작성하여서는 아니 된다.」(위반 시 처벌은 없지만, **채용된 후 거짓이 밝혀질 경우 채용취소사유가 될 수 있다.**)

법 제13조(입증자료 · 심층심사자료의 제출 제한)
「구인자는 채용시험을 서류심사와 필기 · 면접시험 등으로 구분하여 실시하는 경우 서류심사에 합격한 구직자에 한정하여 입증자료 및 심층심사자료를 제출하게 하도록 노력하여야 한다.」(위반 시 처벌은 없지만 채용업무효율화를 위해 권장된다.)

❺ 접수받은 채용서류 중, 아이디어의 귀속강요는 중대범죄

채용서류는 기초심사자료 · 입증자료 · 심층심사자료를 말한다. 이 중 심층심사자료에는 구직자의 기술이나 작품 등에 관한 아이디어나 결과물이

들어있는 경우가 종종 있다. 이러한 것들은 저작권이나 지적재산권 자료가 될 수 있는데 **이를 회사에 귀속하도록 강요하는 것은 중한 처벌대상이 될 수 있다.**

⚖️ **법 제4조(거짓 채용광고 등의 금지) 4항**
「구인자는 구직자에게 채용서류 및 이와 관련한 저작권 등의 지식재산권을 자신에게 귀속하도록 강요하여서는 아니 된다.」(위반 시 500만원 이하 과태료)

이 과태료처분 외에도 저작권법에 의해서도 처벌될 수 있다. 저작권 등을 침해 시 5년 이하 징역 또는 5천만원 이하 벌금에 처해질 수 있다.

⚖️ **저작권법 제4조(저작물의 예시 등)**
「1. 소설·시·논문·강연·연설·각본 그 밖의 어문저작물
2. 음악저작물
3. 연극 및 무용·무언극 그 밖의 연극저작물
4. 회화·서예·조각·판화·공예·응용미술저작물 그 밖의 미술저작물
5. 건축물·건축을 위한 모형 및 설계도서 그 밖의 건축저작물
6. 사진저작물(이와 유사한 방법으로 제작된 것을 포함한다)
7. 영상저작물
8. 지도·도표·설계도·약도·모형 그 밖의 도형저작물
9. 컴퓨터프로그램저작물」

⚖️ **저작권법 제5조(2차적 저작물) 1항**
「원저작물을 번역·편곡·변형·각색·영상제작 그 밖의 방법으로 작성한 창작물(이하 "2차적 저작물"이라 한다)은 독자적인 저작물로서 보호된다.」

저작권법 제6조(편집 저작물) 1항
「편집저작물은 독자적인 저작물로서 보호된다.」

❻ 채용 중 회사의 고지의무는 4개 단계로 구성

채용실무의 중요한 부분 중의 하나다.

단계별 고지의무	무엇을 고지	근거조항
응시 · 접수단계에서의 고지	채용서류가 접수되었다는 사실	법 제7조(전자우편 등을 통한 채용서류의 접수)
채용진행중의 고지	채용일정 · 채용심사 지연사실 등 채용진행상황	법 제8조(채용일정 및 채용과정의 고지)
채용확정단계에서의 고지	합격 또는 불합격 통보	법 제10조(채용여부의 고지)
채용확정후 단계에서의 고지	채용서류 반환, 보관, 파기 등에 관한 내용	법 제11조 (채용서류의 반환 등)

❻-1 응시 · 접수단계에서의 고지(제1단계)

회사가 응시서류를 접수받으면 지체 없이 그 접수했다는 사실을 구직자에게 홈페이지 게시, 휴대전화 문자, 이메일, 팩스, 전화 등으로 알려야 한다.(위반 시 벌칙은 없다)

※ '지체 없이'의 뜻: 며칠, 몇 시간의 물리적 시간이 아니다. 늦출 만한 정당한 사유가 있지 않는 한 지금 바로 하는 것이 '지체 없이' 하는 게 된다. 이하 같다.

⑥-2 채용과정단계에서의 고지(제2단계)

회사는 구직자에게 향후 진행될 채용일정을 알려야 하며 채용심사가 지연될 때는 지연된다는 사실도 알려야 한다. 알리는 방법은 6–1의 방법과 같다.(위반 시 벌칙은 없다)

고지 예시문

> – 응시원서접수 : 2019.3.4. 09:00~2019.3.6. 18:00
>   *응시수수료 없음
> – 서류전형 합격자 발표 및 면접시험 공고 : 2019.3.11.
> – 면접시험 : 2019.3.15.
> – 최종합격자 발표 : 2019.3.20. 홈페이지 게시

⑥-3 채용확정단계에서의 고지(제3단계)

전형 후 합격자 불합격자가 정해지면 그 결과를 구직자에게 지체 없이 알려야 한다. 주로 홈페이지에 합격자만 게시하거나 문자통보를 하는 게 보통이다. 그렇게 하기 위해서는 사전(응시단계나 면접 시)에 "합격하면 통보하겠다"는 고지를 해 놔야 할 것이다. 아무 고지를 안했다면 불합격자에겐 더 신속히 통보하는 게 도리라 본다.

⑥-4 채용확정후 단계에서의 고지(제4단계)

채용서류를 반환받을 것인지 여부를 확인하는 고지다.

❼ 채용서류의 반환과 파기에 관한 고지의무

❼-1 반환의무서류

3가지 채용서류인 기초심사자료 · 입증자료 · 심층심사자료다.

❼-2 반환제외대상서류로서 파기대상서류

홈페이지나 이메일 등 온라인으로 받은 서류와 구직자가 회사의 요구가 없었는데 자발적으로 제출한 서류다.

❼-3 채용확정후 단계에서 채용서류반환 등과 관련하여 고지해야 할 필수사항

고지 시기는 실무상 당락여부를 알릴 때 같이 하는 게 효율적이다. 고지 방법은 법에 정한 바 없다. 홈페이지게시나 문자 · 이메일 통보가 보통이다.(미고지시 300만원 이하 과태료)

〈필수 고지사항〉
① 채용서류의 반환을 청구할 수 있다는 사실
② 반환청구대상 채용서류의 종류 및 범위
③ 반환청구 방법
④ 반환 청구기간 및 이행기간

⑤ 반환방법 및 비용부담

⑥ 채용서류의 보관기간 및 파기

채용서류의 반환고지 예시문

1. 이 고지는 「채용절차의 공정화에 관한 법률」 제11조제5항에 따른 것으로, 최종합격자를 제외한 구직자는 기 제출한 채용서류를 반환받을 수 있습니다.

2. 당사 채용에 응시한 구직자 중 최종합격이 되지 못한 구직자는 0000년 00월 00일부터 0000년 00월까지 채용서류의 반환을 청구할 수 있습니다.
   다만, 홈페이지 또는 전자우편으로 제출한 경우나 구직자가 당사의 요구 없이 자발적으로 제출한 경우에는 그러하지 아니하며, 천재지변이나 그 밖에 당사에 책임 없는 사유로 채용서류가 멸실된 경우에는 반환한 것으로 봅니다.

3. 채용서류 반환청구를 하려는 구직자는 채용서류 반환청구서[채용절차의 공정화에 관한 법률 시행규칙 별지 제3호 서식]를 작성하여 당사로 팩스(02-0000-0000) 또는 이메일 (00000@0000.00.00)로 제출하면, 제출이 확인된 날로부터 14일 이내에 지정한 주소지로 등기우편을 통하여 발송해 드립니다. 이 경우 등기우편요금은 수신자 부담으로 하게 되오니 유념하시기 바랍니다.(회사의 계좌번호:)

4. 당사는 구직자의 반환 청구에 대비하여 0000년 00월 00일까지 채용서류를 보관하게 되며, 그때까지 채용서류의 반환을 청구하지 아니할 경우에는 「개인정보 보호법」에 따라 지체 없이 채용서류 일체를 파기할 예정입니다.

2019년   월   일
주식회사   (직인)

❽ 구직자가 채용서류의 반환을 청구할 수 있는 기간과 반환이행기간

당락이 결정됐다고 해서 구직자가 즉시 반환을 청구할 수 있는 건 아니다.

당락결정일의 14일 이후부터 가능하다. 15일째부터 180일 사이에 회사가 고지로 지정한 기간에만 청구가 가능하다. 회사는 당락이 결정되기 전까지 구직자에게 그 반환가능기간을 정하여 통보해야 한다.

회사는 구직자로부터 반환청구서를 받으면 14일 이내에 반환해야 한다. **반환청구서를 받은 초일은 불산입하며 도달주의이므로 14일까지는 구직자가 받도록 해야 한다.** 14일째 우체국 소인이 있으면 14일내 반환한 것으로 본다. 14일째가 토 · 일 · 공휴일이면 그 다음날까지가 된다.[28] 구직자는 법정 서식인 채용서류반환청구서로 신청해야 한다.[29]

❾ 구직자 본인만 반환청구할 수 있는지, 합격자도 반환청구할 수 있는지

채용서류반환을 청구할 수 있는 청구권자는 응시한 본인과 대리인만 할 수 있다.

대리인이란 **배우자, 직계존비속, 형제자매, 노무사, 변호사 등**을 말하며 위임장에 위임범위(채용서류의 반환청구 및 수령)를 명시해야 한다.

반환받는 장소는 구직자의 주소지가 원칙이지만 구직자가 장소를 지정하면 그 주소로 반환해야 한다.

합격자는 채용서류반환을 청구할 수 없다.

---

28 민법 제155조,157조,159조,161조: 날짜 기산, 도달주의 등
29 채용절차공정화에 관한 법률 시행규칙 별지 제3호 서식

❿ 반환비용은 누가 부담

회사부담이 원칙이다. 예외로 우편법에 따른 특수우편물(등기, 소포 등)로 보낼 때에는 구직자가 부담하게 할 수 있다. 구직자가 수취인부담으로 하겠다고 하지 않은 이상 회사는 입금 받을 회사 계좌번호를 문자나 이메일 등으로 통보해야 한다. 비용이란 우편법상의 우편요금을 말한다.

> **채용절차공정화에 관한 법률 제11조(채용서류의 반환 등)제5항**
> 「채용서류의 반환에 소요되는 비용은 원칙적으로 구인자가 부담한다. 다만, 구인자는 대통령령으로 정하는 범위에서 채용서류의 반환에 소요되는 비용을 구직자에게 부담하게 할 수 있다.」

> **동법 시행령 제5조(채용서류반환의 비용부담) 제2항**
> 「구인자가 법 제11조제5항 단서에 따라 채용서류의 반환에 소요되는 비용을 구직자에게 부담하게 하려는 경우에는 **채용 여부가 확정되기 전까지 구직자에게 채용서류 반환에 필요한 비용을 입금할 수 있는 금융기관의 계좌를 지정하여 통지하여야 한다.** 다만, 구직자의 신청에 따라 우편법 시행령 제29조에 따른 수취인 부담으로 발송하는 경우에는 그러하지 아니하다.」

⓫ 홈페이지로 제출하라고 했는데 우편으로 제출한 채용서류의 반환여부

법 제7조는 회사가 채용서류를 받을 때 이메일이나 홈페이지 등 온라인으로 할 것을 권장하고 있다.(위반 시 벌칙 없음). 응시자의 부담을 덜어주기 위해서다. 대부분 회사가 온라인으로만 제출받는다.

구직자 스스로 확실히 하기 위해 온라인으로도 제출하고, **우편으로도 제출한 경우에는 우편으로 제출한 서류의 반환을 요구할 수 없다.** 구직자 스스로의 판단으로 회사의 요구 없이 제출한 서류이기 때문이다.

채용절차공정화에 관한 법률 제11조(채용서류의 반환 등)제1항 단서
「구인자는 구직자의 채용 여부가 확정된 이후 구직자(확정된 채용대상자는 제외한다)가 채용서류의 반환을 청구하는 경우에는 본인임을 확인한 후 대통령령으로 정하는 바에 따라 반환하여야 한다. 다만, 제7조 제1항에 따라 홈페이지 또는 전자우편으로 제출된 경우나 **구직자가 구인자의 요구 없이 자발적으로 제출한 경우에는 그러하지 아니하다.」**

⑫ 미반환 서류의 보관과 파기

⑫-1 보관기간

구직자가 채용서류의 반환을 청구할 수 있는 기간 동안은 회사는 보관할 의무가 있다. 그 기간이란 **채용여부가 확정된 날부터 14~180일 사이의 기간 중 회사가 정한 기간으로써 구직자에게 통보한 기간**을 말한다. 이는 구직자가 채용서류의 반환을 청구하지 않을 때이다.

구직자가 채용서류반환을 청구한 경우에는 특수우편물을 통하여 전달할 때는 그 발송일까지고 직접 전달한 때는 그 전달일까지다.

보관의무 위반 시 300만원 이하 과태료가 있다.

⑫-2 파기기한

회사가 고지한 반환청구기간내에 구직자가 반환을 요청하지 않아 반환청구기간이 끝나면 지체 없이 파기해야 한다. 홈페이지나 이메일 등 온라인으로 접수한 채용서류는 물론 구직자가 자발적으로 제출한 서류도 파기해야 한다.

파기에 관한한 '지체 없이'의 기간을 행정자치부·고용노동부의 개인정보보호가이드라인(2017)에서는 '5일 이내'로 정의하고 있다.

⑬ 구직자가 사용할 채용서류반환청구서

채용절차공정화에 관한 법률 시행규칙의 별지 제3호 서식이다.

채용서류 반환청구서

접수번호		접수일자	
청구인	성명		수험번호
주 소			
반환장소 (주소와 다른 경우 기재)			
반환청구서류			

「채용절차의 공정화에 관한 법률」 제11조 및 같은 법 시행령 제2조 및 제4조에 따라 위와 같이 채용서류의 반환을 청구합니다.

년   월   일

청구인   (서명 또는 인)

∞ 사업장 귀하

공지사항

1. 「채용절차의 공정화에 관한 법률 시행령」 제2조제1항에 따라 신청인이 채용서류의 반환을 요청하면 해당 사업장은 14일 이내에 반환요구서류를 발송하도록 하고 있습니다.
2. 「채용절차의 공정화에 관한 법률 시행령」 제2조제2항에 따라 반환요구서류는 특수취급우편물을 통해서 전달받거나, 사업장으로부터 직접 전달받을 수 있습니다.
3. 「채용절차의 공정화에 관한 법률」 제11조제5항 및 같은 법 시행령 제5조제2항에 따라 채용서류의 반환에 드는 비용을 청구인이 부담할 수 있습니다.

⑭ 채용절차공정화에 관한 법률 외의 채용관련 주요 법령

고용정책기본법 제7조(취업기회의 균등한 보장)

「합리적 이유 없이 성별, 신앙, 연령, 신체조건, 사회적 신분, 출신지역, 학력, 출신학교, 혼인·임신 또는 병력(病歷) 등(이하 "성별 등"이라 한다)을 이유로 차별을 하여서는 아니 되며, 균등한 취업기회를 보장해야 한다.」(위반 시 벌칙 없음)

남녀고용평등법 제7조(모집과 채용)

「① 사업주는 근로자를 모집하거나 채용할 때 남녀를 차별하여서는 아니 된다.

② 사업주는 여성 근로자를 모집·채용할 때 그 직무의 수행에 필요하지 아니한 용모·키·체중 등의 신체적 조건, 미혼 조건, 그 밖에 고용노동부령으로 정하는 조건을 제시하거나 요구하여서는 아니 된다.」(본 조 위반 시 500만원 이하 벌금)

직업안정법 제2조(균등처우)

「누구든지 성별, 연령, 종교, 신체적 조건, 사회적 신분 또는 혼인 여부 등을 이유로 직업소개 또는 직업지도를 받거나 고용관계를 결정할 때 차별대우를 받지 아니한다.」(위반 시 벌칙 없음)

직업안정법 제32조(금품 등의 수령금지)

「근로자를 모집하려는 자와 그 모집업무에 종사하는 자는 어떠한 명목으로든 응모자로부터 그 모집과 관련하여 금품을 받거나 그 밖의 이익을 취하여서는 아니 된다. 다만, 제19조에 따라 유료직업소개사업을 하는 자가 구인자의 의뢰를 받아 구인자가 제시한 조건에 맞는 자를 모집하여 직업소개한 경우에는 그러하지 아니하다.」(위반 시 5년 이하 징역 또는 5천만원 이하 벌금)

고용상 연령차별금지 및 고령자 고용촉진에 관한 법률 제4조의4(모집, 채용 등에서의 연령차별금지)

「① 사업주는 다음 각 호의 분야에서 합리적인 이유 없이 연령을 이유로 근로자 또는 근로자가 되려는 자를 차별하여서는 아니 된다.

1. 모집·채용

2. 임금, 임금 외의 금품 지급 및 복리후생

3. 교육 · 훈련

4. 배치 · 전보 · 승진

5. 퇴직 · 해고

② 제1항을 적용할 때 합리적인 이유 없이 연령 외의 기준을 적용하여 특정 연령집단에 특히 불리한 결과를 초래하는 경우에는 연령차별로 본다.」
(제①항제1호 위반 시 500만원 이하 벌금)

고용상 연령차별금지 및 고령자 고용촉진에 관한 법률 제12조(사업주의 고령자 고용 노력의무)

「대통령령으로 정하는 수 이상의 근로자를 사용하는 사업주는 기준고용률 이상의 고령자를 고용하도록 노력하여야 한다.」(위반 시 벌칙 없음)

장애인고용촉진 및 직업재활법 제5조(사업주의 책임)

「① 사업주는 장애인의 고용에 관한 정부의 시책에 협조하여야 하고, 장애인이 가진 능력을 정당하게 평가하여 고용의 기회를 제공함과 동시에 적정한 고용관리를 할 의무를 가진다.

② 사업주는 근로자가 장애인이라는 이유로 채용 · 승진 · 전보 및 교육훈련 등 인사관리상의 차별대우를 하여서는 아니 된다.」(위반 시 벌칙 없음)

국가유공자 등 예우 및 지원에 관한 법률 제29조(취업지원 대상자 등)

「① 취업지원을 받을 수 있는 사람(이하 "취업지원 대상자"라 한다)은 다음 각 호와 같다.

  1. 전상군경, 공상군경, 무공수훈자, 보국수훈자, 재일학도의용군인, 4 · 19혁명부상자, 4 · 19혁명공로자, 공상공무원, 특별공로상이자 및 특별공로자

2. 전몰군경, 순직군경, 4 · 19혁명사망자, 순직공무원 및 특별공로순직
   자의 배우자

3. 제1호에 해당하는 사람의 배우자

4. 전몰군경, 순직군경, 4 · 19혁명사망자, 순직공무원 및 특별공로순직
   자의 자녀

5. 전상군경, 공상군경, 4 · 19혁명부상자, 공상공무원 및 특별공로상이
   자 중 대통령령으로 정하는 상이등급 이상으로 판정된 사람의 자녀
   및 재일학도의용군인의 자녀

② 제32조 및 제34조에 따른 취업지원을 실시할 경우 제1항제4호 및 제5
호에 해당하는 사람에 대하여는 1명에게만 실시한다.

③ 취업지원 대상자는 제32조 및 제34조에 따른 취업지원과 관련하여 제
32조제2항에 따라 채용되는 횟수와 제34조에 따라 고용되는 횟수를 합하
여 대통령령으로 정하는 횟수 이내에서 취업지원을 받을 수 있다.」(위반
시 벌칙 없음)

제13장

개인사업자와 근로자

사업자등록을 내진 않았지만 김 프리랜서는 재택근무하기로 하면서 지난 3년간 A사가 요청한 업무들을 처리해왔다. 다른 회사로부터는 업무를 받은 적이 없고 A사 일만 했다. PC로 소비자 모니터링을 하면서 그날그날 데이터를 입력하는 일이다. 월 보수는 월간 입력한 데이터건수에 따라 왔다갔다 했다. 3년간의 업무를 마치면서 김 프리랜서는 A사 인사팀에 문의하였다.

김 프리랜서 3년동안 일했는데 퇴직금하고 연차휴가수당은 언제 주시나요?

인사팀 무슨 말씀이신지……, 계약서도 프리랜서계약서로 쓰고 세금도 3.3%로 신고하고 4대보험도 안했는데요.

김 프리랜서 하지만 완전히 근로자처럼 회사가 지시한 것만 하고 월화수목금 매일매일 업무처리하면서 보고도 하고 했는데 근로자 아닌가요?

인사팀 재택근무라 하루에 몇 시간 일하는지도 회사는 체크도 안했고 보수도 건수로 지급드렸고 당초 계약도 근로계약도 아니거든요.

김 프리랜서 그럼 할 수 없네요. 노무사 구해서 노동청에 가야겠어요.

근로자로 채용했으나 여러 가지 이유로 개인사업자(도급계약, 용역계약, 프리랜서계약 등)로 운영하는 경우가 종종 있다. 4대보험료나 근로소득세의 절감, 퇴직금이나 연차유급휴가, 최저임금을 회피하고자 하는 경우가 대부분이다. 처음 수습개념으로 3개월 정도는 3.3.%의 개인사업자로, 이후에 근로계약으로 전환하는 경우도 있다.

실질이 근로자면 아무리 프리랜서계약서를 체결하고 3.3%로 소득세 신고를 하면서 4대보험을 가입하지 않거나, 그 근로자가 사업자등록을 냈더라도 근로자로 간주된다.

개인사업자 또는 프리랜서로 약정을 맺고 일한 근로자도 처음에는 3.3%의 소득세만 내면 되니 금전적으로 이득이라 동의했다가도 1년, 2년 이상 근무하다보면 퇴직금과 연차유급휴가수당 등이 생각나기 마련이다. **대부분의 분쟁은 퇴직할 때 퇴직금과 연차휴가수당에서 비롯된다.**

다툼의 여지가 없을 만큼 근로자성이 분명할 때에는 분쟁이 오래가지 않는다. 분쟁이 길어지는 경우는 근로자성과 개인사업자성(프리랜서성)을 동시에 갖고 있을 때다.

근로기준법에서는 근로자를 "직업의 종류와 관계없이 임금을 목적으로 사업이나 사업장에 근로를 제공하는 자"라고 정의하고 있지만(근로기준법 제2조) 이 표현만으로는 판단이 어렵다.

누적된 판례들에 입각해서 각 사안별로 판단해야 한다. 최근에는 노동청이나 법원이 근로자성을 넓게 인정하고 있는 추세다. 아래에서 필자가 엄선한 10개의 판례와 행정해석들을 유심히 보면 어느 정도 판단을 할 수 있을 것으로 기대된다.

❶ 대법원이 제시하는 개인사업자와 근로자의 판단기준

대법2015다59146(2017.1.25.), 대법2011다78804(2014.2.13.)
대법2001다29736(2006.12.7.) 대법95누13432(1996.7.30.) 외 다수

「근로기준법상의 근로자에 해당하는지는 계약의 형식이 고용계약인지 도급계약인지 위임계약인지보다 근로제공 관계의 실질이 근로제공자가 사업 또는 사업장에 임금을 목적으로 종속적인 관계에서 사용자에게 근로를 제공하였는지 여부에 따라 판단하여야 한다.

여기서 종속적인 관계가 있는지 여부는;

① 업무 내용을 사용자가 정하고 취업규칙 또는 복무규정 등의 적용을 받으며 업무수행과정에서 사용자가 상당한 지휘 · 감독을 하는지

② 사용자가 근무시간과 근무장소를 지정하고 근로제공자가 이에 구속을 받는지

③ 근로제공자가 스스로 비품 · 원자재나 작업도구 등을 소유하거나 제3자를 고용하여 업무를 대행하게 하는 등 독립하여 자신의 계산으로 사업을 영위할 수 있는지

④ 근로제공을 통한 이윤의 창출과 손실의 초래 등 위험을 스스로 안고 있는지

⑤ 보수의 성격이 근로 자체의 대상적 성격인지, 기본급이나 고정급이 정하여졌고 근로소득세를 원천징수하였는지

⑥ 근로제공관계의 계속성과 사용자에 대한 전속성의 유무와 그 정도

⑦ 사회보장제도에 관한 법령에서 근로자로서 지위를 인정받는지 등의 경제적 · 사회적 여러 조건을 종합하여 판단하여야 한다.

기본급이나 고정급이 정하여졌는지, 근로소득세를 원천징수하였는지, 사회보장제도에 관하여 근로자로 인정받는지 등의 사정은 사용자가 경제

적으로 우월한 지위를 이용하여 임의로 정할 여지가 크다는 점에서 그러한 점들이 인정되지 않는다는 것만으로 근로자성을 쉽게 부정하여서는 안 된다.」

여기서 비중이 큰 순서로 보면;

출퇴근시각이나 휴가 등의 규제와 승인여부, 근무장소의 지정여부, 취업규칙 등 사규의 적용여부, 업무진행상황이나 결과의 보고와 결재여부, 고정급 설정여부, 업무수행도구(PC, 청소용품 등)의 제공여부, 자신의 계산으로 제3자 고용 여부, 근로계약서 또는 용역계약서(프리랜서계약서)체결여부, 사업자등록증 등록 여부, 근로소득세 및 4대보험 납부여부의 순이다.

그 외 업무수행 구역의 지정이나 유니폼, ID카드, 전산의 공유 등은 업무 속성에 따라 대체로 중립적인 판단요소다. 학습지교사나 신문구독자모집인 같은 경우 영업질서상 특정 지역을 지정할 수 있고, 업무신뢰도를 높이기 위해 유니폼을 공유할 수도 있기 때문이다. 그러나 다른 판단요소들에서 근로자성이 많을 때에는 중립적인 요소도 근로자성의 징표로 간주된다.

❷ 백화점 입점업체와 판매용역계약을 맺은 판매원을 근로자로 판단한 이유

📖 대법2015다59146, 2017.1.25.

「피고(백화점 입점 업체)는 백화점 판매원(원고)들과 판매용역계약을 체결하고 매출 실적에 따라 수수료를 지급하여 왔는바,

① 수수료 상한이 정해져 있고 매출이 부진해도 일정 수준의 보수를 받은 점

② 본사 직원들이 주기적으로 백화점 판매원들의 근무상황을 점검한 점
③ 피고가 내부 전산망을 통하여 백화점 판매원들에게 업무와 관련하여 출근시간 및 시차의 등록 공지, 아르바이트 근무현황표 제출 공지, 수선실 관련 공지, 상품의 로스, 반품, 가격, 할인행사 등 관련 공지, 재고 실사 관련 공지, 택배 관련 공지, 상품 DP 수량 조사(사장님 지시사항) 관련 공지 등 근태를 관리하거나 업무 관련 공지를 한 점
④ 피고는 백화점 판매원들의 '병가 및 출산휴가 현황표'도 작성해 보관하고 있었던 점
⑤ 백화점 판매원들은 피고의 취업규칙의 적용을 받지 못하고
⑥ 근로소득세가 아닌 사업소득세를 납부하였으며 4대 보험 등 사회보장 제도에서 근로자로서의 지위를 인정받지 못하고 있었는데, 이는 피고가 사용자로서 경제적으로 우월한 지위를 이용하여 임의로 정하였다고 볼 여지도 있는 점 등을 종합하여 볼 때,

원고들을 비롯한 백화점 판매원들은 피고와 판매용역계약을 체결하여 **그 계약의 형식이 위임계약처럼 되어 있지만,**

그 실질은 임금을 목적으로 종속적인 관계에서 피고에게 근로를 제공한 근로계약관계라고 봄이 상당하다. 따라서 원고들은 근로기준법상의 근로자에 해당한다.」

같은 백화점입점업체 판매원이라 해도 어떻게 운영되는지에 따라 사람마다 다름에 유의해야 한다.

❸ 스포츠센터 퍼스널트레이너를
근로자로 판단한 이유

서울중앙지법2016나83367, 2017.7.10.

「스포츠센터와 퍼스널트레이너가 용역계약을 맺었지만 다음과 같은 이유에서 퍼스널트레이너는 근로자에 해당한다.

① 원고(퍼스널트레이너)는 피고(스포츠센터)와 이 사건 계약을 체결하고 피고의 사업장에서 약 3년간 계속적으로 퍼스널트레이너로 종사함으로써 그 업무의 계속성이 유지되었다.

② 원고는 위 기간 동안 피고의 사업장에서 퍼스널트레이너로 종사하면서 피고로부터 **매월 고정적으로 활동경비 명목으로 돈을 지급**받았다.

③ 원고와 피고 사이에 체결된 이 사건 계약 명칭이 '용역계약서'로 되어 있기는 하나, 원고의 **근무 장소와 근무 시간은 물론 원고가 지도해야 할 상대방을 피고가 관리 지정**하였다. 또한 원고는 퍼스널 트레이닝 등 업무와 관련하여 피고의 지시에 따라야 했다.

④ 피고는 원고를 비롯한 퍼스널트레이너들의 **출퇴근, 근무시간, 근무일정 등 근태상황을 엄격하게 관리**하였다.

⑤ 원고는 이 사건 사업장에서 퍼스널트레이너로서의 역할 외에도 피고의 지시에 따라 신입트레이너의 교육 및 관리, 업무일지 작성, 사업장 청소 및 기구 관리, 비품관리 및 구매, 피고 명의의 프로모션 기획, 피고가 소집하는 간부회의 참석 및 회의록 작성 등의 업무를 처리하였다.

⑥ 피고는 원고를 비롯한 소속 트레이너들이 담당하는 퍼스널 트레이닝 프로그램의 가격 및 그 할인율 등을 정하여 적용하였음은 물론 매주 원고 등 퍼스널트레이너들의 매출 목표를 설정하기도 하였다. 원고는 피고에게 매주, 매월 단위로 피고의 매출현황을 집계하여 보고하기도 하였다.

⑦ 비록 피고가 원고를 비롯한 트레이너들로부터 근로소득세가 아닌 사업

소득세로 하여 원천징수하였고, 이들을 피고 소속 근로자로 하여 이른바 4대 보험에 가입시키지 않은 사정이 있다 하더라도, 이러한 사정은 이들을 채용한 피고가 경제적으로 우월한 지위를 이용하여 그 여부를 임의로 정했을 여지가 크다.」

❹ 오토바이 퀵서비스 배송기사를 근로자로 판단한 이유

 서울행법2006구단10552(2007.10.23.), 부산지법2005구단4261(2006.10.18.)

「① 배송업무에 사용하는 오토바이를 자신이 직접 소유하면서 자신의 비용만으로 유지·관리하였고

② 근로계약서 등을 작성한 바 없어 출근하지 않거나 배송지시 등을 따르지 않을 경우에도 정해진 제재수단이 없었으며

③ 근로소득세를 납부한 바도 없고 산업재해보상보험을 비롯한 이른바 4대 보험에도 가입되지 아니한 상태였기는 하나,

이러한 점들은 소규모 사업체를 운영함에 있어 그에 소요되는 비용을 절감하기 위한 목적에서 비롯된 것이거나 굳이 근로계약서 등을 작성할 필요를 느끼지 못한 데에서 기인한 것이라고 보이므로,

위와 같은 사정만으로 원고가 근로자가 아니라고 단정하기는 어려운 점 등을 종합하면,

원고는 전체적으로 보아 물품배송료 중 수수료 또는 일비 등을 공제한 금액에 상당하는 **임금을 받는 것을 목적으로 하여 종속적인 관계에서 오토바이 배송업무라는 근로를 제공함으로써** 노동관계법에 의한 보호를 받을 필요성이 있는 근로자에 해당한다.」

❺ 학습지교사를 근로자로 판단하지 않은 이유

대법2005다39136, 2005.11.24.
「학습지교사가 피고 회사로부터 위탁계약에 따른 최소한의 교육
등을 받을 의무가 있을 뿐,
① 위탁업무의 수행과정에서 업무의 내용이나 수행방법 및 업무수행시간
등에 관하여 피고 회사로부터 **구체적이고 직접적인 지휘·감독을 받고
있지 아니한 점**
② 학습지교사는 피고 회사의 정사원과는 달리 그 채용부터 출퇴근시간,
위탁관계의 종료에 이르기까지 그 제한이 거의 없고 **다른 곳의 취업에
도 특별한 제한이 없는 점**에 비추어 피고 회사에 전속되어 있다고 볼
수 없는 점
③ 학습지교사가 피고 회사로부터 지급받는 수수료 등은 그 위탁업무수행
을 위하여 학습지교사가 제공하는 근로의 내용이나 시간과는 관계없이
오로지 신규회원의 증가나 월회비의 등록에 따른 회비의 수금실적이라
는, 객관적으로 나타난 위탁업무의 이행실적에 따라서만 그 지급 여부
및 지급액이 결정되는 것이어서 **근로제공의 대가로서의 임금이라고 보
기 어려운 점** 등에 비추어 보면,
학습지교사는 피고 회사와 사이에 사용종속관계에서 임금을 목적으로
근로를 제공하는 근로자로 볼 수 없다.」

❻ 골프장 캐디를 근로자로 판단하지 않은 이유

대법2010두29284, 2014.2.27.
「골프장에서 일하는 캐디는,

① 골프장 시설운영자와 사이에 근로계약·고용계약 등의 노무공급계약을 전혀 체결하고 있지 않고

② 그 경기보조업무는 원래 골프장 측이 내장객에 대하여 당연히 제공하여야 하는 용역 제공이 아니어서 캐디에 의한 용역 제공이 골프장 시설운영에 있어서 필요불가결한 것이 아니며

③ 내장객의 경기보조업무를 수행한 대가로 내장객으로부터 직접 캐디 피(caddie fee)라는 명목으로 **봉사료만을 수령하고 있을 뿐 골프장 시설운용자로부터는 어떠한 금품도 지급받지 아니하고**

④ 골프장에서 용역을 제공함에 있어 그 순번의 정함은 있으나 **근로시간의 정함이 없어** 자신의 용역 제공을 마친 후에는 골프장 시설에서 이탈할 수 있고

⑤ 내장객의 감소 등으로 인하여 예정된 순번에 자신의 귀책사유 없이 용역 제공을 할 수 없게 되더라도 골프장 시설운용자가 캐디 피에 상응하는 금품이나 근로기준법 소정의 휴업수당을 전혀 지급하고 있지도 아니하며

⑥ 내장객에 대한 업무 수행과정에서 골프장 시설운용자로부터 **구체적이고 직접적인 지휘·감독을 받고 있지 않으며**

⑦ 근로소득세를 납부하고 있지 않는 등의 여러 사정을 종합하여 볼 때, 골프장 시설운영자에 대하여 사용종속 관계하에서 임금을 목적으로 근로를 제공하는 근로기준법 소정의 근로자로 볼 수 없다.」

❼ 학원생 차량운행기사를 근로자로 판단하지 않은 이유

 서울고법2012누1275, 2012.6.28.
「차량운행용역계약서를 작성한 후 계약내용대로

① 사업자등록을 하였고
② 근로자에게 적용되는 4대보험이 적용되지 않게 된 점
③ 매월 지입차량의 승차 정원, 연식, 운행거리 등에 따라 수수료를 차등하여 받은 점
④ 자신들의 계산으로 지입차량의 운송사업을 영위할 수 있었던 점
⑤ 지입차량을 **타 사업장을 위하여 운행**하고 그 대가를 받은 점
⑥ **출근부에 서명하지도 않았고** 학생들의 수송을 마치면 자유롭게 귀가한 점
⑦ 취업규칙을 적용받지도 않고 학원생들을 노선에 따라 수송하는 이외에는 별다른 제약을 받지 않은 점 등을 종합할 때
　근로기준법상 사용종속관계 하에서 임금을 목적으로 근로를 제공한 근로자에 해당한다고 보기 어렵다.」

❽ 지입차주를 근로자로 판단하지 않은 이유

 대법2012다57040, 2013.7.11.
「갑이 운수회사인 을 주식회사와,

① 갑의 화물트럭이지만 을 회사 명의로 등록 후 화물트럭에 관한 '위·수

탁 관리계약' 또는 '제품 운송용역 계약'을 체결하여[30]을 회사가 위탁받은 제품운송업무 중 일부를 수행하면서 용역비 명목으로 매월 일정액을 지급받아 온 바,

② 제반 사정에 비추어 갑은 일정한 자본을 투자하여 운송사업을 영위하는 **지입차주로서 지입회사인 을 회사와 별도의 운송용역계약을 체결하고 그에 따른 용역비**를 지급받은 것으로 봄이 타당하고

③ 갑이 상당기간 고정된 운송일정과 운송경로에 따라 특정 운송업무를 반복 수행하며 을 회사에서 일정한 금원을 지급받은 것은 위 운송용역계약의 내용과 특성에 따른 것일 뿐 그와 같은 사정만으로 갑이 을 회사에 대하여 종속적인 관계에서 임금을 목적으로 근로를 제공하는 근로기준법상 근로자에 해당한다고 볼 수 없다.」

❾ 배송기사를 근로자로 판단하지 않은 이유

서울행법2015구합76254, 2016.4.7.

「① 망인은 지입차주인 A로부터 이 사건 화물차량을 양수함으로써 실질적으로 A 등 다른 지입차주들과 동일하거나 유사한 지위에 있었던 것으로 보이는 점

② 지입차주들은 화물배송업무 수행에 요구되는 화물차량의 실제 소유자이자 독립한 사업자로서 그 화물차량에 대한 제세공과금 및 차량유지비를 모두 부담하고 자신들의 책임으로 차량관리를 하면서 화물배송업무를 수행하였고

③ 이 사건 사업주는 지입차주들에게 화물배송업무만 배정하였을 뿐 화물

---

30 지입차를 말한다.

차량의 관리 등에는 특별히 관여하거나 책임을 부담하지 않은 것으로 보이는 점

④ 지입차주들은 화물배송업무를 **자신이 직접 수행하거나 제3자를 고용하여 수행하거나 상관없이** 배정된 화물배송업무를 완료하기만 하면 약정된 금액의 돈을 지급받을 수 있었고

⑤ 만일 지입차주 개인의 사정으로 배정된 화물배송업무를 수행하지 못할 경우에는 다른 지입차량이 투입되고 그에 따라 그 부분에 상응하는 금액은 지급받지 못했던 것으로 보이는 점

⑥ 망인으로서는 배정된 화물배송업무만 제대로 수행하기만 하면, 그 업무 수행을 위한 운행경로의 선택, 출퇴근 시간 등에 관하여 이 사건 사업주로부터 별다른 간섭을 받지 않았고 퇴근 전에 특정한 장소에 근무하거나 대기할 필요 없이 퇴근할 수 있었던 점

⑦ 망인 등에 대하여 근로소득세가 원천징수되지 않았고, 사업주의 산재보험, 고용보험 등의 적용도 없었으며

⑧ 사업주의 **취업규칙, 복무규정, 인사규정 등의 규율을 받지 않았고**, 그로 인하여 통상의 근로계약에서 볼 수 있는 승진, 징계, 직급 등의 제도가 존재하지 않은 것으로 보이는 점

⑨ 차량위수탁계약서상 지입차주들은 사업주의 승인 없이 화물차량 및 그 관리권을 양수도 할 수 없고, 이를 어길 경우 계약 해지 사유가 발생하는 것으로 규정되어 있기는 하나 실제로는 지입차주들은 위 규정에도 불구하고 별다른 제한 없이 제3자에게 화물차량을 양도할 수 있었던 것으로 보이는 점

⑩ 망인은 매달 정액의 돈을 지급받은 것처럼 보이기는 하나, 이는 운송일정 및 운송경로 자체가 고정되어 있었던 데에 기인한 것으로 여겨지는 점

⑪ 망인의 휴무일은 거래처의 사정에 따라 정하여진 것으로 보이는 점

⑫ 차량위수탁계약서의 규정상 이 사건 사업주는 지입차주들에 대하여 차

량관리 상태를 통제하는 등의 제재를 가할 수는 있으나, 이는 모두 화물 배송이 정확하고 차질 없이 이루어지도록 하기 위한 것으로 보일 뿐 근로자에 대한 규율의 성격을 띤다고 보기는 어려운 점 등을 종합해보면,

망인은 이 사건 사업주에 대하여 임금을 목적으로 근로를 제공하는 근로기준법상의 근로자가 아니라 이 사건 사업주가 배정한 화물배송업무를 수행하고 그에 대한 용역비를 지급받기로 하는 개인사업자라고 봄이 타당하다.」

❿ 미술모델을 근로자로 판단하지 않은 이유

보험가입부-193, 2015.1.15.

「모델수업에 따라 시간과 장소에 구속받는 점 등 일부 근로자성이 인정될 요소도 있으나,

① 사용자가 모델의 업무수행을 구체적이고 직접적으로 지휘 · 감독했다고 보기 어려운 점

② 업무 내용이 사용자에 의해 정해지지 않는 점

③ 모델 업무수행 외에는 **시간적 구속을 받는 출퇴근시간 지정 등 사용자의 복무관리가 없는 점**

④ **기본급이나 고정급 없이** 수수료를 제외한 모델료를 지급받는 점

⑤ 고용보험 등 4대 보험에 가입돼 있지 않고 근로소득세를 납부한 사실이 없는 점 등을 볼 때 근로기준법상 근로자로 보기 어려울 것으로 사료됨.」

제14장

임원 인사관리

김 사장은 오너에게 채용되어 비등기 사장으로 취임하였다. 비등기이니 대표이사는 아니다. 3년간 재임하다가 퇴임했는데 오너가 퇴직금이나 연차휴가수당을 줄 생각을 하지 않는다.

김 사장 제 퇴직금하고 연차수당은 어떻게 되는거지요?
오너 사장님이 무슨 퇴직금이나 연차수당이 있습니까? 근로자가 아니라 사용잔데요. 퇴직금이나 연차수당은 근로자에게만 해당되는 겁니다.
김 사장 저는 직책만 사장이었지 등기임원도 아니니 근로자거든요. 비등기라고 해서 등기임원이 받는 퇴직금도 못 받고, 그렇다고 근로기준법의 근로자가 아니라고 해서 퇴직금도 없는 경우가 어디 있습니까? 오너이신 대표이사님한테 업무보고도 하고 결재도 받고 다 했는데 말입니다.
오너 사장이 근로자란 말은 처음 들어봅니다. 어쨌든 사용자셨으니까 퇴직금이나 연차수당은 없는 걸로 하겠습니다.

임원은 등기임원과 비등기임원으로 나뉜다. 임원이 근로기준법상 사용자인지 근로자인지 판단할 때 등기의 여부는 핵심요소는 아니다. 물론 등기가 되어 있으면 일단 사용자로, 안 돼 있으면 일단 근로자로 간주하지만 앞 장의 근로자와 개인사업자의 분류처럼 그 실질에 따라 판단한다.

임원에 대한 분쟁의 대부분은 퇴직금, 연차휴가 수당 등 돈 관련된 사안과 해임(해고)에서 기인한다. 이 역시 법원이나 노동청에서 제시하는 판단기준에 따라 종합적이고도 면밀하게 판단해야 한다.

주식회사의 이사(임원)는 주주총회에서 선임하고 그 등기를 해야 한다. 이러한 절차에 따라 선임된 이사는 이사회의 구성원으로서 회사 업무집행의 의사결정에 참여하는 등 상법에서 정한 권한을 행사할 수 있다. 회사로부터 위임을 받아 일정한 사무도 처리할 수 있다.

따라서 이사가 상법상 정해진 이사로서의 업무를 실질적으로 수행하고, 회사의 경영을 위한 업무를 함께 담당하는 경우에는 근로를 제공하는 것이 아니라 회사로부터 위임받은 사무를 처리하는 것으로 본다.[31]

상법 제382조(이사의 선임, 회사와의 관계)
「① 이사는 주주총회에서 선임한다.
② 회사와 이사의 관계는 민법의 위임에 관한 규정을 준용한다.」

민법상 위임이란 근로계약이 아닌 위탁(용역)과 같은 업무위임계약을 말한다.

민법 제680조(위임의 의의)
「위임은 당사자 일방이 상대방에 대하여 사무의 처리를 위탁하고 상대방이 이를 승낙함으로써 그 효력이 생긴다.」

---

31 대법2013다215225, 2015.4.23.

❶ 부장 퇴직처리 후 임원 입사절차는 주로 대기업에서 맘 놓고 할 수 있는 제도다

기업의 인사제도는 거의 다 10대 그룹이 주도한다. 임원제도도 마찬가지다. 대기업은 임원 위촉 시 사원신분을 퇴직처리하고 임원으로 신규입사를 잡는다.

이는 임원재직후 퇴직할 때 퇴직금액수와 연차휴가수당을 둘러싼 분쟁을 태생적으로 갖게 한다. 퇴직금은 물론 DC면 깔끔하지만 연차휴가수당과 정년 60세 이전의 해임(해고)문제는 여전히 큰 이슈다.

퇴직금분쟁이란 임원으로 최종 퇴직 시 최초 사원입사시절부터 최종퇴직시까지의 퇴직금에서 임원승진 때 받은 퇴직금을 공제한 차액 분을 말한다.

연차휴가분쟁은 임원발령후 신입사원처럼 새로 기산되거나 연차휴가를 아예 없앰으로써, 줄어든 근속가산휴가 또는 덜 받았던 휴가개수에 대한 것이다.

대기업에서는 이 임원위촉 후 1년 만에 해임하거나 10여년 후 해임하더라도 달리 법적 분쟁이 생기지 않는다. 돈이 따라주기 때문이다. 임원재직기간에 따라 퇴직금 누진제가 있을 뿐만 아니라 임원 해임후에는 일정기간(최소 1년 이상) 매달 고문료조로 보수를 지급하기 때문이다. 물론 출근할 의무는 없다. 고문보수가 있기 때문에 달리 법적 분쟁을 일으키지 않으며(명예도 존중하는 것도 있다), 퇴직금이나 연차수당에서 손해가 있었어도 그 이상 보전되기에, 부당해임(부당해고)됐다 하더라도 고문보수로 심적, 물적으로 보상이 된다.

중소기업에서 이렇게 하기는 쉽지 않고 이렇게 하는 데도 거의 없다. 부장 퇴직처리 후 임원 신규입사처리하는 외형만 도입하는 경우가 대부분이기에 해임 후 분쟁이 있을 수 있음을 미리 염두에 두어야 한다.

임원, 특히 비등기임원의 4대보험중 고용 · 산재보험도 중요 실무 중의 하나다.

❷ 등기와 비등기는 중요한 판단요소 중의 하나

등기가 되면 일단 사용자로 간주하지만 실질을 보니 형식만 등기일 뿐 사원과 다름없이 일하면 근로기준법상 근로자가 된다.

비등기면 일단 근로자로 간주하지만 등기임원에 준하는 권한과 책임이 있다면 사용자로 간주된다. **등기임원과 동등한 정도의 업무집행권, 이사회 참석권이나 발언권(의결권은 없지만), 예산수립 및 집행권한, 산하 인력의 채용, 평가, 승진급, 상별의 전결권한 등**이다.

다만 등기임원을 근로자로, 비등기임원을 사용자로 간주하기 위한 입증책임은 주장하는 자에게 있는데 그 과정이 쉽지 않을 뿐이다.

근로기준법에서는 사용자를 "사업주 또는 사업 경영담당자, 그 밖에 근로자에 관한 사항에 대하여 사업주를 위하여 행위하는 자"로 정의하고 있다. 이 조항은 사용자신분(대표 비서, 인사 · 총무 · 회계부서원, 대표 운전기사, 임원이나 팀장 등 조직책임자)을 포괄하는 개념이다. 근로자냐 사용자냐를 따질 때에는 원론적인 조항에 불과하다. 이하에서 필자가 엄선한 사례들을 보면 판단력과 분석력이 제고될 것으로 생각한다.

❸ 대법원 판례에서의 일반적 판단기준

근로기준법상 '근로자'란 임금을 목적으로 사용종속관계 하에서 근로를 제공하는 자다.

근로자인지 여부는 계약의 형식과 관계없다. 실질이 임금을 목적으로 종속적 관계에서 사용자에게 근로를 제공하는지 여부에 따라 판단한다.

대법원의 기본입장은 등기이사의 경우 회사로부터 일정한 사무처리의 위임을 받았으므로(위임계약) 일단 근로자로 보지 않는데서 출발한다.[32]

민법상 법인 이사의 임면에 관한 사항은 정관기재사항이고 법인등기부에도 명시해야 한다. 이는 업무대표권과 업무집행권을 공적으로 증명하고 제3자에게 알리기 위한 것으로써 **근로기준법상의 근로자로 볼 수 없는 유력한 증거가** 되기 때문이다.

하지만 등기이사라도 그 지위 또는 명칭이 형식적·명목적인 것이고 실제로는 업무집행권을 갖는 대표이사나 사용자의 지휘·감독 아래 일정한 근로를 제공하면서 그 대가로 보수를 받으면 근로기준법상의 근로자에 해당한다고도 본다.[33]

대법원은 **등기이사의 경우에는 회사로부터 일정한 사무처리의 위임을 받고 있으므로 사용자의 지휘·감독 아래 일정한 근로를 제공하고 소정의 임금을 받는 고용관계에 있는 것이 아니라고** 보는 것이다.(대법원 2001.2.23 선고, 2000다61312 판결).

집행임원의 경우 우리나라 대법원은 일단 근로자로 간주하고 시작한다.[34] 실질적으로 등기이사와 동등한 권한을 갖고 있지 않다고 보기 때문이다.[35]

감사의 경우는 대표이사와 사용종속관계 없이 법인의 회계상태 등을 점검하는 업무를 한다. 일반 임원보다 더 법인과 위임관계에 있는 것이 일반적이다. 하지만 주주총회에서 감사를 임명할 때 임기를 부여했는지, 감사

---

32 대법2000다61312, 2001.2.23.외
33 대법97다44393,1997.12.23. 대법2000다22591, 2000.9.8. 외
34 대법2005두524, 2005.5.27.
35 대법2002다6468, 2003.6.26.

업무 외에 다른 업무를 겸하게 하는지 구체적인 사실관계에 따라 근로자 여부를 판단해야 한다.

④ 대표이사도 근로자로 간주될 때가 있다

 대법99조2910, 2000.1.8.
　　「주식회사의 대표이사는 대외적으로는 회사를 대표하고 대내적으로는 회사의 업무를 집행할 권한을 가지는 것이므로,

　특별한 사정이 없는 한 근로기준법 제15조 소정의 사업경영담당자로서 사용자에 해당한다고 할 것이나,

　탈법적인 목적을 위하여 특정인을 **명목상으로만 대표이사로 등기하여 두고** 그를 회사의 모든 업무집행에서 배제하여 실질적으로 아무런 업무를 집행하지 아니하는 경우에 그 대표이사는 사업주로부터 사업경영의 전부 또는 일부에 대하여 포괄적인 위임을 받고 대외적으로 사업주를 대표하거나 대리하는 자라고 할 수 없으므로 사업경영담당자인 사용자라고 볼 수 없다.」

　대표이사뿐만 아니라 어떤 등기임원(이사, 감사 등)도 형식적인 등기라는 것만 입증되면 근로자로 판정된다.

⑤ 등기이사도 근로자로 간주될 때가 있다

 대법97도 813, 1997.11.11.[36]
　　「근로기준법의 적용을 받는 근로자란 사용자로부터 근로의 대가

---

36 같은 취지: 대법91누11490(1992.5.12.), 대법96다33037(1997.10.24.) 등

를 받고 사용자에게 근로를 제공하는 자를 말하는 것이므로,

회사의 이사 등이 회사로부터 위임받은 사무를 처리하는 이외에 사장 등의 지휘·감독 하에 일정한 노무를 담당하고 그 대가로 일정한 보수를 지급받아 왔다면 근로기준법상의 근로자라고 볼 수 있으므로, **회사의 이사직에 있었다는 이유만으로 근로자가 아니라고 단정할 수는 없다.」**

❻ 등기이사를 사용자로 판단한 사례

대법2013다215225, 2015.4.23.

「원고는 피고 회사의 상법상 이사로서 이사회 등을 통하여 회사의 업무집행에 관한 주요 의사결정에 참가하는 한편,

일정한 범위의 사업경영에 관한 업무를 위임받아 처리하여 왔으며,

정관에서 정한 대로 **이사회 결의에 기초한 이사로서의 보수를 받는 등 근로자인 일반 사원과는 확연하게 차별화된 처우를 받았다고 할 수 있고,**

비록 원고가 업무를 담당하는 과정에서 **대표이사로부터 지시를 받는 경우가 있었다고 하더라도 원고의 등기 이사로서의 명칭이나 직위가 형식적·명목적인 것에 불과하다거나 원고가 담당한 전체 업무의 실질이 위임 사무를 처리하는 것이 아니라 임금을 목적으로 종속적인 관계에서 일정한 근로를 제공함에 그친다고 할 수 없다.」**

❼ 비등기이사는 대체로 근로자다

필자의 경험으로 볼 때 노동청 등에서의 분쟁 시 비등기이사는 90%가 근로자, 등기이사는 90%가 사용자로 간주된다. 비등기이사면 직책이 사

장·부사장·공장장이었더라도 고용·산재보험 가입대상이 되며 비자발적 퇴직·정년퇴직·취임계약기간종료 등 때에는 실업급여도 수령할 수 있다.

보통 회사에선 등기임원보다 비등기임원이 더 많다. 직함, 호칭 등만 이사, 상무, 전무, 부사장일 뿐이다. 주주총회에서 선임된 이사가 대체로 근로기준법상 사용자다. 다음의 판결을 유심히 봐 주기 바란다.

대법2002다64681, 2003.9.26.

「1. 상법상 이사와 감사는 주주총회의 선임 결의를 거쳐 임명하고 그 등기를 해야 한다. 이사와 감사의 법정권한은 위와 같이 적법하게 선임된 이사와 감사만이 행사할 수 있다. 그러한 **선임절차를 거치지 않은 채 회사로부터 이사라는 직함을 형식적·명목적으로 부여받은 것에 불과한 자는 상법상 이사로서의 직무권한을 행사할 수 없다.**

2. 주식회사의 이사, 감사 등 임원은 회사로부터 일정한 사무처리의 위임을 받고 있는 것이다. 사용자의 지휘·감독 아래 일정한 근로를 제공하고 소정의 임금을 받는 **고용관계에 있는 것이 아니다.** 일정한 보수를 받는 경우에도 이를 **근로기준법 소정의 임금이라 할 수 없다.** 회사규정에 의하여 이사 등 임원에게 퇴직금을 지급하는 경우에도 **근로기준법 소정의 퇴직금이 아니라 재직중의 직무집행에 대한 대가로 지급되는 보수에** 불과하다.

3. 근로기준법의 적용을 받는 근로자에 해당하는지 여부는 계약의 형식에 관계없이 그 실질에 있어서 임금을 목적으로 종속적 관계에서 사용자에게 근로를 제공하였는지 여부에 따라 판단하여야 한다. 회사의 이사 또는 감사 등 임원이라고 하더라도 그 지위 또는 명칭이 형식적·명목적인 것이고 실제로는 매일 출근하여 업무집행권을 갖는 대표이사나 사용자의 지휘·감독 아래 일정한 근로를 제공하면서 그 대가로 보수를 받

는 관계에 있다거나, **회사로부터 위임받은 사무를 처리하는 외에 대표이사 등의 지휘 · 감독 아래 일정한 노무를 담당하고 그 대가로 일정한 보수를 지급받아 왔다면 근로기준법상의 근로자에 해당**한다.」

❽ 공장장 근무 중 이사 승진했지만 근로자에 해당

대법2000다22591, 2000.9.8.

「근로기준법의 적용을 받는 근로자에 해당하는지 여부는 계약의 형식에 관계없이 그 실질에 있어서 임금을 목적으로 종속적인 관계에서 사용자에게 근로를 제공하였는지 여부에 따라 판단해야 한다.

회사의 이사라 하더라도 회사로부터 위임받은 사무를 처리하는 외에 사장 등의 지휘 · 감독하에 일정한 노무를 담당하고 그 대가로 일정한 보수를 지급받는 관계에 있었다면 근로기준법상 근로자에 해당한다.

회사의 공장장으로 근무하던 중 이사대우로 승진하였는데 승진 후에도 매일 그 공장에 출근하여 종전부터 하여 온 공장장으로서의 업무를 처리하면서 그 대가로 일정한 보수를 받은 경우, 근로기준법상의 근로자에 해당한다.」

❾ 임원으로 퇴직 시 전체 근속기간을 대상으로 퇴직금, 연차수당 등 재산정

임원 승진할 때 직원신분을 퇴직처리하면서 퇴직금을 지급하고, 4대보험도 상실 · 취득 했더라도 임원이 근로기준법상 근로자로 간주되면 기 지급한 퇴직금은 유효한 퇴직금 지급이 될 수 없다. 퇴직원을 내고 임원위촉계약서를 체결했더라도 자발적인 퇴직이 아니라 회사의 인사발령에 의한 퇴직이기 때문이다. 회사 행정상 요식행위에 불과한 것이다.

임원으로 퇴직할 때, 퇴직일 기준의 임원연봉으로 계산한 퇴직금에서, 임원 승진 시 지급된 퇴직금을 차감한 금액을 지급해야 한다.

연차휴가 또한 계속근무로 간주하여 발생한 연차휴가 개수가, 임원승진하여 새로 계산된 개수보다 더 많다면 추가로 지급해야 한다.

중소기업에서는 이러한 분쟁이 생각보다 많다. 임원 승진했어도 연봉인상이나 차량제공 등 특별한 혜택은 별로 없었던 데다, 퇴임 후에도 별다른 보수(고문보수 등)등이 없기 때문에 임원승진으로 오히려 손해를 봤다고 생각하기 때문이다.

❿ 임원의 4대보험, 비상근임원(고문)의 4대보험

등기임원은 사용자로써 4대보험중 고용·산재보험은 적용되지 않는다. 대표이사가 고용·산재보험을 가입할 수 없는 것과 같다.

비등기임원은 일단 근로자로 보므로 4대보험 모두 적용된다.

퇴임 후 비상근 하는 비등기임원(고문)의 경우 실제 업무를 하는 것이 아니므로 매월 보수를 지급받아도 4대보험 모두 적용되지 않는다. 근로자가 아닌데다 급여소득이 아니기 때문이다. 고문료는 급여소득이 아니라 세법상 기타소득이다. 다만 가끔 출근하여 회의도 참석하고 업무도 본다면 근로대가로 볼 여지도 있다.

그러나 실무에서는 근로소득으로 세무신고하면서 4대보험 모두 취득처리하기도 하는데 이는 융통성 있는 처리일 뿐, 엄밀히 따지면 직장 4대보험 대상이 되는 건 아니다. 근로자라는 전제하에 건강보험 월60시간 이상, 국민연금 월60시간 이상 또는 월8일 이상 등의 조건이 충족되고 1개월 이상 생계를 위해 근로할 때 4대보험 모두 해당된다.

그래서 근로복지공단은 임원이나 비상근고문이 진짜 근로자인지 확인하기 위해 사업주를 상대로 문답서로 확인하곤 한다.

문답서 질문(발췌)

본 문답서는 귀 사업장의 간부 및 임원(주식회사의 이사 등)의 경우 고용보험 피보험자격을 갖는 근로자인지 여부를 확인하기 위한 것입니다. 고용보험 피보험자란 고용보험 적용사업에 고용되는 근로자이며 근로자란 임금을 목적으로 근로를 제공하는 자를 의미합니다. 다음 질문들에 정확히 답변해 주시기 바랍니다.

○ 귀사의 등기임원을 적어주세요.
○ 해당근무자와 별도의 근로계약을 맺었습니까? 그렇다면 근로계약 내용을 적어주세요.
○ 해당근무자의 업무내용이 누구에 의해 정해지는지 기재해 주십시오.
○ 해당근무자의 수행업무 및 대내외적 직책은 무엇입니까?
○ 해당근무자의 1일 소정근로시간과 실제 근로일 및 근로시간(출퇴근시간, 휴게시간)을 적어 주십시오.
○ 해당근무자의 근무장소, 출장시 출장방법 및 지각, 결근시 제재방법에 대해 기재해주십시오.
○ 해당근무자의 임금액은 얼마이며 임금산정방법은 어떠한지 기대해주십시오.
○ 해당근무자의 근로소득세를 원천징수하였습니까?

제15장

5대 법정교육

근로감독관이 근로감독을 나왔다.

감독관 작년에 실시한 성희롱예방교육대장 한번 봅시다.
인사담당자 여기 있습니다. 작년 11월 5일에 실시하면서 노동부사이트의 동영상도 시청하게 했습니다. 강사는 인사팀장님이 했습니다.
감독관 (교육대장에 직원들이 서명한 것과 교육자료를 보면서)동영상만 틀어 주시고 직장내성희롱을 했을 때 어떻게 인사조치되는지에 대해서는 설명을 안하셨네요. 대표이사님이 교육을 받으셨다는 싸인도 없고요.
인사담당자 노동부가 제공하는 동영상만 틀어주면 되는 거 아닌가요. 그리고 대표이사님이 교육의 최종 주관자이시고 결재권자신데 직원들이랑 같이 앉아서 교육을 받아야 한다니요?

5대 법정의무교육이란 직장내 성희롱예방교육, 개인정보보호교육, 퇴직연금교육, 장애인 인식개선교육과 산업안전보건교육을 말한다.

5대 법정의무교육

	법정 교육명	교육대상	실기주기/시간/강사/교재	미실시 시 벌칙
①	직장내성희롱 예방교육	전 임직원 (대표 포함)	년1회/약60분/사내강사/노동부(①,②),여성가족부(①) 행정안전부(③)의 교안과 동영상 및 회사의 방침(징계절차 포함)	500만원 이하 과태료
②	장애인 인식개선교육	전 임직원		300만원 이하 과태료
③	개인정보 보호교육	개인정보 취급자		미실시에 대한 처벌은 없지만 미실시한 상태에서 개인정보유출시 과태료 최고 5억원
④	퇴직연금 교육	퇴직연금에 가입한 전임직원 (연금미도입시 교육 불필요)	퇴직연금교육은 가입한 금융기관의 담당자가 실시하면 편리	1천만원 이하 과태료
⑤	산업안전 보건교육	현장직원 (내근 사무직원은 제외)	• 강사: 현장책임자or안전 대행기관 • 교재: 산업안전공단의 교안 및 당사의 유해위험한 사항 등 주지 • 시간:아래 제5 참조	500만원 이하 과태료

❶ 직장내성희롱예방교육

❶-1 교육내용, 온라인 교육, 이메일교육, 우편 발송교육 및 내부강사

연1회 이상 의무다. 교육시간은 법으로 정한 건 없지만 고용노동부는 50~60분을 권장한다.

교육 내용에는 직장내성희롱에 관한 법령, 해당 사업장의 직장내성희롱 발생 시의 처리 절차와 조치 기준, 해당 사업장의 직장내성희롱 피해 근로자의 고충상담 및 구제 절차, 그 밖에 직장내성희롱 예방에 필요한 사항 등이 반드시 들어가야 한다. 사내강사로도 가능하다. 전 임직원은 물론 **사업주도 반드시 수강해야 한다.**

집체교육이 원칙이지만 직원연수 때나 조회, 회의 때도 가능하다. 오프라인이나 온라인 교육을 병행하는 것도 가능하다. 노동부나 여성가족부에서 제공하는 동영상자료도 많이 활용한다. 10인 미만 회사나 근로자 모두가 여성 또는 남성으로만 구성된 경우 집체교육대신 교육자료나 홍보물을 게시 또는 배포하는 것도 유효하다.(시행령 제3조 제4항). **온라인 교육은 다음의 요건을 구비했을 때만 인정된다.**

> 여정68247-392, 2001.9.3.
> 「온라인의 성희롱예방교육을 할 때에는 구성단위별 진도 체크, 교육내용에 대한 테스트(확인), 궁금증에 대한 질의 · 응답 등 피교육자에게 교육내용이 제대로 전달되었는지 여부를 확인할 수 있는 기능이 구비되어야 하며, 단순히 개인별 메일 서비스나 게시판에 공지하는 등의 방법과 같이 피교육자에게 교육내용이 제대로 전달되었는지 여부를 확인할 수 없는 경우에는 동 법상의 교육으로 인정할 수 없다.」

남녀고용평등법 시행령 제3조(직장내 성희롱예방교육)

「② 제1항에 따른 예방 교육에는 다음 각 호의 내용이 포함되어야 한다.

1. 직장 내 성희롱에 관한 법령
2. 해당 사업장의 직장 내 성희롱 발생 시의 처리 절차와 조치 기준
3. 해당 사업장의 직장 내 성희롱 피해 근로자의 고충상담 및 구제 절차
4. 그 밖에 직장 내 성희롱 예방에 필요한 사항

③ 제1항에 따른 예방 교육은 사업의 규모나 특성 등을 고려하여 직원연수·조회·회의, 인터넷 등 정보통신망을 이용한 사이버 교육 등을 통하여 실시할 수 있다. 다만, 단순히 교육자료 등을 배포·게시하거나 전자우편을 보내거나 게시판에 공지하는 데 그치는 등 근로자에게 교육내용이 제대로 전달되었는지 확인하기 곤란한 경우에는 예방교육을 한 것으로 보지 아니한다.」

이메일배포나 휴직중인 자가 집에 있다고 해서 우편으로 교재를 발송하는 것은 교육으로 보지 않는다.

여성고용과-3513, 2009.11.18.

「단순히 교육자료 등을 배포·게시하거나 전자우편을 보내거나 게시판에 공지하는 데 그치는 등 근로자에게 교육내용이 제대로 전달되었는지 확인하기 곤란한 경우에는 예방교육을 한 것으로 볼 수 없다.」

근여68240-223, 1999.6.21.

「전자게시판 및 전자메일을 통한 교육은 집체교육으로 볼 수 없을 뿐만 아니라 근로자 개개인이 동 내용을 열람하였음을 확인할 방법이 없으므로 적법한 교육방법이라 할 수 없다.」

회사가 근로자직업능력개발법 제24조에 따라 인정받은 훈련과정[37] 중 시행령 제3조의 내용이 포함되어 있는 훈련과정을 이수하게 한 때에는 직장내 성희롱예방교육을 실시한 것으로 본다.

사내의 자체강사가 실시해도 된다. 교육의 효과성을 제고하기 위해 가능하면 부서장급 이상자를 권장한다.(여성고용과—557, 2010.2.12.).(사외 위탁교육도 가능한데 교육기관은 고용노동부로부터 지정받은 기관이어야 한다.)

성희롱예방교육만 하기 위해 소집하기보다는 다른 교육, 산업안전교육이나 회사내 다른 일반교육을 할 때 병행하면 효율적이다.

여성고용팀—60, 2018.1.
「성희롱 예방교육 방법은 직원연수, 조회, 회의 등 교육내용을 효과적으로 전달할 수 있는 차원에서 사업장 사정에 따라 선택할 수 있고 사업장내 **안전교육 또는 다른 일반교육과 함께 병행하여 시행하는 것도 가능하다.」**

❶-2 연1회 교육당시 출장자와 교육 후 신규입사자 등

연1회 교육당시 출장이나 휴가, 단기휴직 등의 불참자는 따로 교육을 실시해야 한다. 실시하지 않을 경우 사용자의 귀책사유로 보아 과태료 대상이다. 휴직자에 대해서는 명확한 지침은 없지만 회계연도기간 1년 전체를 휴직한 게 아닌 이상 복귀 전후에 실시해야 한다. 교육의무는 '연1회'가

---

37 고용노동부로부터 사내교육훈련기관을 인증 받고 자사 임직원을 교육시키는 제도를 말한다.

아닌 '연1회 이상'이기 때문이다.

교육 후의 신규입사자는 다음 회계연도 교육 때 실시하면 될 것으로 본다. 최근에는 입사할 때 신입사원교육 시에 같이 하는 경우도 많은데 완벽한 방법이다.

여성고용정책과-1446, 2011.7.1.
「일부 부서 또는 일부 계층이 모두 참여하지 않았거나 **교육당일 출장자에 대한 교육기회 미부여 등은 사업주 귀책에 의한 것**으로써 그들을 대상으로 별도의 교육을 실시하여야 한다.

다만 전 근로자에게 교육 기회를 부여하였음에도 근로자의 불성실 등 사업주의 귀책사유가 아닌 이유로 참석하지 못한 경우까지 사업주에게 교육의무를 부과하는 것으로 볼 수 없으나, 온라인으로 실시하는 경우에는 교육기간 동안 교육이수 여부를 체크하여 교육을 이수하도록 해야 한다.」

❶-3 연도 중에 설립된 회사의 성희롱예방교육

연1회 이상에서 연은 회계연도(1/1~12/31)를 의미한다. 회사의 설립일로부터 1년이 아니다. **연말경에 설립했어도 그 해에 실시할 의무가 있다.**

여성고용과-927, 2008.12.15.
「직장내 성희롱예방교육은 연1회 이상인 바, 이때의 "연"은 당해 사업주의 사업개시일부터 기산하는 것이 아니라 회계연도 단위인 1월 1일부터 12월 31일까지로 해석함. 따라서 금년 내에 직장내 성희롱예방교육을 실시하여야 함.」

❶-4 교육결과의 노동청 보고의무 여부

교육실시결과는 노동청에의 보고대상이 아니다. 교육일시, 장소, 대상자, 교육방법(집체 또는 온라인, 강사 등)과 교육내용 등을 기록으로 남겨놓으면 된다. 근로감독 때 제시해야 하며 직장내성희롱 등으로 노동청에 민원 제기 시 회사가 성희롱예방에 최선을 다했는지의 증거로 활용된다.

성희롱예방교육대장 예시

직장내 성희롱예방교육 일지 (교육대상: 전 임직원(대표이사 포함))						
교육일시	20 . . . (: ~ :)		교육장소			
강사			참석인원			
교육내용	직장내 성희롱관련 법규정 및 직장내 성희롱 사례 성희롱 발생 시 처리절차 및 조치기준 피해 근로자의 고충상담 및 구제절차 등(첨부)					
참석자						
	부서	성명	서명		부서	성명	서명
1				2			
3				4			
5				6			
7				8			
9				10			
11				12			

상시근로자 10인 미만인 경우는 교육자료나 홍보물을 게시하거나 배포하는 방법으로도 가능하다.(남녀고용평등법 시행령 제3조). 이때도 상기의 교육일지(또는 배포일지) 작성을 권장한다.

❶-5 파견근로자와 출장파견자에 대한 교육의무 주체

파견은 두 가지의 용도로 쓰이는 용어다. 근로자파견법에 의한 파견근로자와 계열사나 모(또는 자)회사에 파견근무시킨다고 할 때의 파견이다.

　근로자파견법에 의한 **파견근로자는 사용사업주가 성희롱예방교육을 시킬 의무가 있다. 사용사업주가 실질적으로 지휘감독을 하기 때문이다.**

　남녀고용평등법 제34조(파견근로에 대한 적용)
　「파견근로자보호 등에 관한 법률'에 따라 파견근로가 이루어지는 사업장에 성희롱예방교육을 할 때에는 '파견근로자보호 등에 관한 법률' 제2조제4호에 따른 사용사업주를 이 법에 따른 사업주로 본다.」

　근로자파견법에 의한 파견이 아닌 계열사 간, 모자회사 간 또는 이해관계가 있는 회사 간에 파견을 보내 일을 하게 하는 경우가 있다. 출장파견이라고도 한다. 이때는 근로계약을 맺고 있는 사용자가 성희롱예방교육의 주체가 된다. 근무장소만 파견지일 뿐이고, 파견 받은 회사가 일부 지휘감독권을 행사하더라도 이 근로자에 대한 본질적인 인사권이나 지휘감독권은 파견을 보낸 회사에 있기 때문이다.

❶-6 직장내성희롱예방교육 가이드 (여성고용정책과, 2018.6.6.)

고용노동부가 권장하는 교육진행방식은 다음과 같다.

순서	교육내용	진행자	시간
도입	− 교육의 목적 및 성희롱에 대한 회사의 방침 설명 − 남녀고용평등 및 일가정양립 제도 개요	사업주 (또는 인사책임자)	10분
직장내 성희롱 예방제도 설명	− 직장내성희롱의 개념, 예방 및 대응 절차	동영상 (또는 외부강사)	30분
사내 규정 및 처리절차 상세 설명	− 사내규정 및 처리절차 (피해자보호, 행위자 징계조치 등) − 고충상담 및 구제절차 설명	인사책임자	10분
질의 응답 및 토의	− 질의응답 및 토의	사업주 (또는 인사책임자)	10분

고용노동부는 교육의 내용을 다음과 같이 권장한다.

순서	교육사항	상세 교육내용
도입	교육의 목적	− 성희롱이 발생한 경우 성희롱 피해자의 피해는 물론, 행위자 징계, 기업 이미지 훼손, 직장문화 훼손 등 기업에 미치는 악 영향이 큼. − 사례를 통해 성희롱 사건 해결의 어려움을 공유하고 성희롱'예방'이 중요함을 인식시킴
	성희롱에 대한 회사방침 설명	− 회사 경영진이 성희롱에 관대한 조직에서 성희롱 발생율이 높음. − 사업주가 성희롱 예방 및 근절은 회사의 중요하고 엄격한 방침임을 강조

순서	교육사항	상세 교육내용
도입	성희롱 특징	– 성희롱의 특징(개인 간의 문제가 아니라 조직 문제라는 점, 사업주에게 예방의 책임이 있다는 점, 권력 관계의 문제로서 대처가 어렵고 재발가능성이 높다는 점)을 다룸으로써 교육 효과를 높일 수 있음. – 특히 성희롱 예방은 이러한 특징으로 관리자의 역할이 매우 중요하다는 점을 강조
	조직문화 진단	– 성평등한 조직일수록 성희롱에 민감함. 조직문화에 대한 공유도 성희롱 예방의 방안
직장 내 성희롱 예방제도 설명	성희롱 개념	– 「남녀고용평등과 일·가정양립 지원에 관한 법률」의 성희롱의 정의 설명
	성희롱의 성립요건 및 판단기준	– 직장 내 지위 이용 또는 업무 관련성, 성적 언동, 성적 굴욕감 및 혐오감 또는 고용상 불이익 등 성립요건 설명 – 성희롱의 판단기준 설명(합리적 피해자 관점, 성인지 관점) – 기업에서 성희롱에 대한 지식이 부족한 경우 고용노동부 매뉴얼 및 동영상을 활용하여 개념 및 성희롱의 판단 기준에 대하여 이해할 수 있도록 함
	성희롱의 유형 및 사례, 성희롱의 발생원인	– 성희롱 유형은 실제 사례를 통해 성희롱의 발생원인과 연관 하여 설명함으로써 실제 어떤 행위가 성희롱인지 여부를 확실히 이해시킬 수 있음. – 발생원인을 설명함으로써 성희롱을 하지 않을 수 있는 사고 방식과 행위규범을 교육할 수 있음. – 성희롱 사례는 실제 회사에서 발생한 사례나 기업에서 발생할 수 있는 사례 중심으로 소개하는 것이 성희롱 예방에 효과적임(국가인권위원회의 성희롱 시정권고 사례집 참조)

순서	교육사항	상세 교육내용
직장 내 성희롱 예방제도 설명	성희롱 예방 및 처리에 관한 법률 설명	− 「남녀고용평등과 일·가정양립 지원에 관한 법률」상 성희롱 예방 및 처리에 관한 규정 설명 − 대부분 사업주의 의무로 구성되어 있으므로 사업주와 관리자의 성희롱 예방 및 처리의 책임을 이해시키고 성희롱 예방의 중요성을 공유
	지위와 역할에 따른 책임과 행동규범 이해	− 관리자의 경우 성희롱 예방과 피해자 보호에 책임이 있다는 점을 강조 − 회식, 야유회 등 회사의 공식적인 자리에서 발생하는 성희롱은 제3자의 역할에 따라 예방될 수 있음. 피해자나 행위자가 아니라 제3자의 입장에서 성희롱 예방을 위한 행동을 강조하는 것도 중요 − 기업이 성희롱 피해자를 보호하는 정책을 강조하면 성희롱 피해자가 명시적인 거절에 대한 두려움을 줄일 수 있음 − 성희롱은 피해자의 관점을 이해하고 피해자를 보호하는 것이 가장 중요 − 동료 근로자는 피해자에 대한 소문 유포 행위, 괴롭힘 등 2차 가해 행위가 안 된다는 점을 강조
사내 규정 및 처리절차 상세 설명	직장내성희롱의 영향	− 피해자가 입는 성희롱의 영향, 행위자의 징계 가능성, 회사의 피해와 관련하여 다양한 사례를 통하여 성희롱에 대한 경각심을 갖도록 구성
	사내 처리의 목적 및 사내 규정 설명	− 사내 처리의 목적이 피해자 권리 회복 및 조직문화 개선이 목적임을 분명히 설명함 − 사내 성희롱 관련 규정이 있다는 것을 확실히 주지시켜야 함.

순서	교육사항	상세 교육내용
사내 규정 및 처리절차 상세 설명	대처요령 (피해자, 행위자, 제3자)	– 사내 규정에 의해 각 조직구성원이 해야 할 행위 규범이 있다는 점을 분명히 주지시킴
	고충상담 및 구제절차	– 피해자 고충 상담 및 구제절차와 관련하여 피해자 보호에 충분한지를 자체 점검 – 피해자가 본 제도를 실제 활용할 수 있도록 담당자, 연락처, 신고 방법 등 구체적으로 설명
	사업장의 처리절차와 조치 기준	– 성희롱 발생시 처리 절차와 조치 기준을 상세히 설명 – 실제 징계 사례 등을 가지고 설명하면 더 효과적임. 실제 사례가 없을 시 성희롱 행위자에 대한 징계에 대해 노동위원회, 판례에서 해고가 정당하다고 인정한 사례를 설명함으로써 사안에 따라 중징계할 수 있음을 경고
	외부기관을 통한 구제절차	– 외부기관(고용노동부 등)을 통한 구제절차와 사례를 설명하여 성희롱에 대한 이해를 높이고 성희롱 예방의 중요성을 공유
질의응답 및 토의	질의응답 및 토의	– 교육 참가자로부터 질의를 받고 답변 – 마지막으로 사내 성희롱 예방 규정을 강조하고, 이에 따라 구성원의 행동지침을 제시하며, 규정과 교육 내용이 비치되어 있으니 항시 열람하여 주지할 것을 안내함

❶-7 직장내성희롱 발생 시 사업주의 조치의무 강화

2018.5.29.자로 개정시행되었다(남녀고용평등법). 개정 전과 비교하면 사업주의 의무를 대폭강화하고 처벌도 강화된 것을 알 수 있다.

법 제14조(직장내 성희롱 발생 시 조치)

「**개정 전**

① 사업주는 직장 내 성희롱 발생이 확인된 경우 지체 없이 행위자에 대하여 징계나 그 밖에 이에 준하는 조치를 하여야 한다.

② 사업주는 직장 내 성희롱과 관련하여 피해를 입은 근로자 또는 성희롱 피해 발생을 주장하는 근로자에게 해고나 그 밖의 불리한 조치를 하여서는 아니 된다.

개정 후

① 누구든지 직장 내 성희롱 발생 사실을 알게 된 경우 그 사실을 해당 사업주에게 신고할 수 있다.

② 사업주는 제1항에 따른 신고를 받거나 직장 내 성희롱 발생 사실을 알게 된 경우에는 **지체 없이 그 사실 확인을 위한 조사를 하여야 한다.** 이 경우 사업주는 직장 내 성희롱과 관련하여 피해를 입은 근로자 또는 피해를 입었다고 주장하는 근로자(이하 "피해근로자등"이라 한다)가 **조사 과정에서 성적 수치심 등을 느끼지 아니하도록 하여야 한다.**

③ 사업주는 제2항에 따른 조사 기간 동안 피해근로자등을 보호하기 위하여 필요한 경우 해당 피해근로자등에 대하여 **근무장소의 변경, 유급휴가 명령 등 적절한 조치를 하여야 한다.** 이 경우 사업주는 피해근로자등의 의사에 반하는 조치를 하여서는 아니 된다.

④ 사업주는 제2항에 따른 조사 결과 직장 내 성희롱 발생 사실이 확인된 때에는 **피해근로자가 요청하면 근무장소의 변경, 배치전환, 유급휴가 명령 등 적절한 조치를** 하여야 한다.

⑤ 사업주는 제2항에 따른 조사 결과 직장 내 성희롱 발생 사실이 확인된 때에는 **지체 없이 직장 내 성희롱 행위를 한 사람에 대하여 징계, 근무장소의 변경 등 필요한 조치를 하여야 한다.** 이 경우 사업주는 징계 등의 조치를 하기 전에 그 조치에 대하여 직장 내 **성희롱 피해를 입은 근로자의 의견을 들어야 한다.**

⑥ 사업주는 성희롱 발생 사실을 신고한 근로자 및 피해근로자등에게 다음 각 호의 어느 하나에 해당하는 불리한 처우를 하여서는 아니 된다.
  1. 파면, 해임, 해고, 그 밖에 신분상실에 해당하는 불이익 조치
  2. 징계, 정직, 감봉, 강등, 승진 제한 등 부당한 인사조치
  3. 직무 미부여, 직무 재배치, 그 밖에 본인의 의사에 반하는 인사조치
  4. 성과평가 또는 동료평가 등에서 차별이나 그에 따른 임금 또는 상여금 등의 차별 지급
  5. 직업능력 개발 및 향상을 위한 교육훈련 기회의 제한
  6. **집단 따돌림, 폭행 또는 폭언 등 정신적ㆍ신체적 손상을 가져오는 행위를 하거나 그 행위의 발생을 방치하는 행위**
  7. 그 밖에 신고를 한 근로자 및 피해근로자등의 의사에 반하는 불리한 처우

⑦ 제2항에 따라 직장 내 성희롱 발생 사실을 조사한 사람, 조사 내용을 보고 받은 사람 또는 그 밖에 조사 과정에 참여한 사람은 해당 **조사 과정에서 알게 된 비밀을 피해근로자등의 의사에 반하여 다른 사람에게 누설하여서는 아니 된다.** 다만, 조사와 관련된 내용을 사업주에게 보고하거나 관계 기관의 요청에 따라 필요한 정보를 제공하는 경우는 제외한다.」

법 개정 이후의 주요 처벌사항은 다음과 같다.

법 조항	주요 내용	벌칙
제12조	사업주, 상급자 또는 근로자는 직장 내성희롱을 하여서는 아니 됨	사업주 1천만원 이하 과태료
제13조 제1항	사업주는 직장내성희롱 예방교육을 매년 1회 이상 실시하여야 함	5백만원 이하 과태료
제13조 제2항	사업주 및 근로자는 제1항에 따른 성희롱 예방교육을 받아야 함	
제13조 제3항 (신설)	사업주는 직장 내 성희롱 예방 교육자료를 항상 게시하거나 갖추어 두어 근로자에게 알려야 함	5백만원 이하 과태료
제14조 제2항 (신설)	사업주는 성희롱 발생사실을 알게 된 경우 지체 없이 발생사실 확인을 위한 조사를 실시 하여야 함	5백만원 이하 과태료
제14조 제4항 (신설)	사업주는 직장 내 성희롱 발생이 확인된 때 피해자의 요청시 근무장소의 변경 유급휴가 명령 등 적적한 조치를 하여야 함	5백만원 이하 과태료

법 조항	주요 내용	벌칙
제14조 제5항 (강화)	사업주는 직장 내 성희롱 발생이 확인된 때 지체 없이 행위자에 대하여 징계, 근무장소 변경 등 필요한 조치를 하여야 함(피해자의 의견 청취)	5백만원 이하 과태료
제14조 제6항 (강화)	사업주는 직장 내 성희롱 발생 사실을 신고한 근로자 및 피해근로자등에게 불리한 처우 금지 1. 파면,해임,해고 등 2. 징계,정직,감봉 등 3. 직무 미부여 등 4. 성과평가 등 차별 5. 교육훈련 기회 제한 6. 집단 따돌림 등 7. 그 밖의 피해근로자의 의사에 반하는 조치	3년 이하 징역 또는 3천만원 이하 벌금
제14조 제7항 (신설)	성희롱 관련 조사자, 보고자 등 관련자가 조사과정에서 알게 된 비밀을 피해근로자 등의 의사에 반하여 누설금지	5백만원 이하 과태료
제14조의2 제1항 (강화)	고객 등에 의한 성희롱 발생시 사업주는 피해 근로자가 고충해소를 요청할 경우 근무장소 변경, 배치전환 등 적적한 조치를 하여야 함	300만원 이하 과태료
제14조의2 제2항	고객 등에 의한 성희롱 피해를 주장하거나 성적 요구 등에 불한 것을 이유로 해고나 그 밖의 불리한 조치 금지	5백만원 이하 과태료

❷ 장애인 인식개선교육시간, 교육내용, 교육방법

2018.5.29. 법 개정으로 새로 도입된 의무교육이다. 장애인근로자의 안정적인 근무여건을 만들고 장애인근로자채용이 확대되도록 하기 위함이다. 연1회 이상 1시간 이상이다. 성희롱예방교육과 달리 법에서 '1시간 이상'이라고 못 박았다. 전 임직원은 물론 사업주도 반드시 수강해야 한다.

> 장애인 고용촉진 및 직업재활법 제5조의2(직장내 장애인 인식개선교육)
> 「① 사업주는 장애인에 대한 직장 내 편견을 제거함으로써 장애인 근로자의 안정적인 근무여건을 조성하고 장애인 근로자 채용이 확대될 수 있도록 장애인 인식개선 교육을 실시하여야 한다.
> ② 사업주 및 근로자는 제1항에 따른 장애인 인식개선 교육을 받아야 한다.」(미실시 시 300만원 이하 과태료)

교육내용에는 다음의 항목들이 들어가야 한다.[38]
1. 장애의 정의 및 장애유형에 대한 이해
2. 직장 내 장애인의 인권, 장애인에 대한 차별금지 및 정당한 편의 제공
3. 장애인고용촉진 및 직업재활과 관련된 법과 제도
4. 그 밖에 직장 내 장애인 인식개선에 필요한 사항

성희롱예방교육처럼 집합교육이 원칙이지만 온라인으로 할 때에는 구성단위별 진도 체크, 교육내용에 대한 테스트(확인), 질의·응답 등 피교육자에게 교육내용이 제대로 전달되었는지 여부를 확인할 수 있는 기능

---

38 교육자료는 노동부가 제공할 것으로 예상된다.

이 구비되어야 한다. 교육당시 출장이나 휴직자, 교육 후 신규입사자, 연 1회 이상에서 연은 회계연도기준(1/1~12/31) 등은 성희롱예방교육과 같다. 고용노동부가 지정한 교육기관에 위탁할 수도 있고, 사내 자체강사로도 시행할 수 있다.

장애인 인식개선교육대장 예시

장애인 인식개선교육 일지 (교육대상: 전 임직원(대표이사 포함))						
교육일시	20 . . . (: ~ :)			교육장소		
강사				참석인원		
교육내용	1. 장애의 정의 및 장애유형에 대한 이해 2. 직장 내 장애인의 인권, 장애인에 대한 차별금지 및 정당한 편의 제공 3. 장애인고용촉진 및 직업재활과 관련된 법과 제도 4. 그 밖에 직장 내 장애인 인식개선에 필요한 사항(교육자료 첨부)					
참석자						
	부서	성명	서명		부서	성명	서명
1				2			
3				4			
5				6			
7				8			
9				10			
11				12			

❸ 개인정보보호교육

전 임직원 대상이 아니라 **개인정보를 취급하는 직원들 대상이다.** 회사가 취급하는 개인정보는 업종마다 부서마다 다르다. 인사노무부서라면 임직원들의 주민번호, 연락처, 이력서에 기재된 군복무, 가족사항, 혈액형, 신장 등일 것이다. 병원의 경우 환자들의 각종 민감정보일 것이고 유통업이나 금융기관의 경우 재산상황, 신용등급 등이 될 것이다.

개인정보보호교육을 실시하지 않은 것에 대해서는 처벌은 없지만 **교육을 실시하지 않은 상태에서 개인정보유출 등 법 위반사실이 있으면 최대 5억원의 과태료가 있다.**

개인정보보호법 28조(개인정보취급자에 대한 감독)

「① 개인정보처리자는 개인정보를 처리함에 있어서 개인정보가 안전하게 관리될 수 있도록 임직원, 파견근로자, 시간제근로자 등 개인정보처리자의 지휘·감독을 받아 개인정보를 처리하는 자(이하 "개인정보취급자"라 한다)에 대하여 적절한 관리·감독을 행하여야 한다.
② 개인정보처리자는 개인정보의 적정한 취급을 보장하기 위하여 개인정보취급자에게 정기적으로 필요한 교육을 실시하여야 한다.」

개인정보보호법 2조(정의)

「'개인정보'란 살아 있는 개인에 관한 정보로서 성명, 주민등록번호 및 영상 등을 통하여 개인을 알아볼 수 있는 정보(해당 정보만으로는 특정 개인을 알아볼 수 없더라도 다른 정보와 쉽게 결합하여 알아볼 수 있는 것을 포함한다)를 말한다.」

개인정보보호교육에 들어가야 할 내용이나 보호방침 등은 법령에 정한 바 없지만 아래에서는 주로 인사노무종사자가 주의해야 할 내용을 다뤄본다.

❸-1 인사업무처리에 필요한 주민번호, 가족주민번호 등은 동의 받을 필요 없다

법령준수를 위한 경우에는 개인정보의 수집 및 활용동의를 받을 법적 의무는 없다. 임직원의 급여나 4대보험 처리, 건강보험의 피부양가족 등재를 위해서는 주민번호나 가족사항정보가 필수인데 **회사가 법령을 준수하기 위한 업무처리이므로 주민번호를 제공하는 임직원 본인 또는 그 가족으로부터 동의를 받을 필요는 없다.**

그러나 법령준수를 위한 확실한 용도가 있고 그 범위 내에서 필요한 개인정보에 대해서만이니 주의를 요한다.

법령에 따른 근로자 개인정보 수집 예시(동의가 필요 없는)

구 분	근로자 명부	임금대장
수집 항목	성명, 성별, 생년월일, 주소, 이력, 종사하는 업무의 종류, 고용 또는 고용갱신 연월일, 계약기간(정한 경우), 그 밖의 고용에 관한 사항, 해고, 퇴직 또는 사망한 경우에는 그 연월일과 사유	성명, 주민등록번호, 고용연월일, 종사하는 업무, 임금 및 가족수당의 계산 기초가 되는 사항, 근로일수, 근로시간수, 연장근로, 야간근로 또는 휴일근로를 시킨 경우에는 그 시간수, 기본급, 수당, 그 밖의 임금의 내역별 금액 등
법령 근거	근로기준법 제41조, 동법 시행령 제20조	근로기준법 제48조, 동법 시행령 제27조

입사지원을 받는 단계에서는 위 정보가 쓰일지 미정이므로 당연히 개인정보동의를 받고 지원서를 받아야 한다.

❸-2 개인정보 동의를 받는 방법

1) 근로자에게 다음의 내용을 알리고 동의를 받아야 한다.
① 수집 · 이용 목적
② 수집 항목
③ 보유 및 이용기간
④ 동의거부 권리가 있다는 사실 및 동의거부 시 불이익이 있다면 그 내용

2) 최소한의 수집과 입증책임을 부담해야 한다.
개인정보를 수집할 때는 최소한으로 수집하여야 하며, 수집 목적에 필요한 최소한의 개인정보 수집이라는 입증책임은 사용자가 부담한다. 필수적 정보 외의 개인정보 수집에 동의하지 아니한다는 이유로 근로자 등에게 인사조치 등의 불이익을 주어서도 안 된다.

3) 고유식별정보나 민감정보를 수집할 때에는 관련법령에 구체적인 근거가 있는지를 확인해보고 요구해야 한다. 법령에 근거가 있는지 여부란 근로자명부나 임금대장에 기재하는 정보의 경우 근로기준법에 근거하여 요구할 수 있음을 의미한다.
- 고유식별정보: 주민등록번호, 운전면허번호, 여권번호, 외국인등록번호
- 민감정보: 사상 · 신념, 노동조합 · 정당의 가입 · 탈퇴, 정치적 견해, 건강, 성생활 등에 관한 정보, 유전정보, 범죄경력자료 등

법령에 근거가 없음에도 반드시 수집하여야 한다면 근로자 등 정보주체로부터 별도의 동의가 필요하다. 별도의 동의란 일반적인 개인정보처리에 대한 동의 외에 고유식별정보 또는 민감정보 수집에 대한 동의를 추가로 받는 것을 말한다.

❸-3 범죄경력 등 법령근거 없이 범죄경력자료를 제출받는 것은 형사처분대상

민감정보 중의 하나인 범죄경력자료의 경우 일반업종에서는 그 제출을 요구할 수 없으며 처벌대상이 된다. 경비업은 '경비업법' 제17조(결격사유 확인을 위한 범죄경력 조회 등)에 의거 허용, 학원업에서의 성범죄경력조회는 '아동·청소년의 성보호에 관한 법률'에 근거한다.

범죄경력이나 수사경력은 법이 정한 사유가 있을 때에만 사업주가 요구할 수 있다.

형의 실효 등에 관한 법률 제6조(범죄경력조회·수사경력조회 및 회보의 제한 등)

「① 수사자료표에 의한 범죄경력조회 및 수사경력조회와 그에 대한 회보는 다음 각 호의 어느 하나에 해당하는 경우에 그 전부 또는 일부에 대하여 조회 목적에 필요한 최소한의 범위에서 할 수 있다.

1. 범죄 수사 또는 재판을 위하여 필요한 경우
2. 형의 집행 또는 사회봉사명령, 수강명령의 집행을 위하여 필요한 경우
3. 보호감호, 치료감호, 보호관찰 등 보호처분 또는 보안관찰업무의 수행을 위하여 필요한 경우
4. 수사자료표의 내용을 확인하기 위하여 본인이 신청하거나 외국 입국·체류 허가에 필요하여 본인이 신청하는 경우
5. 국가정보원법 제3조제2항에 따른 보안업무에 관한 대통령령에 근거하여 신원조사를 하는 경우
6. 외국인의 귀화·국적회복·체류 허가에 필요한 경우
7. 각 군 사관생도의 입학 및 장교·준사관·부사관·군무원의 임용과 그 후보자의 선발에 필요한 경우

8. 병역의무 부과와 관련하여 현역병 및 사회복무요원의 입영(入營)에 필요한 경우

9. 다른 법령에서 규정하고 있는 공무원 임용, 인가·허가, 서훈(敍勳), 대통령 표창, 국무총리 표창 등의 결격사유, 징계절차가 개시된 공무원의 구체적인 징계 사유(범죄경력조회와 그에 대한 회보에 한정한다) 또는 공무원연금 지급 제한 사유 등을 확인하기 위하여 필요한 경우

10. 그 밖에 **다른 법률에서 범죄경력조회 및 수사경력조회와 그에 대한 회보를 하도록 규정되어 있는 경우** (위반 시 5년 이하 징역 또는 5천만원 이하 벌금)

❸-4 인사노무종사자의 필수 조치사항 [39]

1	**꼭 필요한 정보만 수집** - 근로자에게는 반드시 필요한 정보만 요구 - 법에 근거가 없는 경우 원칙적으로 주민번호와 민감정보 수집불가 ※법령에 따른 임금대장 작성 등을 위해서는 동의 없이 주민번호 수집 가능 ※고유식별정보, 민감정보는 반드시 필요한 경우, 별도 동의를 받고 수집
2	**수집한 개인정보는 안전하게 보관** - 직원정보가 있는 pc는 비밀번호설정, 백신설치, 방화벽기능적용 등
3	**법령 근거 확인 또는 근로자 동의를 얻어서 제3자 제공** - 퇴직근로자 경력의 3자 제공도 동의 필수 ※경력조회가 필요한 자는 정보주체로부터 동의를 얻어 해당기관에 제출

---

[39] "개인정보보호 가이드라인(인사,노무편), 행정안전부·고용노동부, 2012.8.

4	**인사, 급여지급 등을 위한 근로자 개인정보처리위탁은 개인정보처리 위탁방법에 따라 실시** – 개인정보처리 위탁을 할 경우, 근로자가 위탁업체 처리내용 등을 근로자가 쉽게 확인 할 수 있도록 내부 게시판 등에 공개 – 업무위탁과 관리감독에 관한 계약서를 반드시 마련하고 관리 철저
5	**보존 목적이 사라진 개인정보는 지체 없이 파기** – 입사지원자의 개인정보는 채용전형 종료 후 지체 없이 파기하되, 상시채용을 위해 보관할 경우 동의를 받고 보관 – 퇴직 근로자는 경력증명을 위해 3년간 보존 *3년 이후의 경력증명서 발급을 위한 자료 보관은 동의 필수

❸-5 개인정보보호와 관련된 노동관계법령[40]

구분	주요 내용
개인정보 보호법	개인정보보호에 관한 일반법으로서 근로자 개인정보 처리에 관한 일반원칙 제시
고용보험 및 산업재해보상보험의 보험료징수 등에 관한 법률	고용보험과 산업재해보상보험의 보험관계 성립·소멸, 보험료의 납부·징수 등의 사무 효율성 제고를 위한 개인정보 처리 규정
고용보험법	근로자의 생활안정과 구직활동 촉진을 위한 고용보험 시행을 위해 필요한 개인정보 처리 규정
고용상 연령차별금지 및 고령자고용촉진에 관한 법률	합리적 이유 없이 연령을 이유로 고용차별을 금지하고, 고령자가 그 능력에 맞는 직업을 가질 수 있도록 지원하고 촉진함을 목적으로 하는 규정
고용정책기본법	고용안정, 일자리 창출 및 인력 확보를 지원하고 노동시장의 효율성과 인력수급의 균형을 위해 고용관련 정보 수집·이용

---

40 "개인정보보호 가이드라인(인사,노무편), 행정안전부 · 고용노동부, 2012.8.

국가유공자 등 예우 및 지원에 관한 법률	국가유공자, 그 유족 또는 가족을 합당하게 예우(禮遇)하고 지원함으로써 이들의 생활안정과 복지향상을 규정
근로기준법	근로자의 기본적 생활 보장 및 균형 있는 국민경제의 발전을 위해 근로조건의 기준을 정함
근로복지기본법	근로자 삶의 질 향상과 균형 있는 국민경제 발전을 위해 근로복지정책 수립 및 복지사업의 수행에 필요한 사항을 규정
근로자직업능력개발법	고용촉진·고용안정 및 생산성 향상을 위해 근로자 직업능력개발 촉진·지원 및 기술·기능 인력 양성을 위한 사항 규정
근로자참여 및 협력증진에 관한 법률	근로자와 사용자 쌍방이 참여와 협력을 통하여 노사 공동의 이익을 증진하는데 필요한 기본사항을 규정
산업안전보건법	산업재해를 예방하고 쾌적한 작업환경을 조성함으로써 근로자의 안전과 보건을 유지·증진하기 위한 내용 규정
산업재해보상보험법	업무상 재해 보상 재해근로자의 사회 복귀 촉진 등의 근로자 복지를 위한 규정
아동·청소년의 성보호에 관한 법률	아동·청소년을 성범죄로부터 보호하고 아동·청소년이 건강한 사회구성원으로 성장할 수 있도록 하기 위한 규정
외국인근로자의 고용 등에 관한 법률	외국인근로자에 대한 체계적·관리로 원활한 인력수급 및 국민경제의 균형 있는 발전을 위한 사항 규정
임금채권보장법	임금을 지급받지 못하고 퇴직한 근로자에게 그 지급을 보장하는 조치 마련을 위한 규정
장애인고용촉진 및 직업재활법	장애인의 고용촉진 및 직업재활 도모 규정
직업안정법	정부와 민간부문이 협력하여 각 산업에서 필요한 노동력이 원활하게 수급되도록 지원하는 규정
진폐의 예방과 진폐근로자의 보호 등에 관한 법률	진폐의 예방과 분진작업에 종사하는 근로자 등의 건강 및 복지 증진을 위한 규정
파견근로자보호 등에 관한 법률	파견근로자의 고용안정과 복지증진에 이바지하고 인력수급을 원활하게 하기 위한 규정

개인정보보호교육대장 예시

개인정보보호 교육일지 (교육대상: 개인정보를 다루는 임직원)						
교육일시	20 . . . (: ~ :)			교육장소		
강사				참석인원		
교육내용	– 개인정보보호에 관한 법령 – 개인정보의 개념과 종류 – 개인정보 수집, 처리 절차 – 개인정보 파기 절차 – 개인정보 유출시의 처벌 등(교육자료 첨부)					

참석자						
	부서	성명	서명		부서	성명	서명
1				2			
3				4			
5				6			
7				8			
9				10			
11				12			

❹ 퇴직연금교육

퇴직연금을 도입한 회사에 한하고 도입했더라도 **퇴직연금에 가입한 직원들만 교육대상이 된다.** 회사가 퇴직연금을 도입했더라도 퇴직연금규약에 정하는 바에 따라서는 퇴직연금 가입을 원하지 않는 경우 가입하지 않는 근로자가 있을 수 있기 때문이다. 퇴직연금교육의무사업장은 DB 또는 DC를 설정한 경우다. IRP(개인형퇴직연금제도)는 아니다.

　연1회 이상이고 정해진 시간은 없다. 연은 역시 회계연도(1/1~12/31)

단위다. 회사 자체적으로 할 수도 있고 퇴직연금사업자(가입한 금융기관)
가 할 수도 있다. 연1회 이상 실시하지 않을 경우 천만원 이하의 과태료가
있다. 회사 자체적으로 실시하더라도 사전에 퇴직연금사업자와 협의한 후
실시하여야 한다. 돈을 굴리는 것은 퇴직연금사업자이므로 당연하다.

퇴직연금교육 시에는 다음의 내용이 들어가야 한다. 주로 돈의 운영상
황과 관련된다.

 **근로자퇴직급여보장법 시행령 제32조(퇴직연금제도 가입자에 대한
교육사항)**

「1. 제도 일반에 관한 내용으로서 다음 각 목의 사항
　가. 급여 종류에 관한 사항, 수급요건, 급여액 등 제도별 특징 및 차이점
　나. 담보대출, 중도인출, 지연이자 등 해당 사업의 퇴직연금제도 운영에
　　　관한 사항
　다. 급여 또는 부담금 산정의 기준이 되는 임금 등에 관한 사항
　라. 퇴직 시 급여지급절차 및 개인형퇴직연금제도로의 적립금이전에 관
　　　한 사항
　마. 연금소득세, 퇴직소득세 등 과세 체계에 관한 사항
　바. 해당 사업의 퇴직연금제도를 중단하거나 폐지하는 경우 그 처리방
　　　법
　사. 가입자의 소득, 자산, 부채, 나이 및 근속연수 등을 고려한 자산 · 부
　　　채관리의 일반적 원칙과 노후 설계의 중요성에 관한 사항
2. 확정급여형퇴직연금제도를 설정하는 경우에는 다음 각 목의 사항
　가. 최근 3년간의 부담금 납입 현황
　나. 급여종류별 표준적인 급여액 수준
　다. 직전 사업연도 말 기준 최소적립금 대비 적립금 현황
　라. 재정안정화계획서를 작성하는 경우 그 계획서 및 이행 상황

마. 그 밖에 적립금 운용현황, 운용목표 등에 관한 사항

3. 확정기여형퇴직연금제도를 설정하는 경우에는 다음 각 목의 사항

　가. 사용자의 부담금 수준, 납입시기 및 납입 현황

　나. 법 제23조에[41] 따라 둘 이상의 사용자가 참여하는 확정기여형퇴직
　　　연금제도의 경우 표준규약 및 표준계약서에 관한 사항

　다. 분산투자 등 적립금의 안정적 운용을 위하여 행하는 투자원칙에 관
　　　한 사항

　라. 퇴직연금사업자가 제시하는 집합투자증권 등 적립금 운용방법별 수
　　　익구조, 매도기준가, 투자 위험 및 수수료 등에 관한 사항

퇴직연금교육대장 예시

퇴직연금교육일지 (교육대상: 퇴직연금에 가입한 임직원)							
교육일시	20 　．　 　．　 　． (　:　 ~ 　:　)			교육장소			
강사				참석인원			
교육내용	근로자퇴직급여보장법 시행령 제32조에 따름(교육자료 첨부)						
참석자							
	부서	성명	서명		부서	성명	서명
1				2			
3				4			
5				6			
7				8			
9				10			
11				12			

41　거의 발생빈도 없다.

❺ 산업안전보건교육

5대 법정교육 중에서 가장 난이도가 높다. 다른 교육들은 교육을 해야 하는지 말아야 하는지, 하면 1년에 몇 번 몇 시간을 하면 되는지가 명확한 데 **산업안전보건교육은 업종마다 회사의 규모마다 같은 회사 안에서도 직종이나 직책마다 다르다.** 인사노무실무자는 산업안전보건법의 해당조항과 통계청 고시 산업분류표를 동시에 보면서 따져봐야 한다.

이하에선 산업안전보건교육관련 조항들만 체계적으로 추출해서 알기 쉽게 순서대로 제시하니, 이에 입각해 실무자들이 자신의 회사에 어떻게 적용되는지 판단해보길 권장한다. 안전보건교육위탁기관에 돈을 주고 위탁하면 편하지만 비용 때문에 셀프로 하는 경우도 많다.

1) 1단계 확인사항

산업안전보건법 제31조(안전 · 보건교육)

「① 사업주는 해당 사업장의 근로자에 대하여 고용노동부령으로 정하는 바에 따라 정기적으로 안전 · 보건에 관한 교육을 하여야 한다.

② 사업주는 근로자를 채용(건설 일용근로자를 채용하는 경우는 제외한다)할 때와 작업내용을 변경할 때에는 그 근로자에 대하여 고용노동부령으로 정하는 바에 따라 해당 업무와 관계되는 안전 · 보건에 관한 교육을 하여야 한다.

③ 사업주는 유해하거나 위험한 작업에 근로자를 사용할 때에는 고용노동부령으로 정하는 바에 따라 그 업무와 관계되는 안전 · 보건에 관한 특별교육을 하여야 한다.」(①, ②, ③항 위반시 각 500만원 이하 과태료)

2) 2단계 확인사항

자신의 사업장이 위 법 제31조가 적용되는지를 확인해야 한다. 동법 시행령 별표1의 적용사업에 따른다. 이 표에 따라 법 제31조(안전보건교육)가 적용되지 않는 사업은 다음과 같다. 여기에 없으면 산업안전보건교육을 해야 한다.

산업안전보건교육을 하지 않아도 되는 사업

1. 다음 각 목의 어느 하나에 해당하는 사업

가. '광산안전법' 적용 사업(광업 중 광물의 채광 · 채굴 · 선광 또는 제련 등의 공정으로 한정하며, 제조공정은 제외한다)

나. '원자력안전법' 적용 사업(발전업 중 원자력 발전설비를 이용하여 전기를 생산하는 사업장으로 한정한다)

다. '항공안전법' 적용 사업(항공기, 우주선 및 부품 제조업과 창고 및 운송관련 서비스업, 여행사 및 기타 여행보조 서비스업 중 항공 관련 사업은 각각 제외한다)

라. '선박안전법' 적용 사업(선박 및 보트 건조업은 제외한다)

마. 소프트웨어 개발 및 공급업

바. 컴퓨터 프로그래밍, 시스템 통합 및 관리업

사. 정보서비스업

아. 금융 및 보험업

자. 전문서비스업

차. 건축기술, 엔지니어링 및 기타 과학기술 서비스업

카. 기타 전문, 과학 및 기술 서비스업(사진 처리업은 제외한다)

타. 사업지원 서비스업

파. 사회복지 서비스업

2. 다음 각 목의 어느 하나에 해당하는 사업으로써 상시근로자 50인 미만의 사업

가. 농업

나. 어업

다. 환경 정화 및 복원업

라. 소매업; 자동차 제외

마. 영화, 비디오물, 방송프로그램 제작 및 배급업

바. 녹음시설운영업

사. 방송업

아. 부동산업(부동산 관리업은 제외한다)

자. 임대업; 부동산 제외

차. 연구개발업

카. 보건업(병원은 제외한다)

타. 예술, 스포츠 및 여가관련 서비스업

파. 협회 및 단체

하. 기타 개인 서비스업(세탁업은 제외한다)

3. 다음 각 목의 어느 하나에 해당하는 사업

가. 공공행정, 국방 및 사회보장 행정

나. 교육 서비스업(청소년 수련시설 운영업은 제외한다)

다. 국제 및 외국기관

4. 사무직에 종사하는 근로자만을 사용하는 사업장(사업장이 분리된 경우로서 사무직에 종사하는 근로자만을 사용하는 사업장을 포함한다)

5. 상시 근로자 5명 미만을 사용하는 사업장

3) 3단계 확인사항

위 사업종류를 보고 산업안전보건교육을 해야 하는 사업장으로 분석됐으면 사업주가 실시해야 하는 교육내용과 교육시간을 확인해야 한다. 동법 시행규칙 별표8에 따른다. 이 표도 중요한 표다.

업종확인에 확신이 서지 않으면 근로복지공단 고객상담센터에 사업자등록번호를 대고 고용보험 가입업종명 및 업종코드를 확인한다.

산업안전보건 교육과정별 교육시간

교육과정	교육대상		교육시간
가. 정기교육	사무직 종사 근로자		매분기 3시간 이상
	사무직 종사 근로자 외의 근로자	판매업무에 직접 종사하는 근로자	매분기 3시간 이상
		판매업무에 직접 종사하는 근로자 외의 근로자	매분기 6시간 이상
	관리감독자의 지위에 있는 사람		연간 16시간 이상
나. 채용시의 교육	일용근로자		1시간 이상
	일용근로자를 제외한 근로자		8시간 이상
다. 작업내용 변경시의 교육	일용근로자		1시간 이상
	일용근로자를 제외한 근로자		2시간 이상
라. 특별교육	별표 8의2 제1호라목 각 호 (제40호는 제외한다)의 어느 하나에 해당하는 작업에 종사하는 일용근로자		2시간 이상
	별표 8의2 제1호라목제40호의 타워크레인 신호작업에 종사하는 일용근로자		8시간 이상
	시행규칙 별표 8의2 제1호라목 각 호의 어느 하나에 해당하는 작업에 종사하는 일용근로자를 제외한 근로자		– 16시간 이상(최초 작업에 종사하기 전 4시간 이상 실시하고 12시간은 3개월 이내에서 분할하여 실시가능) – 단기간 작업 또는 간헐적 작업인 경우에는 2시간 이상
마. 건설업기초 안전보건교육	건설 일용근로자		4시간

위 교육에서 주의사항은 다음과 같다.

1. 상시 근로자 50인 미만의 도매업과 숙박 및 음식점업은 위 표의 가목부터 라목까지의 규정에도 불구하고 해당 교육과정별 교육시간의 2분의 1이상을 실시하여야 한다.

2. 근로자(관리감독자의 지위에 있는 사람은 제외한다)가 '화학물질관리법 시행규칙' 제37조제4항에 따른 유해화학물질 안전교육을 받은 경우에는 그 시간만큼 가목에 따른 해당 분기의 정기교육을 받은 것으로 본다.

3. 방사선작업종사자가 '원자력안전법 시행령' 제148조제1항에 따라 방사선작업종사자 정기교육을 받은 때에는 그 해당시간 만큼 가목에 따른 해당 분기의 정기교육을 받은 것으로 본다.

4. 방사선업무에 관계되는 작업에 종사하는 근로자가 '원자력안전법 시행령' 제148조제1항에 따라 방사선작업종사자 신규교육 중 직장교육을 받은 때에는 그 시간만큼 라목 중 별표 8의2 제1호라목 33에 따른 해당 근로자에 대한 특별교육을 받은 것으로 본다.

4) 4단계 확인사항

회사 내에서 안전보건관리책임자를 맡고 있는 사람에게는 별도의 교육시간이 있다. 동 별표8에 들어 있다.

안전보건관리책임자 등에 대한 교육

교육과정	교육시간	
	신규교육	보수교육
가. 안전보건관리책임자	6시간 이상	6시간 이상
나. 안전관리자, 안전관리전문기관의 종사자	34시간 이상	24시간 이상
다. 보건관리자, 보건관리전문기관의 종사자	34시간 이상	24시간 이상
라. 재해예방 전문지도기관의 종사자	34시간 이상	24시간 이상
마. 석면조사기관의 종사자	34시간 이상	24시간 이상
바. 안전보건관리담당자	–	8시간 이상

5) 5단계 확인사항

유해위험기계나 설비를 사용하는 사업장에서는 기계나 설비의 안전검사를 검사원으로부터 받아야 하는데[42] 그 검사원에 대한 교육시간은 다음과 같다. 이 역시 동 법 시행규칙 별표8에 들어 있다.

검사원 양성교육

교육과정	교육대상	교육시간
양성교육	–	28시간 이상

정기안전보건교육일지 예시

교육일시	2019. 3. 17. 16:00~18:00(1/3)	장소		회의실
대상인원		참석인원	불참인원	
강사				

□ 교육방법: 전 직원 대상 대면교육
□ 교육내용
  – 산업안전 및 사고 예방에 관한 사항
  – 산업보건 및 직업병 예방에 관한 사항
  – 건강증진 및 질병 예방에 관한 사항
  – 유해 · 위험 작업환경 관리에 관한 사항
  – 「산업안전보건법」 및 일반관리에 관한 사항
  – 산업재해보상보험 제도에 관한 사항
□ 교육자료: 교육 후 현장에 비치

---

42 산업안전보건법 제36조(안전검사), 제36조의2(자율검사프로그램에 따른 안전검사, 동법 시행규칙 제43조(검사원 양성교육)

2019년 제1분기 제1차 정기 안전보건교육(분기당 6시간)

연번	성명	서명
1		
2		
3		
4		
5		
6		
7		
8		
9		
10		

그 외 교육일지도 제목과 내용 등을 달리해서 교육 후 증빙으로 남겨놓아야 한다.

❺-2 산업안전보건교육의 인터넷교육시간의 축소 및 오프라인교육시간 확대

2019.1.1. 노동부고시 제2018-73(산업안전보건교육규정)이 다음과 같이 개정되었다. 오프라인 교육시간을 늘려 안전보건교육을 좀 더 내실있게 하라는 취지다.

구 분	개정 전	개정 후
산업안전보건 교육의 인터넷 교육시간	관리감독자 정기교육 연간 16시간 전체를 인터넷 교육으로 이수 가능	연간 16시간 중 8시간만 인터넷 교육 가능
	안전보건관리책임자 직무교육중 신규교육 6시간, 보수교육 6시간 전체를 인터넷 교육으로 이수 가능	각 2시간만 인터넷 교육 가능

⑤-3 전면개정된 산업안전보건법의 주요 내용

2019.1.15. 산업안전보건법이 전면개정되었다. 산업현장에서의 유해위험관련하여 사업주는 물론 원청(도급을 준 사업주)의 의무도 대폭 신설되었다. 개정내용의 시행일자는 3가지다.

부칙 제1조(시행일)
「이 법은 <u>공포 후 1년이 경과한 날부터</u> 시행한다. 다만, 제14조 및 제175조제4항제2호의 개정규정은 <u>공포 후 1년이 경과한 날이 속한 해의 다음 해 1월 1일부터</u> 시행하고, 제35조제5호, 제110조부터 제116조까지, 제162조제9호 및 제10호, 제163조제1항제3호 및 제2항(제112조제8항에 관한 부분에 한정한다), 제165조제2항제25호부터 제27호까지, 제166조제1항제9호, 제175조제5항제3호(제114조제1항에 관한 부분에 한정한다) 및 제5호부터 제12호까지, 같은 조 제6항제2호(제35조제5호에 관한 부분에 한정한다) 및 제9호부터 제11호까지의 <u>개정규정은 공포 후 2년이 경과한 날부터</u> 시행한다.」[43]

주요 개정내용은 다음과 같다.

구 분	시행내용	시행
제1조	목적; [현행] 산재를 예방하고 근로자의 안전보건 유지, 증진 →[개정] 산재를 예방하고 <u>노무를 제공하는 자</u>의 안전보건을 유지, 증진	2021. 1.16.

---

43 개정법의 공포일은 2019.1.16.이다.

구분	시행내용	시행
제2조	정의; [신설] "도급"이란 명칭에 관계없이 물건의 제조 · 건설 · 수리 또는 서비스의 제공. 그 밖의 업무를 타인에게 맡기는 계약을 말한다. [신설] 도급인"이란 물건의 제조 · 건설 · 수리 또는 서비스의 제공, 그 밖의 업무를 도급하는 사업주를 말한다. 다만, 건설공사발주자는 제외한다. [신설] "수급인"이란 도급인으로부터 물건의 제조 · 건설 · 수리 또는 서비스의 제공. 그 밖의 업무를 도급받은 사업주를 말한다.	2021. 1.16.
제14조	이사회에의 보고의무; [신설] ① 「상법」 제170조에 따른 주식회사 중 대통령령으로 정하는 회사의 대표이사는 대통령령으로 정하는 바에 따라 매년 회사의 안전 및 보건에 관한 계획을 수립하여 이사회에 보고하고 승인을 받아야 한다. . ② 제1항에 따른 대표이사는 제1항에 따른 안전 및 보건에 관한 계획을 성실하게 이행하여야 한다. ③ 제1항에 따른 안전 및 보건에 관한 계획에는 안전 및 보건에 관한 비용, 시설, 인원 등의 사항을 포함하여야 한다.	2021. 1.1. 위반 시 1천만원 이하 과태료
제58조~ 제76조	○ 사내도급 금지업무; [신설] 도금, 수은 · 납 · 카드뮴의 제련 · 주입 · 가공 · 가열, 허가물질(베릴륨 · 비소와 그 그화합물 · 디클로로벤지딘 · 염화비닐 등 12종 화학물질)의 제조 · 사용작업 ○ 사내도급 금지업무를 도급 줄 수 있는 경우; [신설] 1. 일시 · 간헐적으로 하는 작업을 도급하는 경우 2. 수급인이 보유한 기술이 전문적이고 사업주(수급인에게 도급을 한 도급인으로서의 사업주를 말한다)의 사업 운영에 필수 불가결한 경우로서 노동부의 승인을 받은 경우 ○ 도급인의 책임공간; [신설] 도급인의 사업장, 도급인이 제공하거나 지정한 장소로서 도급인이 지배 · 관리가능한 장소(로 확대)	2020. 1.16.

구 분	시행내용	시행
제58조~ 제76조	○ 책임공간내에서 사고시 도급인의 처벌수위 [현행] 도급인이 안전 · 보건조치의무 위반 시 1년 이하 징역 또는 1천만원 이하 벌금 → [개정] 3년 이하 징역 또는 3천만원 이하 벌금 [현행] 수급인의 근로자가 사망한 경우도 1년 이하 징역 또는 1천만원 이하 벌금 → [개정] 7년 이하 징역 또는 1억원 이하 벌금, 5년 내 2번 이상 사망사고 발생 시 1/2범위 내에서 가중처벌 및 유죄선고 시 200시간 내에서 수강명령	2020. 1.16.
제51조~ 제55조	○ 근로감독관의 작업중지명령 [현행] 근로감독관의 자의적인 판단으로 부분 · 전면 작업금지 → [개정] • 부분작업중지: 중대재해가 발생한 사업장에서 다시 산재가 발생할 급박한 위험이 있는 경우와 중대재해가 발생한 작업과 동일한 작업 • 전면작업중지: 토사 · 구축물의 붕괴, 화재 · 폭발, 유해위험한 물질의 누출 등으로 중대재해 발생 시 그 재해가 주변으로 확산될 수 있다고 판단될 때 ○ 근로자의 작업중지권 [현행] 근로자는 산업재해가 발생할 급박한 위험으로 인하여 작업을 중지하고 대피하였을 때에는 지체 없이 그 사실을 바로 위 상급자에게 보고하고, 바로 위 상급자는 이에 대한 적절한 조치를 하여야 한다. → [개정] 근로자는 산업재해가 발생할 급박한 위험이 있는 경우에는 작업을 중지하고 대피할 수 있다.	2020. 1.16.

구 분	시행내용	시행
제110조~ 제118조	○ 물질안전보건자료(MSDS) [현행] 화학물질을 양도·제공받는 자에게만 MSDS제공 → [개정] 노동청에도 제출. 제출할 내용; 1. 제품명 2. 물질안전보건자료대상물질을 구성하는 화학물질 중 제104조에 따른 분류기준에 해당하는 화학물질의 명칭 및 함유량 3. 안전 및 보건상의 취급 주의 사항 4. 건강 및 환경에 대한 유해성, 물리적 위험성 5. 물리·화학적 특성 등 고용노동부령으로 정하는 사항 ○ MSDS의 영업비밀심사 [현행] 화학물질의 명칭과 함유량 등 영업비밀 여부를 기업 스스로 판단 → [개정] 노동부(안전공단)가 심사	2021. 1.16. (미 제출시 500만원 이하 과태료)
제76조, 제82조	○ 타워크레인 등 건설기계 안전조치의무; [신설] 제76조(기계·기구 등에 대한 건설공사도급인의 안전조치) 건설공사도급인은 자신의 사업장에서 타워크레인 등 대통령령으로 정하는 기계·기구 또는 설비 등이 설치되어 있거나 작동하고 있는 경우 또는 이를 설치·해체·조립하는 등의 작업이 이루어지고 있는 경우에는 필요한 안전조치 및 보건조치를 하여야 한다. [신설] 제82조(타워크레인 설치·해체업의 등록 등) ① 타워크레인을 설치하거나 해체를 하려는 자는 대통령령으로 정하는 바에 따라 인력·시설 및 장비 등의 요건을 갖추어 고용노동부장관에게 등록하여야 한다. 등록한 사항 중 대통령령으로 정하는 중요한 사항을 변경할 때에도 또한 같다. ② 사업주는 제1항에 따라 등록한 자로 하여금 타워크레인을 설치하거나 해체하는 작업을 하도록 하여야 한다.	2020. 1.16. 단, 제82조제2항은 2020.1.16. 이후 타워크레인의 설치,해체 계약부터 제82조1항 위반 시 1천만원 이하 과태료

구 분	시행내용	시행
제5조	○ 사업주의 범위; [현행] 근로자를 고용한 자 → [개정] 특수형태근로종사자로부터 노무를 제공받는 자와 물건의 수거 · 배달 등을 중개하는 자까지 확대	2020. 1.16.
제77조	○ 특수형태근로종사자에 대한 안전보건교육; [신설] 특수형태근로종사자로부터 노무를 제공받는 자는 그에게 안전보건교육 실시	2020. 1.16. 위반 시 500만원 이하 과태 료
제78조	○ 배달종사자에 대한 안전조치; [신설] 제78조(배달종사자에 대한 안전조치) 이동통신단말장치로 물건의 수거 · 배달 등을 중개하는 자는 그 중개를 통하여 「자동차관리법」 제3조제1항제5호에 따른 이륜자동차로 물건을 수거 · 배달 등을 하는 자의 산업재해 예방을 위하여 필요한 안전조치 및 보건조치를 하여야 한다.	2020. 1.16. 위반 시 1천만원 이하 과태료
제79조	○ 가맹본부의 산업재해예방조치; [신설] 제79조(가맹본부의 산업재해 예방 조치) ① 「가맹사업거래의 공정화에 관한 법률」 제2조제2호에 따른 가맹본부 중 대통령령으로 정하는 가맹본부는 같은 조 제3호에 따른 가맹점사업자에게 가맹점의 설비나 기계, 원자재 또는 상품 등을 공급하는 경우에 가맹점사업자와 그 소속 근로자의 산업재해 예방을 위하여 다음 각 호의 조치를 하여야 한다. 1. 가맹점의 안전 및 보건에 관한 프로그램의 마련 · 시행 2. 가맹본부가 가맹점에 설치하거나 공급하는 설비 · 기계 및 원자재 또는 상품 등에 대하여 가맹점사업자에게 안전 및 보건에 관한 정보의 제공 ② 제1항제1호에 따른 안전 및 보건에 관한 프로그램의 내용 · 시행방법, 같은 항 제2호에 따른 안전 및 보건에 관한 정보의 제공방법, 그 밖에 필요한 사항은 고용노동부령으로 정한다.	2020. 1.16. 제1항 위반 시 3천만원 이하 과태료

구 분	시행내용	시행
	○ 고객의 폭언 등으로부터의 건강장해 예방조치; [신설] 제41조(고객의 폭언 등으로 인한 건강장해 예방조치) ① 사업주는 주로 고객을 직접 대면하거나 「정보통신망 이용촉 진 및 정보보호 등에 관한 법률」 제2조제1항제1호에 따른 정 보통신망을 통하여 상대하면서 상품을 판매하거나, 서비스를 제공하는 업무에 종사하는 근로자(이하 "고객응대근로 자"라 한다)에 대하여, 고객의 폭언, 폭행, 그 밖에 적정 범위를 벗어난 신체적·정신적 고통을 유발하는 행위(이하 "폭언등"이라 한다)로 인한 건강장해 를 예방하기 위하여 고용노동부령으로 정하는 바에 따라 필요한 조치를 하여야 한다. ② 사업주는 고객의 폭언등으로 인하여 고객응대근로자에게 건 강장해가 발생하거나 발생할 현저한 우려가 있는 경우에는 업 무의 일시적 중단 또는 전환 등 대통령령으로 정하는 필요한 조치를 하여야 한다. ③ 고객응대근로자는 사업주에게 제2항에 따른 조치를 요구할 수 있고, 사업주는 고객응대근로자의 요구를 이유로 해고 또 는 그 밖의 불리한 처우를 해서는 아니 된다.	2018. 10.18. (기 시행 중) 3항 위반 시 1년 이 하 징역 또 는 1천만원 이하 벌금

제16장

노사협의회

블라인드에 다음과 같은 글이 올라왔다.

익명 1 우리회사 노사협의회는 순 엉터리다. 직원들이 직접·비밀·무기
명투표로 근로자위원들을 뽑아야 하는데 투표도 없이 회사가 지정한 사
람들이 하고 있다. 노사협의회도 아닌데 노사협의회라고 부르면서 회사
가 원하는 대로 협의만 해 주고 있다.

익명 2 맞아요. 알아보니 근로자위원으로 나갈 사람은 10명 이상한테 추
천 싸인도 받고, 입후보도 한 다음 직원들이 구성한 선거관리위원회에서
투표도 진행하고 해야 하는데 아무런 절차도 없었어요.

익명 3 이 참에 제대로 된 노사협의회를 만들 것을 제안합니다.

1980년 '노사협의회법'으로 제정된 후 1996년 '근로자참여 및 협력증진에 관한 법률'로 개명되었다. 지금도 실무에서는 '노사협의회법'으로도 종종 불린다. 주 내용이 노사협의회의 설치와 운영에 관한 것이기 때문이다.

노사협의회는 노동조합과 달리 노사협력을 목적으로 한다. 상시근로자 30인 이상일 때 노사가 합심해서 설치할 의무와 운영할 의무가 있다. 사업장이 지역을 달리하여 여러군데 있으면 주된 사업장에 설치하는 것이 원칙이지만 각 사업장에도 설치할 수 있다.(사업장별로 설치해야 한다가 아님).

근로자참여 및 협력증진에 관한 법률 제4조(노사협의회의 설치)
「① 노사협의회는 근로조건에 대한 결정권이 있는 사업이나 사업장 단위로 설치하여야 한다. 다만, 상시 30명 미만의 근로자를 사용하는 사업이나 사업장은 그러하지 아니하다.
② 하나의 사업에 지역을 달리하는 사업장이 있을 경우에는 그 사업장에도 설치할 수 있다.」(①항 위반시 1천만원이하 벌금, 30인 이상때 적용)

동법 시행령 제2조(설치범위)
「하나의 사업에 종사하는 전체 근로자 수가 30명 이상이면 해당 근로자가 지역별로 분산되어 있더라도 그 주된 사무소에 노사협의회를 설치하여야 한다.」

이하의 노사협의회나 고충처리위원 등은 상시근로자 30인 이상 회사에 적용된다.

① 근로자위원을 직접 · 비밀 · 무기명 투표로 뽑아야 진짜 노사협의회

대부분 회사의 노사협의회는 이렇게 선거로 근로자위원을 뽑는 경우는 드물다. 회사에서 누구누구를 지정해서 "근로자위원좀 해 주세요"라고 상호 협의하면서 선임하는 경우가 보통이다. 의사소통과 현장의 애로사항을 두루두루 듣기 위함이다. 이렇게라도 하는 것이 노사협의회를 아예 안하는 것보다는 낫다. 적어도 CEO가 현장의 의견을 듣고 싶어 하는 것은 높이 평가받을 일이기 때문이다.

그러나 이제는 시대도 바뀌었다. 특히 주52시간제 대비를 위해 유연근무제를 도입할 때에는 근로자대표와의 서면합의가 필수인데, **적법하게 선출된 근로자위원들만 서면합의권한을 갖는다.** 할 수만 있다면 법대로 근로자위원을 선출하고 법대로 운영하는 것을 권장한다.

 근로기준팀-8048, 2007.11.29. 근로기준법상 근로자대표의 개념과 서면합의의 효력 등에 관한 해석 기준

「○ 노사협의회 근로자 위원이 대표권을 행사하는 경우

서면합의의 방식은 노사협의회의 근로자위원들이 정한 대표권 행사방법에 따름. 즉, 정하는 바에 따라 1인의 대표자를 선출하거나 당해 사안에 한하여 1인의 근로자위원에 대표권을 위임하거나 별도의 의사결정방법을 설정하거나(예를 들어 과반수의 찬성, 2/3 이상의 찬성 등), 근로자위원 전원이 서면합의에 참여하는 등의 모든 방법이 가능함.

따라서 사용자가 일방적으로 일부 근로자위원과만 서면합의하는 경우 법적 효력이 발생하지 않음.

○ 근로자참여및협력증진에관한법률은 노사협의회에서 '작업 및 휴게시간

의 운용'에 관한 사항을 협의하거나 의결할 수 있도록 하고 있음.(제19
조제1항제8호).

이 경우 노사협의회의 의결만으로 탄력적근로시간제를 도입할 수 있는
지의 여부와 의결된 사항에 대한 법적 효력이 문제가 됨.

**탄력적근로시간제의 도입과 관련한 사항 등 근로기준법상 사용자가 근
로자 대표와의 서면합의를 하도록 한 규정은 동 제도의 도입을 위한 기본
적인 법적 요건이므로 노사협의회의 의결만으로는 도입이 불가함.**

따라서 탄력적근로시간제 도입 등에 관한 사항을 노사협의회에서 의결
하더라도 **별도로 서면합의서를 작성하거나 취업규칙을 변경하여야 함.」**

회사가 근로자위원을 선정한 후 신임여부(찬반투표 등)를 묻는 투표를
실시하더라도 법정 근로자위원 자격이 없다.

노사68107-253, 1998.9.8.
「노사협의회의 근로자위원 선출에 **사용자가 개입하여 일방적으
로 근로자위원 후보를 선정하고 근로자들의 직접ㆍ비밀ㆍ무기명 투표를
거치지 않고, 사용자가 일방적으로 정한 근로자위원에 대하여 신임ㆍ비신
임만을 묻는 형식이었다면 이는 법에 위배됨.** 따라서 법에 정한 정당한 절
차에 의해 선출되지 아니한 근로자위원은 자격이 없음.」

이하에서는 명실상부한 노사협의회, 명실상부한 근로자위원으로 운영
하기 위해 노사협의회를 설치하는 수순을 단계별로 알아본다. 기존에 노
사협의회가 있었으나 회사가 지명한 근로자위원들인 경우는 물론 새로 설
치할 때에도 같이 적용되는 수순이다. 고용노동부의 노사협의회 운영매뉴
얼에 기초한다.

❷ 1단계: 노사협의회 설치준비위원회 구성을 위해 회사가 공지

노사가 합심해서 만드는 것이므로 첫 단계는 회사가 첫 삽을 뜰 수밖에 없다. 아래와 같은 공지로 시작한다.

노사협의회 설치관련 공고

근로자참여 및 협력증진에 관한 법률 제4조에 따라 우리회사는 노사협의회를 설치 운영하고 있습니다. 노사협의회는 회사대표와 직원대표가 공동으로 회사의 생산성 향상과 직원의 고충해결, 작업조건 개선 등을 위해 협의하고, 노력해 나아가는 중요한 기구입니다.

우리회사에서는 노사협의회를 더욱 발전시키고자 새로운 위원선출방식으로 추진하고자 합니다.

이에 노사협의회 설치준비위원회부터 구성하고자 하니 직원여러분들의 자발적인 참여를 당부합니다.

향후의 노사협의회 근로자위원 및 사용자위원은 회사와 직원의 발전을 위해 중요한 역할을 담당하는 것이라는 사명감을 가지고 적극적으로 임하여 주시기 바랍니다.

2019년 월 일

주식회사 ○ ○ ○ 대표이사

노사협의회 설치준비위원회 위원 지원 안내

제 목: 노사협의회의 설치준비위원 구성관련
내 용: 노사협의회 설치준비위원회 설치 관련하여 다음과 같이 공고합니다.

1. 노사협의회 설치준비위원회 업무
1) 근로자위원 입후보자 접수
2) 근로자위원 선거관리
3) 근로자위원관련 행정지원(투표장소 제공, 투표시간 배정 등)
※ 근로자위원으로 입후보하고자 하는 사람은 설치준비위원을 맡을 수 없음

2. 노사협의회 설치준비위원회 구성
1) 근로자 측: 입사 1년 이상자로서 지원자 중 3명(3명 초과 시 장기근속 순
   으로 함)
2) 회사 측: 현장소장 또는 인사주무부서 2명
※ 향후 근로자 측 3명은 선거관리위원회의 당연직이 되며 근로자위원 당선
   자 확정공고를 한 후 임무가 종료됨.

3. 지원처: 인사팀 ○ ○ ○ (010-1234-5678)
※ 향후 근로자위원 선거준비는 근로자 측 3명이 담당함

2019년   월   일

주식회사 ○ ○ ○ 대표이사

❸ 2단계: 노사협의회 선거공고

이제는 설치준비위원회위원으로 지원한 사람들이 설치준비위원회 명의로 근로자위원 선출을 위해 선거관련 공지를 한다.

노사협의회 근로자위원 선거관련 공고

제 목: 노사협의회의 근로자위원 선거 관련
노사협의회의 근로자위원 선거와 관련하여 다음과 같이 공고합니다.

1. 근로자위원 수: 3명
2. 입후보자 자격: 현재 ㈜○○○에 근무 중인 근속 1년[44] 이상인 직원으로서 첨부의 근로자위원 입후보신청서를 기일 내에 설치준비위원회에 제출한 자(직원 10명 이상으로부터의 추천 서명 필수). 현재의 근로자위원도 이 자격이 되면 입후보 가능.
   - 연락처1: 노사협의회 설치준비위원 ○○○, 010-1234-5678
   - 연락처2: 노사협의회 설치준비위원 ○○○, 010-5678-1234
3. 입후보 기일: 이 공고일부터 2019.3.○○. 오후 6시까지
4. 선거일: 2019. 3.○○. 오전 9시부터 오후 6시까지
5. 선거장소: ○○회의실
6. 당선요건: 입후보자 중 다수득표자순으로 당선자를 확정하며 동수가 있는 경우에는 장기근속자를 당선자로 함.

직원 여러분들의 많은 참여 바랍니다.

---

44 근속조건은 필수가 아니다.

2019년   월   일

노사협의회 설치준비위원회

❹ 3단계: 노사협의회 근로자위원 입후보자 접수

2단계의 공지를 본 근로자들이 근로자위원으로 입후보하고자 입후보신청서를 설치준비위원회에 제출할 것이다.

노사협의회 근로자위원 입후보 신청서

◈ 성 명:
◈ 소속 및 직책:
◈ 생년월일:
◈ 입사일자:

위 본인은 노사협의회 근로자위원으로 입후보하고자 아래와 같이 10명 이상으로부터 추천을 받고 신청하오니 반영하여 주시기 바랍니다.

연번	성명	부서	서명
1			
2			
3			
4			

5			
6			
7			
8			
9			
10			

2019년   월   일

노사협의회 설치준비위원회 귀중

❺ 4단계 : 근로자위원 선거

이제는 설치준비위원회가 선거관리위원회가 되어 선거인 명부를 작성한후 공정하고 투명한 직접 · 비밀 · 무기명투표가 되도록 한다. **선거인 명부에는 근로기준법 제2조에**[45] **의한 사용자는 제외되어야 한다.** 사용자 신분은 회사마다 다르지만 대체로 임원, 팀장, 인사노무 · 총무 · 회계 · 보안 종사자 · 임원비서 · 임원운전기사 등이다.

노동조합법상의 사용자와 일치하는 건 아니다. 노동조합가입 제외대상자라 하더라도 그 근로자의 구체적인 업무성격을 감안할 때 다른 근로자에 대해 사업주를 위해 행위하는 자가 아닌 자는 노사협의회관련해서는 근로자에 해당될 수도 있다.(노사68107-152, 1997.6.18.)

---

45 "사용자"란 사업주 또는 사업 경영 담당자, 그 밖에 근로자에 관한 사항에 대하여 사업주를 위하여 행위하는 자를 말한다.

근로자위원 선출 투표용지

노사협의회 근로자 위원후보					
기호1번	기호2번	기호3번	기호4번	기호5번	기호6번
노사협의회 선거관리위원회					

⑥ 5단계: 당선자 공고

당선자가 확정되면 바로 공고를 한다.

노사협의회 근로자위원 당선자 확정공고

2019년　월　일 실시한 노사협의회 근로자위원 선거결과 당선자를 아래와 같이 확정되었음을 공고합니다.

연번	성명	부서	입사일자	생년월일
1				
2				
3				
4				
5				

2019년　월　일

노사협의회 선거관리위원회

❼ 노사협의회관련 벌칙과 과태료

노사협의회의 설치와 운영 관련한 벌칙과 과태료는 다음과 같다.

연번	서명
노사협의회 미설치	1천만원 이하 벌금
노사협의회 관련 노동청의 시정명령을 미이행한 경우; - 노사협의회 직무수행관련해서 근로자위원에게 불이익을 준 행위에 대한 시정명령 - 근로자위원선출에 개입한 것에 대한 시정명령	500만원 이하 벌금
노사협의회를 분기마다 시행하지 않은 경우	200만원 이하 벌금
노사협의회 규정을 노동청에 신고하지 않은 경우(변경신고 포함)	200만원 이하 과태료
노사협의회에서의 보고사항을 사용자가 이행하지 않아 근로자위원이 자료제출을 요구했음에도 제출하지 않은 경우	500만원 이하 벌금
노사협의회 의결사항을 미이행한 경우	1천만원 이하 벌금 (근로자위원에게도 부과)
노사협의회의 중재기구의 중재나 노동위원회의 중재 결정을 미이행한 경우	1천만원 이하 벌금
고충처리위원을 두지 않은 경우	200만원 이하 벌금

❽ 생산직만 노동조합이 있는 경우 생산직만 노사협의회를 운영할 수 없다

노사협의회는 전사를 대상으로 한 협의기구다. 전사의 근로자와 사용자가 참여와 협력을 통해 근로자의 복지증진과 기업의 건전한 발전을 목적으로 한다.

생산직만 노동조합이 있고 그 노동조합원이 비록 전사의 과반노조라 하더라도 사무직은 대표할 수 없다. 이 때 2가지의 운영방법이 가능하다.

① 생산직에 대해서만 과반노동조합일때 생산직 노동조합의 대표자는 생산직 중에서 근로자위원을 위촉할 권한이 있으므로 사무직을 대표하는 근로자위원에 대해서만 선거절차를 거쳐서 선출

② 생산직노동조합원이 전사(생산직+사무직)의 과반수일 때 노동조합의 대표자가 생산직 중에서 근로자위원을 임명하여 노사협의회를 구성한 후 전체근로자를 대표하는 협의기구로 운영하는 방안. **이때는 이 노사협의회가 실질적으로 사무직도 대표할 수 있도록 노사위원들이 더 많은 노력을 해야 할 것이다.**

노사68010-221, 2001.6.23.

「사무직 150명과 생산직 240명 등 총 390명 근로자로 구성되어 있고 생산직 노동조합이 있음. 이 때 정당한 사유 없이 사무직 또는 생산직 등으로 구분하여 특정직 근로자의 참여를 배제하는 등 일부 근로자만을 대상으로 구성·운영되는 노사협의회는 근로자참여 및 협력증진에 관한 법률에서 정한 노사협의회로 볼 수 없을 것이며, 정당하게 구성되지 못한 노사협의회에서 협의·의결된 사항은 동 법에 의한 보호를 받지 못함.

다만, **특정직만으로 조직된 노동조합이 근로자 과반수인 경우 노사협의회의 근로자위원은 당해 노동조합의 대표자와 노동조합이 위촉하는 특정직 근로자만으로 구성될 수 있으나, 이러한 경우에도 노사협의회는 전체근로자를 대표하는 협의기구로서 운영되어야 할 것임.」**

❾ 지점에 협의회를 따로 설치할 수 있는 건지, 따로 설치해야만 하는 건지

서울에 사무직으로만 구성된 본사, 지방에는 공장이나 지점·점포들이 흩

어져 있는 경우 전사 대상의 중앙노사협의회를 설치해야만 하는지, 서울 따로 각 공장(지점, 점포) 따로 해도 되는지, 아니면 따로따로 해야만 하는지다.

법 제4조는 지역을 달리하는 사업장이 있을 때는 **그 사업장에도 '설치할 수 있다'**라고 길을 터주고 있다.

본사가 근로조건의 결정권(채용, 임금, 근로시간, 승급, 배치전환, 휴가, 안전보건, 재해보상 등)을 갖고 있을 때는(대부분 이러하지만) 본사에 전사 노사협의회를 설치해야 한다는 데는 이견이 없다. 이때는 전사의 근로자들이 선거를 해야 한다.

그러나 근로조건의 결정권 모두가 공장이나 지점으로 위임된 사례는 거의 없다. 일부 정도만 위임되어 있는 경우가 대부분이다.(채용, 승급, 배치전환, 휴가 정도). **일부 권한만 위임되어 있더라도 각 사업장별로 설치하여 운영할 수 있다고 본다. 이때는 해당사업장의 근로자들이 투표하면 된다.**

노사협력복지팀-418, 2008.2.16.
「근로조건의 결정권이 본사에 일임되어 있을 경우에는 본사에 노사협의회를 설치하여야 하고, 근로조건에 대한 포괄적 결정권한 중 일부를 위임받은 경우에는 개별사업장별로 노사협의회를 설치하는 것도 가능할 것임.」

노사협력복지팀-328, 2004.3.8.
「하나의 사업에 지역을 달리하는 사업장이 있는 경우 전체근로자 수가 30인 이상일 경우에는 그 주된 사무소에 노사협의회를 설치하여야 하고, **근로조건 결정권이 없는 사업장에 대하여도 노사자율로 노사협의회를 설치할 수 있음.**」

노사-68107, 1999.2.19.

「철도노사협의회 및 안전보건위원회운영규정 제2조제1항에 따르면 본청, 지방철도청, 철도차량정비본부에 노사협의회(이하 "협의회")를 설치하도록 정하고 있으나 만약 **사무소 단위의 협의회를 설치키로 노사 당사자가 합의하였다면 사무소 단위에도 협의회 설치가 가능**하다 할 것임.」

⑩ 상시근로자 30명에 대표, 주재원, 해외 파견자, 파견직 등 포함 여부

근로자란 근로기준법상 사용자와 근로계약관계 하에서 임금을 목적으로 근로를 제공하는 자를 말한다. '상시'란 '상태적으로(일상적으로)'라는 의미다. 상시 30인 이상이라고 할 때 어쩌다가(퇴직 때문에) 30인 미만이 됐더라도 상태적으로 또는 T/O가 30인 이상이면 30인 이상 사업장이다.

30인에 포함되는 사람과 제외되는 사람은 다음과 같다.

포함되는 사람	제외되는 사람
– 비등기임원(사용자 신분이라서 근로자위원은 될 수 없지만) – 팀장·인사·노무·회계 등 사용자를 위하여 행위하는 자(사용자신분이라서 근로자위원은 될 수 없지만) – 해외파견자(국내법인과 근로계약을 맺고 인사관리를 하고 있으며 복귀가 예정되어 있으므로 해외법인에서 월급을 주더라도) – 계약직 – 알바·임시직 – 휴직자	– 대표이사·등기임원 – 국내주재원(해외 본사에서 한국법인에 와 있는 자. 한국법인과 근로계약관계가 없고 급여도 해외 본사가 주기 때문) – 근로자파견법에 의한 파견근로자 – 사내 하도급 근로자

대법87도153, 1987.4.14.

「상시라 함은 상태라고 하는 의미로서 어떠한 사업 또는 사업장이 상시 5인 이상의 근로자를 사용하는 경우에 해당하는지 여부는 사회통념에 의하여 객관적으로 판단되어야 한다. **근로자수가 때때로 5인 미만이 되는 경우가 있어도 상태적으로 보아 5인 이상이 되는 경우에는 이에 해당한다.** 동일한 근로자를 계속 사용하지 아니하고 일용근로자를 고용하는 경우가 있더라도 이러한 근로자를 포함하여 상태적으로 5인 이상이 되는 경우에는 "상시 5인 이상의 근로자를 사용하는 사업(사업자)"으로 봐야 한다.」

⑪ 노사협의회 규정의 결정방법: 과반수 동의? 이사회 의결? 협의회 의결?

노사협의회 운영규정은 제정이나 개정 시 관할 노동청에 신고해야 한다.

　노사협의회운영규정을 확정하는 것은 **노사협의회에서의 의결이면 되고 그렇게 해야만 한다.** 근로자 과반수동의나 의견청취대상이 아니다. 대표이사의 결재나 이사회의 의결사항은 더욱 아니다.

근로자참여 및 협력증진에 관한 법률 제18조(협의회 규정) 제1항

「노사협의회는 그 조직과 운영에 관한 규정(이하 "협의회규정"이라 한다)을 제정하고 협의회를 설치한 날부터 15일 이내에 고용노동부장관에게 제출하여야 한다. 이를 변경한 경우에도 또한 같다.」 (위반시 200만원 이하 과태료)

동법 시행령 제5조(협의회규정) 제2항

「협의회규정을 제정하거나 변경할 경우에는 협의회의 의결을 거

쳐야 한다.」

　의결정족수는 근로자위원, 사용자위원 각 과반수의 출석으로 개최한 다음 출석위원 2/3이상의 찬성이 필요하다.

동법 제15조(정족수)
「회의는 근로자위원과 사용자위원 각 과반수의 출석으로 개최하고 출석위원 3분의 2 이상의 찬성으로 의결한다.」 (위반시 처벌 없지만 의결의 효력이 없다.)

⑫ 노조가 있더라도 과반수미만노조면 근로자위원은 투표로 뽑아야 한다

과반수를 대표하는 노동조합의 대표는 근로자위원을 임명할 권한이 있다. **과반수미만노조일 때의 근로자위원은 법대로 직접·비밀·무기명투표로 뽑아야 한다.**

　과반수노조일 때 노조대표가 임명한 근로자위원은 그 임기 3년 중에 과반수미만 노조가 되더라도 임기동안은 근로자위원 자격이 있다. 이 때 누군가 퇴직 또는 사퇴하여 후임을 정할 때에는 투표로 뽑아야 한다.

　비조합원수가 과반수가 되어 그들이 제2의 노조를 설립하더라도 기존 근로자위원의 임기는 보장된다. 임기가 종료된 후라야 과반수를 차지한 제2노조가 근로자위원을 임명할 권한이 있다.

법 제6조(협의회의 구성) 제2항
「근로자를 대표하는 위원은 근로자가 선출하되, 근로자의 과반수로 조직된 노동조합이 있는 경우에는 노동조합의 대표자와 그 노동조합이 위촉하는 자로 한다.」

노사협력복지팀-2650, 2007.10.1.
「근로자 과반수로 조직된 노동조합이 근로자위원 임기만료 전에 조합원수의 변동으로 근로자 과반수를 대표하지 못하더라도 근로자위원의 자격은 임기만료 시까지 유지됨.」

⓭ 정직중인 자, 해고효력을 다투고 있는 노조대표의 협의회 참석가능여부

징계로 정직중인 근로자위원이라 하더라도 근로관계는 지속되고 있으므로 노사협의회에 평상시처럼 참석할 수 있고 사용자는 이를 막을 수 없다. 단, 노사협의회운영규정으로 참석을 배제한다는 조항이 있으면 참석할 수 없다.

노사68107-29, 1999.1.23.
「노사협의회규정에 징계 등으로 인하여 정직중인 자의 노사협의회위원으로서 자격을 제한하는 규정이 없는 한, 아직 근로관계가 단절되지 아니한 정직자도 협의회 위원으로 참여가 가능함.」

해고의 효력을 다투는 중에 있는 자(부당해고 구제신청 또는 해고무효의 소)는 확정판결전이라 하더라도 근로관계가 단절된 것이므로 근로자위원자격을 상실한다.

법 제2조에서 근로자위원을 할 수 있는 근로자는 근로기준법 제2조의 근로자로 정의하고 있다.

노동조합법 제2조가 노동위원회에서 해고효력을 다투는 자를 '근로자가 아닌 자로 해석해서는 안 된다'라고 정의했다 하더라도 이는 노동조합활동에 대해서만이기 때문이다. 노조대표가 아니더라도 누구나 마찬가지로 근로자위원자격을 상실한다.

노사68107-8-5, 1998.1.6.
「노조대표자가 해고된 경우 부당노동행위로 인한 해고의 효력을 다투고 있다 하더라도 근로기준법상 근로자로서 인정이 되지 않는다면 근로자위원의 자격을 유지한다고는 볼 수 없다.」

⑭ 노사위원은 반드시 3~10인으로 노사동수에 임기 3년이어야 하는지

이를 위반한데 대해서는 처벌은 없다. 위반한다 하여 설치한 노사협의회가 무효화 되지는 않는다.

다만 노사동수가 아닐 때에는 의결사항의 효력관련해서는 문제가 될 수 있다. 의결정족수는 근로자위원과 사용자위원의 각 과반수의 출석과 출석위원 2/3이상의 찬성이 있어야 하기 때문이다. 극단적으로 사용자위원은 5명인데 근로자위원이 1명 또는 그 반대라면 노사협의회에서의 협의나 보고관련해서도 실질적인 노사협의회로 보기 어렵다. 따라서 **노사동수는 준수하는 것이 좋겠다.**

사용자는 근로자위원들의 임기를 짧게 해서 여러 근로자들과 소통하고 싶어 하겠지만, 3년은 돼야 실질적인 노사협의회 취지(근로자와 사용자가 참여와 협력을 통해 근로자의 복지증진과 기업의 건전한 발전을 도모)를 살릴 수 있다고 본다. 노사협의회 규정으로 연임을 제한하더라도 법 위반은 아니지만 법에서 연임의 길을 터준 것도 노사협의회의 취지를 더 살리기 위한 것이다.

노사협력정책과-2871, 2009.7.29.
「법 제8조제1항은 "위원의 임기는 3년으로 하되 연임할 수 있다"고 규정하고 있으므로, 노사협의회규정상 위원의 **임기를 2년으로 규정하고 있다고 하더라도 3년으로 적용**하여야 함.
노사협의회 위원은 법 제6조제1항에 따라 노사협의회규정으로 인원수를 정할 수 있는바 노사 동수의 위원으로 구성하여야 함.」

노사협력정책과-464, 2009.2.9.
「법 제8조제1항 후단 '연임할 수 있다'는 규정은 연임제한을 금지하는 강행규정이 아니므로 협의회규정에 연임제한에 관한 조항을 두더라도 법에 위배된다고 볼 수 없다.」

⑮ 법상 의결사항은 반드시 의결해야 효력이 있는지

근참법 제21조는 의결사항의 항목으로 5가지를 규정하고 있다.
① 근로자의 교육훈련 및 능력개발 기본계획의 수립
② 복지시설의 설치와 관리
③ 사내근로복지기금의 설치
④ 고충처리위원회에서 의결되지 아니한 사항
⑤ 각종 노사공동위원회의 설치

회사가 복지시설(휴게실, 구내식당 등)을 도입하고자 하더라도 반드시 노사협의회에서 정족수를 지킨 의결을 거칠 의무는 없다. **의결을 거칠지 여부는 노사 당사자의 자유다.** 의결을 거치지 않아도 처벌규정은 없다. 효력에 영향을 주는 것도 아니다. 단, 의결을 거쳤는데 이행하지 않을 때는 사용자든 근로자위원이든 1천만원 이하 벌금이 있다.

노동조합이 있는 경우를 제외하고는 대부분 사례는 의결을 거치지 않는다.

노사-68107, 1998.12.26.
「노사협의회에서 의결된 사항을 정당한 사유 없이 이행하지 아니한 자에 대하여 처벌하도록 되어 있을 뿐 노사 당사자 간 어느 일방이 의결사항에 대하여 의결을 거치지 않고 시행할 경우에 대한 법적 효력에 관하여 구체적인 규정이 없으므로 이를 이유로 한 처벌은 어렵다. 한편, 법 제정 취지에 비추어 볼 때 동법은 노사 쌍방이 참여와 협력을 통하여 노사 공동의 이익을 증진시키는 것이 목적이므로 노사 간 성실한 협의를 통해 해결하는 것이 바람직함.」

⑯ 고충처리위원을 한 명만 선임하여 고충을 처리해도 타당한지

고충처리위원은 노사를 대표하는 3인 이내의 위원으로 구성하도록 되어 있으므로 **한 명도 가능하다.** 그러나 원만한 고충처리를 위해(사용자위원에게 말하기 곤란한 경우를 대비) 사용자위원, 근로자위원 각 1명 정도씩 구성하는 것이 바람직하다. 1명이든 2명이든 고충처리위원이 처리하지 못한 고충은 노사협의회에 부쳐 처리한다.

노사협의회가 설치되어 있으면 사용자위원이나 근로자위원 중에서 선임해야 한다. 노사협의회가 설치되어 있지 않았거나 설치 전이면 사용자가 위촉한다. 고충처리위원도 상시근로자 30인 이상부터 둘 의무가 있고 위반 시 300만원 이하 벌금이 있다. **사용자가 위촉한 후에 노사협의회가 설치되더라도 임기 3년이 지난 다음에 근로자위원이나 사용자위원 중에서 새로 선정해야 한다.** 선정은 노사가 협의하여 한다.

근참법 제27조
　「① 고충처리위원은 노사를 대표하는 3명 이내의 위원으로 구성하되 협의회가 설치되어 있는 사업이나 사업장의 경우에는 협의회가 그 위원 중에서 선임하고, 협의회가 설치되어 있지 아니한 사업이나 사업장의 경우에는 사용자가 위촉한다.
② 위원의 임기에 관하여는 협의회 위원의 임기에 관한 제8조(3년 및 연장
　가능)를 준용한다.」

노사-68130, 1996.8.29.
　「법 제27조제1항의 규정에 의하여 고충처리위원은 노사를 대표하는 3인 이내의 위원으로 구성한다.」
　고충처리위원(사용자가 아니더라도)은 고충접수 후 10일 이내에 조치사항과 그 외 처리결과를 해당 근로자에게 통보해야 하며 고충처리대장을 작성하고 1년간 보존해야 한다.

⑰ 노동청에 신고해야 할 것과 하지 않아도 되는 것

　노사협의회를 처음 설치한 후 **노동청에 신고해야 할 서류는 노사협의회**

운영규정 한가지다. 의결 후 15일 내 신고해야 한다. 개정했을 때도 같다. 법정 신고서 양식에 첨부한다.(미신고 시 200만원 이하 과태료)

아래 나머지 서류는 신고하지 않고 보관만 하면 된다.

- 분기별 노사협의회 회의록(보관의무 위반 시 처벌은 없지만 입증할 수 없으므로 노사협의회를 하지 않은 것으로 간주된다.(분기 1회 하지 않은 경우 200만원 이하 벌금)
- 노사협의회 근로자위원 및 사용자위원 명단
- 고충처리위원 명단(위원을 두지 않은 경우 200만원 이하 벌금)
- 고충처리대장(1년간 보관의무, 위반 시 처벌 없음) 등은 신고할 의무가 없다.

⑱ 노사협의회와 단체교섭의 비교

과반노조일 때는 노조대표가 노사협의회의 근로자위원들을 임명할 권한이 있기 때문에 노사협의회 테이블과 단체교섭 테이블의 분위기는 비슷할 수 있다. 노사협의회에서는 결렬을 이유로 쟁의행위를 못하는 것 말고는 다루는 주제도 비슷하다. 비교하면 다음과 같다.

노사협의회와 단체교섭의 비교

구 분	노사협의회	임금 · 단체교섭
법률상 목적	생산성향상과 근로자 복지증진 등 노사공동의 이익 추구	근로조건의 유지 · 개선
전제	노사협력, 노사화합	노사 간 이해관계의 대립이 주
단체행동	불가	결렬시 가능
주체	노사 위원	노조, 사용자
진행 방법	협의, 보고, 의결	교섭, 협약체결

MEMO

제17장

업무상 재해

맞벌이 하는 김 사원은 퇴근길에 마트에 들러 애기 분유도 사고 장도 보곤 한다. 이 날도 집에 가는 길에 마트에 들러 필수품들을 사고 집에 가다가 눈길에 넘어져 발목을 다쳤다. 다음 날 출근을 못하게 되어 상사에게 보고하고 인사팀에는 산재처리를 해 달라고 요청하였다.

인사팀 장 보고 집에 가다가 다친 거라 퇴근길 재해로 볼 수는 없어요. 사적인 용무를 본 거기 때문에요.
김 사원 맞벌이 하다 보니까 퇴근할 때 장을 볼 수 밖에 없고, 딱 필요한 일용품 몇 개만 사가지고 나왔다가 집에 가는 길이었어요. 정상적으로 퇴근하는 길이었다고요. 사적으로 쇼핑한게 아니고요. 영수증도 제출하겠습니다.
인사팀 그럼 마트 영수증하고 마트에 체류했던 시간 등을 보고 업무상인지 여부를 검토해 볼께요. 하지만 결정권한은 근로복지공단에 있으니 회사 검토와 무관하게 공단에 산재신청하는 건 김 사원씨의 재량입니다.

❶ 업무상재해가 분명한데 공상처리하면 산재은폐인지

공상(公傷)이란 공적인(근무 중) 부상이나 질병을 말한다. 공적이라는 것은 곧 업무상을 의미한다. 사상(私傷)과 대비되는 말이다. 사상으로 결근할 때는 병가이고 공상일 때는 공가(공상휴가)가 된다. 공상은 유급휴가가 원칙이다.

공상처리라 함은 업무상 재해가 발생했을 때 근로복지공단에 산재처리하지 않고 회사가 유급휴가와 함께 치료비를 부담하는 것을 말한다. 불법이 아니다. **산재은폐도 아니다.**

보통 경상일 때 공상처리하곤 한다. 공단에의 산재처리절차가 번거롭기 때문이다.

공상처리하더라도 노동청에 신고해야 하는 재해라면 재해발생일로부터 30일 안에 신고해야 한다.

공상처리할 때의 병원치료비는 건강보험혜택을 받을 수 없다. 사적으로 다친 게 아니기 때문이다. 일반수가로 병원비를 납부해야 한다. 건강보험 적용을 받았다가 나중에 건강보험에 체크가 돼서 연락이 오면 건강보험혜택분을 건강보험공단에 반환해야 한다.

❷ 재해발생신고 의무

재해가 발생한 날로부터 1개월 안에 3일연속 요양을 위해 출근을 하지 못할 때다. 재해발생일은 휴업일수에 넣지 않는다. 휴업일수 중간에 토·일·공휴일이 있어도 휴업일수로 친다.

하루걸러 하루씩 휴업을 해서 합 3일을 해도 재해발생신고 대상이 아니다. 연속 3일일 때 만이다. 회사에 잠깐씩이라도 나와서 일을 했으면 휴업이 아니다. 여기서 회사는 재해발생신고를 면탈하고자 하는 유혹을 받는다. 입원한 상태가 아니라면 피재자로 하여금 하루에 한 시간씩이라도 나오라고 하거나 이틀만 쉬게 하거나, 치료 차 회사에 못나왔는데 출근한 것으로 출근부를 만들거나 하는 것이다.

실제 회사를 못나온 것도 판단기준 중의 하나지만 **의사의 소견서도 중요한 판단기준이다.** 실제 출근을 한 시간씩 했어도 의사소견이 3일이든 일주일이든 출근못할 정도의 요양소견이면 재해발생신고를 해야 한다. 미신고 시 천만원 이하의 과태료다. 출퇴근재해는 재해발생신고대상이 아니다.

업무상 부상인지 판단하기 어려울 때는 일단 보수적으로 노동청에 신고해 놓고, 공단에서 불승인 받으면 기 신고한 것을 반려신청하면 된다. 신고의 기산일에 관한 한 공단의 승인일을 산재발생일로 간주할 때도 있지만 부상의 경우는 미신고로 간주될 리스크가 있기 때문이다.

질병의 경우는 업무상인지 아닌지 불명확할 때가 더 많은데 이때는 근로복지공단에서 산재를 승인을 해 준 날로부터 1개월 안에 신고하면 된다. 1개월의 기산은 공단 승인일의 다음날부터다. 1개월째가 토·일·공휴일이면 그 다음 날까지가 신고기한이다.

❸ 산재와 무재해운동기록

주로 공장에선 무재해운동을 하면서 무재해달성시간을 측정한다. 사업장 안에서 업무상 재해가 발생하면 무재해기록시간을 0시간으로 리셋해야 한다. 그러나 **사업장 내 작업과 무관한 출퇴근재해, 출장중 사고, 외부 교육중 사고, 회식중 사고 등은 사업주의 산업안전보건법 위반으로 볼 수 없**

기 **때문**에 무재해기록에 영향을 주지 않는다.

❹ 출퇴근 중 무면허운전, 음주운전, 교통법규위반으로 사고[46]

1) 무면허운전

범죄행위로써 원칙적으로 업무상재해로 인정되지 않는다. 그러나 무면허 사실에 대해 특별한 사정이나 불가피하다고 인정될만한 사정이 있는 경우 근로복지공단은 사실관계여부에 따라 판단하겠다고 밝혔다.

〈무면허 사고인정 범위 예시〉

− 운전면허가 없는 자가 자동차를 운전하다 운전미숙으로 인한 단독사고: 재해의 주된 원인이 무면허에 따른 '범죄행위'에 해당하여 불인정
− 병원에서의 요양으로 운전면허 갱신기간 만료일이 2개월여 도과한 것을 모르고 퇴원 후 자동차를 운전하다 다른 차량의 신호위반으로 사고가 발생한 경우: 재해의 주된 원인이 운전미숙이 아니고, 다른 차량의 신호위반으로 사고가 발생한 경우로서 범죄행위로 보기 어려움

2) 음주운전

요양부−5870, 2012.6.18. 음주운전사고에 대한 업무상재해 판단요령 중

「업무수행성: 음주운전 행위는 그 자체가 사업주의 지배범위를 이탈한 것으로 볼 수 있어 '업무수행성'이 인정되지 않는 경우가 많으므로 **업무수행**

---

46 출퇴근재해 업무처리지침, 근로복지공단, 2018.1.

을 위해 부득이 음주상태에서 운전을 할 수밖에 없는 사정이 있는 경우 외에는 그 음주운전에 따른 사고는 업무외 재해로 판단」

업무수행 중이더라도 음주운전 및 그에 따른 과실로 사고가 발생한 경우 이는 범죄행위로 발생한 사고이므로 원칙적으로 업무상의 재해가 아니다. 음주운전 중에 사고가 발생한 경우에도 그 사고가 '운전 자체에 통상 수반되는 위험이 현실화된 사고[47]로 인정되는 경우에는 예외적으로 업무상의 재해로 인정될 수도 있을 것이다.

3) 보행 중이나 차량 이외에 수단으로 이동 중의 사고도 근로복지공단은 상기에 준해서 판단할 것으로 예상된다.

❺ 감정노동, 직장내괴롭힘으로 인한 질병도 산재

2019.7.16.부터 적용된다. 산재법 제37조에 신설되었다.

"근로기준법 제76조의2에 따른 직장내괴롭힘, 고객의 폭언 등으로 인한 업무상 정신적 스트레스가 원인이 되어 발생한 질병으로서 업무와 재해 사이에 상당인과관계가 있을 때"다.

감정노동은 미국 사회학자 엘리 러셀 혹실드(Arlie Russell Hochschild)의 저서 「The Managed Heart(직역하면 '관리되는 마음', 의역하면 '감정노동'이 되겠다), 1983」에서 처음 소개된 용어로 알려져 있다. **자신의 감정을**

---

47 예를 들면 '음주운전 중 신호대기 정차 상태에서 상대 차량의 후면 추돌로 사고가 발생한 경우'등과 같이 음주운전과 무관하게 발생한 사고(출퇴근재해업무처리지침, 근로복지공단, 2018.1.)

억누르고 일을 하거나, 속마음과 다른 표정이나 감정으로 수행하는 노동

을 말한다. 콜센터 상담원, 승무원, 은행원, 백화점 직원 등이 대표적이다.

자주 발생하는 직장내괴롭힘의 유형에는 정당한 이유없이 업무나 일상
생활에서 배제(이메일 수신자에서 제외, 교육에서 제외, 미팅에서 제외,
업무분장에서 제외, 밥 먹을 때 제외 등), 막말 등이 있다.

❻ 직원간 폭행으로 인한 부상의 산재여부

폭행이 업무와 인과관계가 있으면 산재가 된다.

근로자가 직장 안에서 타인의 폭력에 의하여 재해를 입은 경우 그것이
가해자와 피해자 사이의 사적인 관계에서 비롯됐거나, 피해자가 직무의
한도를 넘어 상대방을 자극하거나 도발한 경우에는 업무상 사유에 의한
것이라고 할 수 없다. 업무상 재해가 아니다. 그러나 직장 안의 인간관계
또는 직무수행과 상당한 인과관계가 있으면서 사람 사이의 다툼에서 통상
수반하는 위험이 현실화된 것이라면 업무상 재해로 인정된다.

대법 2008다12408, 2011.7.28.
「건물신축 공사현장에서 작업의 진행방식 내지 진행순서에 관한
근로자들 상호간의 의사소통의 부족으로 인하여 야기된 다툼으로서 **직장
안의 인간관계 또는 직무에 내재하거나 통상 수반하는 위험이 현실화된
것이고**, 피고들과 보조참가인 사이의 사적인 관계에 기인한 경우 내지 보
조참가인이 직무의 한도를 넘어 상대방을 자극하거나 도발한 경우라고 볼
수 없으므로, 업무와 이 사건 재해 사이에는 상당인과관계가 있다. 업무상
재해다.」

서울행법 2015구합78083, 2016.4.14.

「자신의 도발로 인해 직장 내 타인으로부터 폭행을 당한 경우, 이는 수행하던 업무에 내재하거나 이에 통상 수반하는 위험의 현실화라고 보기 어렵고 사회적 상당성을 넘어서는 것으로서 **사적인 화풀이의 일환으로** 상대방의 폭행을 유발한 것이므로 업무상 재해에 해당하지 않는다.」

제18장

파견근로자

계약직으로 일하던 김 사원은 2년 계약이 만료될 때 회사로부터 파견회사
로 소속을 바꿔 입사하면 파견직으로 계속 일하게 해 주겠다는 제안을 받
았다.

김 사원 2년 계약되면 무기직이나 정규직으로 해 주셔야 되는 거 아닌가
요? 파견회사소속으로 해서 다시 파견직으로 2년 할 수 있으면 누구나 다
계약직에서 파견직, 파견직에서 다시 계약직 이렇게 회전문처럼 해도 된
다는 건지요?

인사팀 파견사원도 2년 되면 회사가 계약직으로 2년 더 사용할 수 있듯이
처음 계약직으로 2년 된 다음 파견회사 소속으로 다시 2년 파견이 되지
않겠습니까?

김 사원 그럼 파견법에서 2년 사용 제한조항이 있으나 마나 아닌가요?

파견근로자란 파견근로자 보호 등에 관한 법률에 의한 파견근로자를 말한다. 계열사나 모자회사로의 출장파견은 아니다. **출장파견은 파견근로자 보호 등에 관한 법률과 무관하다.** 출장파견을 보낸 회사는 파견을 대가로 매출을 올리거나 파견을 주업으로 하는 게 아니기 때문이다.

❶ 파견근로자에 대한 근로기준법의 의무는 사용사업주와 파견사업주가 각각 부담

파견근로자에 대한 근로계약체결 당사자는 파견회사이고 사업주도 파견회사다. 그러나 파견근로자를 직접 사용하는 자는 사용사업주이고 사용사업주의 물리적인 장소에 편입되어 일을 하므로 사용사업주에게도 사업주의 의무를 부과하고 있다.

사용사업주와 파견사업주가 부담하는 근로기준법상의 의무

사용사업주가 부담하는 의무	파견사업주가 부담하는 의무
1. 근로시간(50조)	1. 근로기준법에 미달하는 근로계약은 그 부분에 한해 무효처리하고 근로기준법 강제적용(15조)
2. 탄력적근로시간제(51조)	2. 근로계약시 근로조건의 명시(17조)
3. 선택적근로시간제(52조)	3. 단시간근로자의 근로조건(18조)
4. 연장근로의 제한(53조)	4. 근로조건 위반시 손해배상(19조)
5. 휴게(54조)	5. 위약예정 금지(20조)
6. 휴일(55조)	6. 전차금상계 금지(21조)
7. 근로시간계산의 특례(58조)	7. 강제저금 금지(22조)
8. 근로시간 및 휴게시간의 특례(59조)	8. 정당한 사유 없는 해고 등 금지(23조)
9. 연차휴가의 대체(62조)	9. 경영상 이유에 의한 해고 제한(24조)
10. 근로시간, 휴게, 휴일의 적용제외(63조)	10. 경영상 이유로 해고한 자의 우선재고용의무(25조)
11. 연소자근로시간(69조)	11. 해고예고 또는 해고수당 지급(26조)
	12. 해고시 서면통보(27조)

사용사업주가 부담하는 의무	파견사업주가 부담하는 의무
12. 연소자,여성의 근로시간 제한 (70조)	13. 부당해고 구제 피신청인(28조)
13. 산후 1년 미만자의 시간외근로 (71조)	14. 노동위원회 조사(29조)
14. 연소자,여성의 갱내근로금지 (72조)	15. 구제명령의 이행(30조)
15. 생리휴가(73조)	16. 구제명령 등의 확정(31조)
16. 임산부 보호, 출산전후휴가 등 (74조)	17. 구제명령 등의 효력부담(32조)
17. 태아검진시간부여(74조의2)	18. 이행강제금 납부(33조)
18. 육아시간(75조)	19. 퇴직급여제도 설정(34조)
	20. 해고예고의 예외(35조)
	21. 금품청산(36조)
	22. 사용증명서 발급(39조)
	22. 근로자명부(41조)
	23. 계약서류의 보존(42조)
	24. 임금지급의무(43조)
	25. 체불사업주 명단공개(43조의2)
	26. 임금 등 체불자료의 제공(43조의3)
	27. 도급사업에 대한 임금지급(44조)
	28. 건설업에서의 임금지급 연대책임(44조의2)
	29. 건설업 공사도급의 임금에 관한 특례(44조의3)
	30. 비상시 지급(45조)
	31. 휴업수당(46조)
	32. 도급근로자(47조)
	33. 임금대장(48조)
	34. 연장 · 야간 · 휴일근로수당(56조)
	35. 연차유급휴가(60조)
	36. 취업최저연령과 취직인허증(64조)
	37. 연소자증명서(66조)
	38. 연소자 근로계약(67조)
	39. 미성년자 임금청구(68조)
	40. 산재요양보상(78조)
	41. 휴업보상(79조)
	42. 장해보상(80조)
	43. 휴업보상과 장해보상의 예외(81조)
	44. 유족보상(82조)
	45. 장의비(83조)
	46. 일시보상(84조)
	47. 분할보상(85조)
	48. 보상청구권(86조)
	49.다른 손해배상과의 관계(87조)

사용사업주가 부담하는 의무	파견사업주가 부담하는 의무
	50. 보상관련 고용노동부장관의 심사와 중재(88조)
	51. 보상관련 노동위원회의 심사와 중재(89조)
	52. 보상관련 도급사업에 대한 예외(90조)
	53. 보상관련 서류의 보존(91조)
	54. 보상시효(92조)

❷ 파견근로자의 연차휴가사용촉진

연차휴가의 사용촉진조항은 근로기준법 제61조다. 연차휴가(60조)의 발생→ 사용→보상은 파견사업주에게 있다고 명시되어 있으나 **사용촉진(61조)은 사용사업주, 파견사업주 모두에게 없다. 결국 두 사업주 모두가 할수 있다.**

⚖ **파견근로자법 제34조(근로기준법의 적용에 관한 특례) 1항중**
「파견중인 근로자의 파견근로에 관하여는 파견사업주 및 사용사업주를 「근로기준법」 제2조의 규정에 의한 사용자로 보아 동법을 적용한다.[48]」

연차휴가조항(60조)을 이행할 의무가 있는 사용자는 파견사업주이므로 파견근로자가 연차휴가를 사용하고자 할 때에는 파견사업주에게 승인 받는 것이 원칙이다. 실무상 사용사업주에게 승인받고 사용사업주가 파견사업주에게 통보할 수도 있다.

---

48 1항 단서는 위 표처럼 사용사업주와 파견사업주가 부담하는 근로기준법상의 의무를 언급하고 있는데 이를 도표화한 것이 위 표다.

누가 휴가사용을 승인했든 누가 연차휴가 사용촉진을 했든 미사용연차 휴가에 대한 금전보상의무는 파견사업주에게 있다.

❸ 미사용연차휴가수당을 지급하지 않은 경우의 책임 주체

미사용연차휴가수당의 지급의무는 파견사업주에게 있다. 사용사업주가 연차휴가보상비를 파견사업주에게 지급하지 않아 파견사업주가 파견근로 자에게 미지급했더라도 **사용사업주에게 책임을 당연하게 묻기는 어렵다.**

파견법 제34조 제2항은 파견사업주가 임금을 지급하지 못할 경우 사용 사업주가 파견사업주와 함께 연대책임을 지는 사유를 2가지로 국한하고 있기 때문이다.

① 사용사업주가 정당한 사유 없이 근로자파견계약을 해지한 경우
② 사용사업주가 정당한 사유 없이 근로자파견계약에 의한 근로자파견 의 대가를 지급하지 아니한 경우

②에서 파견대가에 연차휴가수당까지 파견금액에 산입하여 회사대회사 끼리 파견계약을 체결했다면, 사용사업주가 지불하기로 약정한 연차수당 금액범위 내에서 연대책임이 있다고 본다. 미사용연차휴가수당은 사전에 는 얼마가 될지 확정할 수 없어 두 회사가 약정한 금액과 실제 파견근로자 에게 지급해야 할 연차수당은 다를 수 있기 때문이다.

❹ 파견근로자에 대한 안전보건 책임 주체

파견근로자는 사용사업주의 사업장에 물리적으로 편입되어 사용사업주

의 지휘감독과 노무관리 하에서 근로를 제공한다. **사용사업주의 구체적인 지시감독 하에 업무를 수행하던 중일 때 발생한 재해는 사용사업주에게도 책임이 있겠지만 파견사업주 또한 책임을 부담한다.** 파견근로자는 파견사업주와 근로계약을 맺고 있으므로 파견사업주는 사업주로서의 일반적인 지휘감독권이 있기 때문이다. 다만, 파견사업주가 파견근로자의 일반적 지시감독권 행사에 주의를 다했다고 인정되면 면책된다고 본다.

대법2001다24655, 2003.10.9.

「파견사업주는 파견근로자에 대한 파견명령권과 징계권 등 근로계약에 기한 모든 권한을 행사할 수 있으므로 파견근로자를 일반적으로 지휘·감독해야 할 지위에 있게 되고,

따라서 파견사업주와 파견근로자 사이에는 민법 제756조의 사용관계가 인정되어 파견사업주는 파견근로자의 파견업무에 관련한 법률행위에 대하여 파견근로자의 사용자로서의 책임을 져야 한다.

다만, 파견근로자가 사용사업주의 구체적인 지시·감독을 받아 사용사업주의 업무를 행하던 중에 불법행위를 한 경우에 파견사업주가 파견근로자의 선발 및 일반적 지휘·감독권의 행사에 있어서 주의를 다하였다고 인정되는 때에는 면책된다고 할 것이다.

이 사건 파견근로자의 파견업무인 자동차의 운전업무와 관련하여 발생한 사고에 대하여는 **파견근로자에 대한 일반적 지휘·감독권을 갖는 파견사업주로서도 그 사고의 위험이 생길 원인을 제공한 데 또는 그 위험 방지 조치를 다하지 못한 데에 책임이 있다.」**

⑤ 산업안전보건법상 의무에 대한 구체적인 책임 주체

더 구체적으로 살펴보면 파견법은 산업안전보건법상의 책임주체에 대해서도 다음과 같이 규정하고 있다.

산업안전보건법상의 각각의 의무

사용사업주가 부담하는 의무	파견사업주가 부담하는 의무
1. 산업안전보건법상의 모든 조항 ※ '채용'시의 안전보건교육은 '근로자파견의 역무를 제공받은 때'를 채용으로 간주 2. 건강진단 실시의무 및 결과를 파견근로자에게 설명할 의무 및 파견사업주에게 건강진단결과를 송부할 의무(35조3항)	1. 국민건강보험법에 의한 건강진단 실시의무와 결과에 대한 설명의무, 사용사업주에게 건강진단결과 송부 의무

산업안전보건법상의 공동의 의무

사용사업주 및 파견사업주가 공동으로 부담하는 의무
1. 근로자의 안전과 건강 유지의무(5조1항) 2. 기계 · 기구 · 설비를 설계 · 제조 · 수입, 원재료를 제조 · 수입, 건설물을 설계 · 건설하는 자의 산업재해방지 의무(5조2항) 3. 정기건강진단결과 작업장소 변경, 작업전환, 근로시간단축, 야간근로 제한, 작업환경측정 또는 시설 · 설비의 설치, 개선노력의무(43조5항) 4. 건강진단결과의 비공개의무(43조6항) 5. 노동청에 산업안전보건의무 위반사실을 신고한 근로자에 대한 불이익 금지의무(52조2항)

❻ 2년 후 파견직 ↔ 계약직의 회전문 근로계약

계약직은 2년이 경과하면 계약기간의 정함이 없는 자로, 파견직은 2년이 경과하면(불법파견 포함) 사용사업주에게 고용의무가 발생한다. 최초에 파견직으로 사용한 경우 2년이 경과한 날에 계약직으로 고용해도 고용의무는 이행한 것으로 간주된다. 계약직으로 2년이 되는 날(처음 2년 파견직까지 하면 총4년) 계약을 종료할 것인지 계약기간의 정함이 없는 자로 고용할 것인지 사용자는 결정해야 한다.

반대로 **최초에 계약직으로 고용하여 2년이 된 날 근로계약을 종료하고 파견회사소속으로 바꾼 다음 파견직으로 사용하는 것은 허용되지 않는다.** 고용노동부는 위법으로 단정하진 않지만 기간제법을 면탈할 목적일 때는 위법으로 보고 있다. 서울고법도 위법으로 본 사례가 있다. 필자 또한 위법으로 보는 것이 타당하다고 판단한다.

결국 최초 파견직 2년→계약직 2년은 위법으로 보기 어렵지만, 최초 계약직 2년→파견직 2년 또는 파견직 2년→계약직 2년 → 파견직 2년 등 회전문처럼 사용하는 것은 위법으로 본다.

📖 고용차별개선정책과-789, 2009.7.23.

「사용자는 2년을 초과하지 아니하는 범위 안에서 기간제근로자를 사용한 후 근로계약을 갱신하지 아니하고 당해 고용관계를 종료시킬 수도 있을 것임.

이 경우 고용관계가 종료된 근로자가 파견업체에 취업한 후 다시 기간제근로자로 근무하던 사업장에서 파견근로를 하더라도, 이는 기간제근로자로 2년을 초과하여 사용하는 경우가 아니기 때문에(즉 2년을 초과하는 시점부터는 파견근로자로 사용하는 것임), 원칙적으로 그 근로자는 기간의 정함이 없는 근로자가 되는 것이 아님.

그러나 계약상 파견직으로 전환하여 사용하는 형식을 취했으나, 실제로는 같은 근로자를 계속 사용하면서 기간제근로자의 사용기간(2년) 제한을 면탈할 목적으로 단순히 근로계약 형태를 전환한 것에 불과하다면, 이 경우는 기간제근로자로 사용한 기간과 파견근로자로 사용한 기간을 합산하여 2년 초과 여부를 계산하게 될 수도 있을 것으로 사료됨.(사안에 따라 개별적·구체적 판단이 필요)」

서울고법2012나59376, 2013.3.13.
「기간제로 2년 사용 후 기간제법 적용회피의 방편으로 파견근로로 전환했더라도 이는 **형식적인 파견근로계약일 뿐이므로 근로계약상의 근로계약기간과는 관계없이 2년이 경과한 날부터 기간의 정함이 없는 근로자로 되었다고 보아야 한다.**」

제19장

불법파견과 위장도급

사내협력사에서 일하는 김 사원은 출근부터 퇴근때까지 하루종일 원청의 감독자로부터 업무통제를 받고 있다. 휴가도 그에게 허락받아야 할 때도 있다. 최근 언론에서도 위장도급이니 불법파견이니 하는 얘기가 자신한테도 해당되는 건 아닌지하는 생각이 들기도 한다. 그런데 위장도급이나 불법파견에 대해 인터넷을 찾아보아도 너무나 복잡하다. 내가 지금 불법파견상태인지 아닌지 판단이 서질 않는다. 그렇다고 노동청에 바로 진정을 냈다가 내가 불법파견인 걸 소명하지 못하면 회사만 짤리는 건 아닌지 걱정도 된다.

필자 주
위장도급(불법파견)인지 여부를 판단하는 것은 쉬운 일이 아니다. 판단요소도 많은데다가 그 판단요소를 어느 회사든지 일률적으로 대입하기도 어렵기 때문이다. 법원의 판결에서도 어느 사내하도급에 대해서든 일률적으로 적용할 판단기준을 제시하기 어려운 이유이기도 한다. 따라서 그간의 법원의 축적된 판단기준으로 면밀하고 디테일하게 사내협력사의 업무추진상황을 분석해야만 한다.

위장도급이나 불법도급이란 말은 법률에는 없다. 모두 근로자파견법을 위반한 경우를 말하는데 불법파견 중의 한 유형이다. 도급(용역)으로 위장한 파견이라는 의미다. 계약을 도급(용역)계약으로 체결했으면 파견처럼 운영하지 말고 도급으로 운영해야 하는데, 실질은 근로자파견처럼 운영하기 때문에 위장도급 또는 불법파견, 불법도급이라 표현한다. **근로자파견의 탈법 운영**을 말한다.

위장도급에서 도급의 물리적 장소는 사내하도급을 말한다. 근로감독이나 판결들도 99%이상이 사내하도급이 대상이다. 사외하도급은 상대적으로 불법성이 급격히 낮아지기 때문이다. 어떤 때 위장도급이 되고 극복대책은 무엇인지 알아본다.

❶ 불법파견의 종류, 위장도급이 다가 아니다

불법파견의 종류는 5가지로 분류할 수 있다.(파견법 제5조 · 제6조 · 제6조의2)

① 32개의 직종 외에 파견근로자를 파견 또는 사용한 경우

② 파견금지직종에 일시적 · 간헐적 사유로 6개월 이상 파견 또는 사용한 경우

③ 파견이 절대금지된 직종에 일시적 · 간헐적이라는 이유로 파견 또는 사용한 경우[49]

---

49 파견 절대금지직종:
1. 건설공사현장에서 이루어지는 업무
2. 항만운송사업법 제3조제1호, 한국철도공사법 제9조제1항제1호, 농수산물유통 및 가격안정에 관한 법률 제40조, 물류정책기본법 제2조제1항제1호의 하역업무로서 직업안정법 제33조의 규정에 따라 근로자공급사업 허가를 받은 지역의 업무
3. 선원법 제2조제1호에 따른 선원의 업무

④ 파견업 무허가로 파견근로자를 파견 또는 사용한 경우

⑤ 직접고용의무를 이행하지 않은 경우. 단 파견근로자의 명시적인 직접고용반대의사를 표명한 경우 제외(①~④ 위반 시 사용사업주 · 파견사업주 공히 3년 이하 징역 또는 3천만원 이하 벌금, ⑤위반 시 사용사업주에게 3천만원 이하 과태료. ⑤는 불법파견이라기보다는 고용의무 위반에 더 가깝지만 필자가 편의상 넓은 의미의 불법파견에 넣었다.)

파견법 제5조(근로자파견대상업무 등)

「① 근로자파견사업은 제조업의 직접생산공정업무를 제외하고 전문지식 · 기술 · 경험 또는 업무의 성질 등을 고려하여 적합하다고 판단되는 업무로서 대통령령이 정하는 업무를 대상으로 한다.

② 제1항의 규정에 불구하고 출산 · 질병 · 부상 등으로 결원이 생긴 경우 또는 일시적 · 간헐적으로 인력을 확보하여야 할 필요가 있는 경우에는 근로자파견사업을 행할 수 있다.

③ 제1항 및 제2항의 규정에 불구하고 다음 각 호의 업무에 대하여는 근로자파견사업을 행하여서는 아니 된다.(앞의 주49 참조).

④ 생략

⑤ 누구든지 제1항 내지 제4항의 규정을 위반하여 근로자파견사업을 행하거나 그 근로자파견사업을 행하는 자로부터 근로자파견의 역무를 제공받아서는 아니된다.」

---

4. 산업안전보건법 제28조의 규정에 따른 유해하거나 위험한 업무
5. 진폐의 예방과 진폐근로자의 보호 등에 관한 법률 제2조제3호에 따른 분진작업 업무
6. 산업안전보건법 제44조에 따른 건강관리수첩의 교부대상 업무
7. 의료법 제2조에 따른 의료인의 업무 및 같은 법 제80조에 따른 간호조무사의 업무
8. 의료기사 등에 관한 법률 제3조에 따른 의료기사의 업무
9. 여객자동차 운수사업법 제2조제3호에 따른 여객자동차운송사업의 운전업무
10. 화물자동차 운수사업법 제2조제3호에 따른 화물자동차운송사업의 운전업무

파견법 제6조(파견기간)

「① 근로자파견의 기간은 제5조제2항의 규정에 해당하는 경우를 제외하고는 1년을 초과하지 못한다.

② 제1항의 규정에 불구하고 파견사업주 · 사용사업주 · 파견근로자간의 합의가 있는 경우에는 파견기간을 연장할 수 있다. 이 경우 1회를 연장할 때에는 그 연장기간은 1년을 초과하지 못하며, 연장된 기간을 포함한 총파견기간은 2년을 초과하지 못한다.

③ 생략

④ 제5조제2항의 규정에 의한 근로자파견의 기간은 다음과 같다.

　1. 출산 · 질병 · 부상 등 그 사유가 객관적으로 명백한 경우에는 그 사유의 해소에 필요한 기간

　2. 일시적 · 간헐적으로 인력을 확보할 필요가 있는 경우에는 3월이 내의 기간. 다만, 그 사유가 해소되지 아니하고 파견사업주 · 사용사업주 · 파견근로자간의 합의가 있는 경우에는 1회에 한하여 3월의 범위 안에서 그 기간을 연장할 수 있다.」

파견법 제6조의2(고용의무) 제1항

「① 사용사업주가 다음 각 호의 어느 하나에 해당하는 경우에는 해당 파견근로자를 직접 고용하여야 한다.

　1. 제5조제1항의 근로자파견대상업무에 해당하지 아니하는 업무에서 파견근로자를 사용하는 경우(제5조제2항에 따라 근로자파견사업을 행한 경우는 제외한다)

　2. 제5조제3항의 규정을 위반하여 파견근로자를 사용하는 경우

　3. 제6조제2항을 위반하여 2년을 초과하여 계속적으로 파견근로자를 사용하는 경우

　4. 제6조제4항을 위반하여 파견근로자를 사용하는 경우

5. 제7조제3항의 규정을 위반하여 근로자파견의 역무를 제공받은 경우」

이를 도표화하면 불법파견의 유형은 다음과 같다.

	불법파견의 유형	판결상의 용어	판결
1	파견허용직종(32개) 외에 파견을 주고받은 경우	불법파견 또는 위장도급[50]	3년 이하 징역또는 3천만원 이하 벌금 (파견업주와 사용업주 같이처벌)
2	파견절대금지직종에 파견을 주고받은 경우(건설, 항만, 철도, 물류하역, 선원, 유해위험 등)	불법파견	
3	무허가파견업체로부터 파견을 주고받은 경우	불법파견	
4	파견기간 2년을 초과한 경우	불법파견	
5	32개 금지직종에 일시, 간헐적 (출산, 부상,질별등)으로 사용할 수 있는 최대기간 6개월을 초과하여 파견을 주고받은 경우	불법파견	

❷ 위장도급은 어느 조항에 걸리는지

앞 페이지의 5가지 불법파견 유형 중 위장도급에 가장 가까운 것은 ①의 32개 파견직종 위반이다. **위장도급은 거의 다 파견직종이 아닌 데서 일어난다.** 청소나 경비처럼 합법적인 파견직종도 도급계약으로 많이 운영하는

50 예를 들어 제조라인은 파견금지직종(위 1번 항목)이기 때문에 도급을 준 회사들의 100% 는 회사대회사끼리의 계약을 근로자파견계약이 아닌 "도급계약"으로 체결한다. 명칭은 도급계약이지만 실제는 파견처럼 근로자를 사용하기 때문에 위장도급이 되고, 결과적으로 파견금지직종에 파견근로자를 주고받은 것이므로 불법파견으로 처벌받게 된다. 형사처분과는 별도로 파견법을 위반하여 파견근로자를 사용하였으므로 근로기준법상 실제 사용자는 원청(사용사업주)으로 간주하여 사용사업주에게 직접고용의무가 발생한다.

데, 이 직종에서 위장도급이라 한다면 앞 페이지의 ⑤파견 2년 초과 시 고용의무위반에 더 가까울 것이다.

　제조라인에 사내하도급을 운영하던 중 노동청이나 법원으로부터 불법파견(위장도급)으로 판정받는다는 것은, **형식은 도급이지만 파견처럼 협력사 근로자들을 사용하였으므로 파견금지직종 위반이 된다.** 이 때 파견회사가 무허가파견업체라면 좀 더 가중처벌 될 수는 있지만 결정적인 요인은 되지 않는다. 파견업허가를 받았다 하더라도 제조업의 생산공정업무는 어차피 파견금지직종이기 때문에 ①을 위반한 처벌로 돌아간다. 본질이 파견금지직종에 근로자를 파견 또는 사용한 것이기 때문이다.

　청소나 경비처럼 합법적인 파견직종일 때에는 파견회사가 파견업허가를 받았는지 안 받았는지는 생산공정업무와 달리 의미가 있다고 본다. 위장도급 즉, 실질을 파견으로 간주 당했을 때 그 업무에의 파견이 파견업허가가 있을 때에는 위법이 아니기 때문이다. 2년 초과자에 대한 사용사업주의 고용의무는 별개의 문제다.

❸ 위장도급 판단기준의 진화

위장도급관련 근로감독이나 소송은 외환위기 이후 본격화되었다. 위장도급여부를 판단하는 기준은 법률 어디에도 없다. 2007년에 이르러서야 검찰과 고용노동부가 공동으로 파견·도급의 판단기준과 자율점검표를 제정하였다. 이후에도 관련 판례는 셀 수 없이 많아졌지만 판단기준의 일관된 흐름을 파악할 수 있는 것은 최근 몇 년간에 이르러서다. 아무래도 판사의 주관적인 관점도 무시할 수 없다고 생각된다.

❸-1 고용노동부의 사내하도급 일제점검

2005년 전후하여 고용노동부는 사내하도급의 불법파견(위장도급여부)에 대해 전국 일제점검을 실시한다. 역사상 최초의 사내하도급 이슈점화다. 주요 점검사례를 보면 다음과 같다.

2004.3.~2006.7.까지의 고용노동부의 사내하도급 일제점검 결과 출처

업종	대상	기간	결과	위반유형
조선	124개사 (원청9, 하청115)	2004.3~ 4.	파견법1개사 위반	제조업 직접생산공정에 사용
철강 · 화학	150개사 (원청28,하청122)	2004.7~ 9.	파견법 11개사 위반(철강8,화학3)	• 사업경영상 독립성 없음
전기 · 전자	228개사 (원청52, 하청176)	2004.12.~ 2005.3.	파견법 12사 위반	• 노무관리상 독립성 없음 • 원청이 업무지시 · 감독권행사
자동차 · 기계 · 금속	259개사 (원청41,하청218)	2005.7~ 10.	파견법 38개사 위반(원청8,하청30)	• 원하청 혼재근무, 원청의 지시로 독립성 결여
사무 · 판매 · 서비스	1,029개사 (원청261,하청768)	2006.2.~ 7.	파견법41개사 위반(원청6,하청8)	

이 점검 후 2006.10.27. ○○전자는 벌금 500만원, 2006.12.21. ○○창원공장은 벌금 300만~700만원의 형사처분이 내려졌다. 양벌규정이기 때문에 원청과 하청의 법인 및 대표이사에게 동시처분되었다.

❸-2 고용노동부의 위장도급 판단기준

이후 2007년에 검찰과 고용노동부는 공동으로 파견과 도급을 구분하는 판단기준을 제정하여 제시하였다.

　「1. 목적

○ 이 지침은 「파견근로자 보호 등에 관한 법률」(이하 '법'이라 한다)에 위반한 고용형태를 효과적으로 단속함으로써 근로자파견제도의 적정한 운영을 기하기 위하여 법 제2조제1호의 규정에 의한 '근로자파견'과 근로자파견이 아닌 것을 구분함에 있어 그 판단의 기준을 정하는 것을 목적으로 한다.

2. 구성 주체

○ 법 제2조제1호에 의한 '근로자파견'은 근로자파견사업을 행하는 자인 '파견사업주'와 근로자파견계약에 의하여 파견근로자를 사용하는 '사용사업주' 및 파견사업주가 고용한 근로자로서 근로자파견의 대상이 되는 '파견근로자'라는 삼자관계로 구성이 된다.

근로자파견의 관계

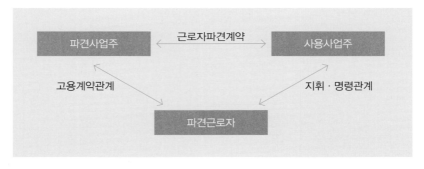

3. 판단의 체계
　가. 판단 순서

○ 법 제2조제1호의 '근로자파견'에 해당하는지의 여부는 근로자와 고용
계약을 체결한 파견사업주, 수급인, 수임인 등(이하 '파견사업주등'이
라 한다)에 대하여 사업주로서의 실체를 인정할 수 있는지를 먼저 판
단한다.

○ 파견사업주등이 사업주로서의 실체가 인정되지 않는 경우에는 당해
근로자를 고용하지 않고 사용하는 사용사업주, 도급인, 위임인 등(이
하 '사용사업주등'이라 한다)이 당해 근로자를 직접 고용한 것으로 추
정하여 노동관계법 위반 여부를 판단한다.

○ 파견사업주등이 사업주로서의 실체가 인정되는 경우에는 당해 근로
자가 사용사업주등의 지휘·명령을 받는지 여부를 조사하여 당해 고
용관계가 '근로자파견'에 해당하는지를 판단한다.

나. 판단방법(종합적 판단)

○ 법 제2조제1호의 '근로자파견'에 해당하는지의 여부는 아래 4의 가
및 나의 각 호를 종합적으로 고려하여 판단한다. 이 경우 나의 1), 2),
3)은 근로자파견인지를 판단하는 주요 기준으로 본다.

4. 판단의 기준

가. 파견사업주등에 대한 사업주로서의 실체 판단

○ 사용사업주등과 파견사업주등 사이에 체결된 계약의 명칭·형식 등
에도 불구하고, 파견사업주등에게 다음 각 호의 권한이나 책임이 존
재하지 않는 경우에는 파견사업주등의 실체가 인정되기 어려우므로
법 제2조제1호의 근로자파견 정의 중에서 "파견사업주가 근로자를
고용한 후 그 고용관계를 유지"하는 것으로 보지 아니한다. 다만, 4),
5)는 단순히 육체적인 노동력을 제공하는 경우에는 적용되지 아니한
다.

1) 채용 · 해고 등의 결정권

※ 채용면접표, 취업규칙, 근로계약서, 신규채용자 안전교육, 기타 해고 관련 서류 등을 확인

2) 소요자금 조달 및 지급에 대한 책임

※ 사무실 임대차 계약서, 사업체 설립비용 부담여부, 주식회사의 경우 주금납입경위 및 주식 소유비율, 기성금 및 수당 지급방법 등을 확인

3) 법령상 사업주로서의 책임

※ 4대보험 가입증명서, 주민세 및 사업소세 등 각종 세금관련 자료, 근로소득 원천징수 관련 자료, 사용사업주등과 파견사업주등 사이에 체결된 계약서 · 임원 간 순환근무 여부, 기타 단체교섭 관련 서류 등을 확인

4) 기계, 설비, 기자재의 자기 책임과 부담

※ 사용사업주등이 지급하는 기계나 설비, 기자재의 내역과 유무상 여부를 확인하고, 무상으로 제공할 경우 그 필요성 및 정당성을 확인

5) 전문적 기술 · 경험과 관련된 기획 책임과 권한

※ 기획 관련 작성서류, 사용사업주등과 파견사업주등 사이에 체결된 계약서 및 동 계약이 단순 노무제공인지 여부, 사업계획서, 파견사업주등의 업무수행능력 및 소속 근로자 자격증 유무 등을 확인

나. 사용사업주등의 지휘 · 명령에 대한 판단

○ 사용사업주등과 파견사업주등 사이에 체결된 계약의 명칭 · 형식 등에도 불구하고, 사용사업주등이 당해 근로자에 대하여 다음 각 호의 권한을 행사하는 경우에는 법 제2조제1호의 근로자파견 정의 중에서 "파견사업주가 사용사업주의 지휘 · 명령을 받아 사용사업주를 위한 근로에 종사하게 하는 것"으로 판단한다.

1) 작업배치 · 변경 결정권

※ 작업계획서, 인력배치 계획서, 관련 회의자료, 기타 작업배치 관련 서류 및 관행 등을 확인

2) 업무 지시 · 감독권

※ 일일 작업지시서, 안전교육 일지, 조회 개최 여부, 업무관련 지시 전달 방법 등을 확인

※ 특히 직접 고용한 근로자와 혼재하여 같거나 유사한 업무에 종사토록 하는 경우에는 업무 지시 · 감독권 행사 여부를 보다 신중히 검토

※ 계약서상 업무의 목적이나 내용이 지나치게 추상적이어서 사용사업주 등의 지시를 통해 비로소 구체화되는 불확정한 상태에 놓여 있거나 또는 업무 전반을 망라하는 것으로 되어 있어 특정 업무에 한정되지 않는 경우에는 업무 지시 · 감독권이 인정될 수 있음에 유의

3) 휴가, 병가 등의 근태 관리권 및 징계권

※ 휴가, 결근, 조퇴, 외출, 지각, 출근부, 기타 징계관련 서류 등의 확인

4) 업무수행에 대한 평가권

※ 업무수행 및 실적에 대한 평가서, 파견사업주등의 직원이 현장에서 감독 · 평가하는지 여부, 잘못된 업무수행이 발견된 경우에 있어서의 조치 관행 등을 확인

5) 연장 · 휴일 · 야간근로 등의 근로시간 결정권(다만, 작업의 특성상 일치시켜야 하는 경우에는 제외한다)

※ 연 · 월차 유급휴가 사용내역, 일일 근무현황, 기타 근로시간 관련 서류 등 을 확인」

이 내용들을 압축하여 요약하면 다음과 같이 표현할 수 있을 것이다.

1. 파견사업주등에 대한 사업주로서의 실체 판단:

채용 · 해고 등의 결정권, 소요자금 조달 및 지급에 대한 책임, 법령상

사업주로서의 책임, 기계 설비 기자재의 자기 책임과 부담, 전문적 기술 경험과 관련된 기획 책임과 권한

2. 사용사업주등의 지휘명령에 대한 판단:

　작업배치 변경 결정권, 업무 지시 감독권, 휴가 병가 등의 근태 관리권 및 징계권, 연장 휴일 야간근로 등의 근로시간 결정권

❸-3 기업체용 자율검검표

위의 판단기준과 함께 검찰과 고용노동부가 제시한 자율점검표는 다음과 같다.

 불법파견 예방 및 도급(위임 · 위탁) 업무의 적법한 운영을 위한 자율검검 표(검찰 · 고용노동부의 파견 · 도급 판단기준에 관한 지침, 2007.4.19.)

- 이 점검표는 노동부의 「근로자파견의 판단기준에 관한 지침('07.4.19)」을 근거로 도급(또는 위임 · 위탁) 업무가 적법하게 이루어지고 있는지에 대한 체크포인트를 표시한 것입니다. 우선 「근로자파견의 판단기준에 관한 지침('07.4.19)」을 숙지한 후 현장의 실태에 비추어 사실대로 점검해 보시기 바랍니다.
- 불법파견에 해당되는지 여부는 체크리스트에 대한 응답결과를 종합적으로 고려하여 판단합니다. 이때 음영처리된 부분에 대한 응답빈도가 많을수록 불법파견에 해당될 가능성이 높아지므로 개선 · 보완 조치가 필요합니다.
- 특히, 점검항목 중 작업 배치 · 변경 결정권(12항목), 업무 지시 · 감독권 (13, 14), 휴가 · 병가 등의 근태관리권 및 징계권(15, 16)은 근로자파견 인지를 판단하는 주요 기준입니다. 따라서 이들 항목에 대하여 ③,④번에 체크를 한 경우에는 불법파견에 해당될 소지가 크므로, 문제점이 있는 부분을 즉시 개선 및 보완하여야 합니다.

도급 · 위임 · 위탁업무 수행업체(이하 '도급업체 등')

○ 명칭 :

○ 수행하는 업무의 내용(계약의 명칭) :

체크리스트

점검항목			점검결과			
			매우 그렇다	그렇 다에 가깝다	그렇지 않다에 가깝다	전혀 그렇지 않다
파견사업 주등의 실체 판단 을 위한 고려요소	채용해고 등의 결정	1. 우리 회사는 '도급업체 등'의 근로자 채용, 해고 등의 인사권에 개입하거나 어떠한 영향력도 행사하지 않는다.	①	②	③	④
	소요자금 조달 지급 책임	2. '도급업체 등'은 도급업무 수행을 위해 필요한 자금이나 관리능력을 충분히 보유하고 있다.	①	②	③	④
		3. 도급사업 수행을 위한 소요자금 조달과 지급의 책임은 전적으로 '도급업체 등'에게 있다.	①	②	③	④
		4. 도급계약 조건과 무관한 일체의 금품을 '도급업체 등'의 근로자에게 직접 지급하지 않는다.	①	②	③	④
	법령상 사업주 책임	5. '도급업체 등'은 4대 보험 가입 등 소속 근로자에 대한 법령상의 책임을 자체적으로 부담하고 있다.	①	②	③	④
		6. '도급업체 등'의 계약 이행을 담보하기 위하여, 이행보증 · 위약금 · 공사지연에 대한 지체상금 등을 계약서에 규정하고, 실제로 적용하고 있다.	①	②	③	④
	기계, 설비, 기자재의 책임과 부담	7. '도급업체 등'의 사무실과 작업장은 우리 회사와 구분되어 있다.	①	②	③	④
		8. '도급업체 등'은 우리 회사로부터 제공받은 설비 · 기자재 등의 명세 · 분실 및 손망실 시 변상 · 반납 등의 절차에 관하여 별도 규정을 두어 관리하고 있다.	①	②	③	④

점검항목			점검결과			
			매우 그렇다	그렇다에 가깝다	그렇지 않다에 가깝다	전혀 그렇지 않다
파견사업주등의 실체 판단을 위한 고려요소	기계, 설비, 기자재의 책임과 부담	9. 우리 회사가 '도급업체 등'에 제공한 설비, 기자재 등의 보수 및 수리 등은 '도급업체 등'이 담당하며, 우리 회사는 필요한 협조를 한다. 다만, '도급업체 등'의 요청에 따라 우리 회사가 직접 보수나 수리를 하는 경우는 '도급업체 등'이 필요한 비용을 부담한다.	①	②	③	④
	전문 기술 경험 관련 기획 책임 권한	10. '도급업체 등'이 수행하는 업무에 대하여 전문적 기술(자격)이나 경험을 갖출 것을 도급계약의 조건으로 하고 있으며, 이는 법률의 규정에 의하거나 생산(제공)하는 물품(서비스)의 특성상 필요불가결하다.	①	②	③	④
		11. '도급업체 등'은 자신이 보유한 전문적 기술·경험을 자기 책임과 권한 하에 사용한다.	①	②	③	④
지휘명령권 행사의 주체 판단을 위한 고려요소	작업 배치 변경 결정	12. '도급업체 등'의 근로자에 대한 작업 배치·변경의 권한은 '도급업체 등'에 있다.	①	②	③	④
	업무 지시 감독	13. '도급업체 등'의 근로자의 업무 수행 방법, 수행 속도, 근로의 장소와 시간을 지시하고 감독하는 것은 전적으로 '도급업체 등'의 권한이다.	①	②	③	④
		14. 계약 이행에 관한 주문·지도 등은 '도급업체 등'이 선임한 현장 대리인(책임자)을 통하여 행하며, '도급업체 등'의 근로자에게 직접 요구하지 않는다.	①	②	③	④

점검항목			점검결과			
			매우 그렇다	그렇다에 가깝다	그렇지 않다에 가깝다	전혀 그렇지 않다
지휘 명령권 행사의 주체 판단을 위한 고려요소	휴가 등 근태 관리와 징계	15. '도급업체 등'의 근로자에 대한 휴가, 병가의 승인이나 징계의 권한은 '도급업체 등'에게 있다.	①	②	③	④
		16. '도급업체 등'의 근로자의 지도 교육과 규율 유지에 대한 모든 책임을 진다.	①	②	③	④
	업무 수행 평가	17. 우리 회사는 '도급업체 등'의 근로자의 근무태도를 감독 · 평가하지 않는다.	①	②	③	④
		18. 우리 회사는 '도급업체 등'의 근로자의 잘못된 업무수행이 발견될 경우 해당 근로자에게 직접 기술지도 또는 시정을 요구하지 않는다.	①	②	③	④
	연장휴일 등 근로시간 결정	19. '도급업체 등'의 시업 및 종업 시간, 휴식시간, 휴일 등은 전적으로 '도급업체 등'의 권한이므로, 우리 회사가 결정하거나 지시를 하지 않는다.	①	②	③	④
		20. '도급업체 등'의 연장 · 야간 · 휴일근로는 '도급업체 등'이 자율적으로 결정하며, 어떠한 경우에도 우리 회사가 결정하지 않는다.	①	②·	③	④

이 자율점검표를 100점 만점으로 가정했을 때 **각 점검항목의 중요도 비중을 다르게 책정하여 체크 후 '①의 매우 그렇다'와 '②의 그렇다에 가깝다'가 80%이상은 되어야 합법도급이라고 할 수 있다. 이 점검표 이외의 현장점검을 통한 판단도 중요하다.**

❸-4 2007년 전후의 판결사례와 주요 판단기준

위의 검찰·노동부의 판단기준이 나오기 전후를 비교하기 위해 2007년까지의 주요 판결사례를 보면 다음과 같다.

2007년 직전의 판결사례와 주요 판단기준

사건명	판결일자	판결	주요 판단기준
S코리아	대법원, 2003.9.23.	위장도급 (불법파견)	· 사업실체성 없음 · 원청과 하청은 실질적으로 모자관계 · 실질적으로 원청의 한 부서처럼 결정권을 원청이 행사
K화학소사장	대법원, 2002.11. 26.		· 인사노무관리 독립성 없음 · 사업주로서의 독자성·독립성 결여 · 경기화학의 한 부서에 불과
D송유관공사	대법원, 2004.4.16.		· 파견처럼 운영 · 2년미만이라 고용의제 없음
H조선	대법원, 2008.7.11.		· 도급회사는 노무관리대행부서에 불과
SW사	서울고법2004 누14399		· 업무지휘를 원청이 행사 · 원청이 근태관리 · 작업량, 작업순서, 배치를 원청이 지휘
K진흥	수원지법, 2005.5.26.		
H사	서울중앙지법, 2007.6.1.		· 자동차 부품조립공정은 도급계약대상업무로 부적합 · 원청이 지휘명령 및 노무관리 수행
H중공업	서울행법, 2006.5.16.	적법도급	· 원청으로부터 독립성 가진 사용자 · 인사.노무관리 독자적 수행

❸-5 최근의 대법원 주요 판결사례

이후 최근까지의 사내하도급의 위장도급관련한 판결사례는 다음과 같다.
이 표에서 보는 바와 같이 위장도급은 제조업 생산공정뿐만 아니라 서비
스업, 시설관련업에서도 불법파견요소가 있을 수 있음을 확인할 수 있다.

대형사업장의 사내하도급관련 주요 판결사례, 대법원

구분	판결일자	사건번호	판결
H사 울산	2010.7.22.	2008두4367	불법파견 (위장도급)
G사 창원	2013.2.28.	2011도34	
N화학	2015.2.26.	2013다74592	
H수자원	2015.11.26.	2013다14965	
	2015.2.26.	2010다93707	
K환경서비스	2015.12.23.		
P호텔	2016.1.28.	2012다17806	
G사 창원	2016.6.10.	2016다10254, 10261	
H사(전력)	2016.6.23.	2016다13741	
K사	2017.1.25.	2014다211619	합법도급

❸-6 대법원이 비로소 제시한 구체적인 판단기준

(1) 현대차 울산공장(대법2010다106436, 2015.2.26.)
중요한 판례다.

대법원의 판단기준은 이 판결에 와서 비로소 구체적으로 제시되었다.

이 판결에서 대법원은 도급과 파견의 구별기준으로 6가지를 제시하였다.

  ① 직간접 지휘명령 하는지
  ② 하나의 작업집단에 편입되어 있는지
  ③ 선발 · 교육훈련 · 근로, 휴게시간 · 평가를 독자행사 하는지
  ④ 계약상 구체적으로 정한 업무를 하는지
  ⑤ 업무에 전문성 · 기술성이 있는지
  ⑥ 독자적인 설비를 소유하는 지다.

대법2010다106436, 2015.2.26

「1. 원고용주가 어느 근로자로 하여금 제3자를 위한 업무를 수행하도록 하는 경우 그 법률관계가 위와 같이 파견법의 적용을 받는 근로자파견에 해당하는지는 당사자가 붙인 계약의 명칭이나 형식에 구애될 것이 아니라,

① 제3자가 당해 근로자에 대하여 직 · 간접적으로 그 업무수행 자체에 관한 구속력 있는 지시를 하는 등 상당한 지휘 · 명령을 하는지,

② 당해 근로자가 제3자 소속 근로자와 하나의 작업집단으로 구성되어 직접 공동 작업을 하는 등 제3자의 사업에 실질적으로 편입되었다고 볼 수 있는지,

③ 원고용주가 작업에 투입될 근로자의 선발이나 근로자의 수, 교육 및 훈련, 작업 · 휴게시간, 휴가, 근무태도 점검 등에 관한 결정 권한을 독자적으로 행사하는지,

④ 계약의 목적이 구체적으로 범위가 한정된 업무의 이행으로 확정되고 당해 근로자가 맡은 업무가 제3자 소속 근로자의 업무와 구별되는지,

⑤ 그러한 업무에 전문성 · 기술성이 있는지,

⑥ 원고용주가 계약의 목적을 달성하기 위하여 필요한 독립적 기업조직이

나 설비를 갖추고 있는지 등의 요소를 바탕으로 그 근로관계의 실질에 따라 판단하여야 한다.

2. 이 사건 피고는 사내협력업체 소속 근로자가 수행할 작업량과 작업 방법, 작업 순서, 작업 속도, 작업 장소, 작업 시간 등을 결정하고 사내협력업체 소속 근로자를 직접 지휘하거나 사내협력업체 소속 현장관리인 등을 통해 구체적인 작업 지시를 하였으므로 피고의 사내협력업체 소속으로 피고의 사업장에서 업무를 수행한 근로자들은 사내협력업체에 고용된 후 피고의 작업현장에 파견되어 피고로부터 직접 지휘·감독을 받는 근로자 파견관계에 있었다고 봄이 타당하다.」

❹ 위장도급일 때 고용의무이행은 언제? (2년 미만자와 2년 초과자를 구분하는지)

위장도급 진정이나 소송을 제기하는 사내하도급사의 근로자들은 원하청사가 형사처분받기보다는 자신의 고용문제가 해결되기를 원하는 경우가 대부분이다. 고용문제란 사내하도급이 불법파견상태이므로 **자신의 사업주는 자신이 근로계약을 체결한 사내하도급사가 아니라 원청이 되어야 함을 의미한다.**

합법파견일 때는 파견기간이 2년이 되는 시점에 사용사업주에게 직접 고용의무가 발생함은 논란의 여지가 없다. 파견법 초기부터 명확하게 규정되어 있었기 때문이다.

불법파견일 때는 어떻게 되는지에 관해서는 판례들도 혼선이 있어 왔다. 실무에서도 매우 혼란스러웠던 부분 중 하나다. 법에 명확한 규정이 없었기 때문인데 **파견법이 개정되면서 상당부분 명확해졌다.**

구 파견법(2007.7.1.시행) 제6조의2 제1항 제4호는

'사용사업주가 고용노동부 허가 없이 근로자파견사업을 행하는 자한테서 2년을 초과하여 계속적으로 파견근로자를 사용하는 경우 해당파견근로자를 직접고용하여야 한다'로 규정하여 **2년 조건이 있었다.**

　※구 파견법에서의 2년 초과자 직접고용의무는 합법파견일 때와 불법파견일 때를 가리지 않는다.(대법원 전원합의체 2007두22320(2008.9.18.), 대법2008두4367(2010.7.22.))

개정파견법(2012.8.2.시행) 제6조의2(고용의무)제1항은,

「사용사업주가 다음 각 호의 어느 하나에 해당하는 경우에는 해당 파견근로자를 직접 고용하여야 한다.〈개정 2012. 2. 1.〉」고 하면서, 5가지를 들고 있는데 그 중 개정 및 신설된 호는 다음과 같다.

제6조의2(고용의무)의 개정에 따른 2년 미만자의 직접고용의무 근거

	개정 전	개정 후	의견
제1호	없음	**[신설]** 제5조제1항*의 근로자파견대상업무에 해당하지 아니하는 업무에서 파견근로자를 사용하는 경우	이게 바로 위장도급에 해당하면 직접고용해야한다는 근거조항이다.
제5호	제7조제3항**의 규정을 위반하여 2년을 초과하여 계속적으로 근로자파견의 역무를 제공받은 경우	**[2년 조건 삭제]** 제7조제3항의 규정을 위반하여 근로자파견의 역무를 제공받은 경우	불법파견이므로 2년 경과될 필요없이 바로 직접고용해야 한다는 개정내용이다.

*제5조(근로자파견대상업무 등)제1항

「① 근로자파견사업은 제조업의 직접생산공정업무를 제외하고 전문지식 · 기술 · 경험 또는 업무의 성질 등을 고려하여 적합하다고 판단되는 업

무로서 대통령령이 정하는 업무를 대상으로 한다.」 파견가능직종 32개를 말한다.

**제7조(근로자파견사업의 허가);
「① 근로자파견사업을 하고자 하는 자는 고용노동부령이 정하는 바에 의하여 고용노동부장관의 허가를 받아야 한다. 허가받은 사항 중 고용노동부령이 정하는 중요사항을 변경하는 경우에도 또한 같다.
② 항 생략
③ 사용사업주는 제1항의 규정을 위반하여 근로자파견사업을 행하는 자로부터 근로자파견의 역무를 제공받아서는 아니 된다.」

즉, 2012.8.2. 개정파견법에 의할 때 불법파견(위장도급)하에서 근로를 제공받은 **기간과 관계없이 해당 파견근로자를 고용할 의무가 있다**고 규정하고 있다. 파견법의 부칙도 잘 봐야 하는데 부칙에서도 시행일(2012.8.2.)외에 고용의무 경과조치 등 별도의 사항을 규정한 것은 없다.

그렇다면 다음과 같이 직접고용의무가 발생한다고 본다.
1. CASE 1: 개정파견법 시행일(2012.8.2.) 이전에 이미 2년이 초과된 자는 2년이 경과한 날에 고용의무 이미 발생

2. CASE 2: 개정파견법 시행일(2012.8.2.) 이후 무허가이거나 파견직종이 아닌 업무에 근로자파견의 역무를 제공받은 경우(사내하도급의 위장도급 포함)에는,
CASE 2-1: 개정파견법 시행일인 2012.8.2.이전부터 파견근로를 제공한 파견근로자에 대해서는(위장도급에 대해서는) 그 시행일인 2012.8.2.에

CASE 2-2: 시행일(2012.8.2.) 이후 파견근로를 제공한 파견근로자에 대해서는(위장도급에 대해서는) 파견근로를 제공하기 시작한 날에 각각 해당 사내하도급 근로자를 고용할 의무가 있다고 보는 것이 타당하다.

❺ 위장도급(불법파견) 기간에 대한 차별시정 문제

기간제나 파견근로자가 정규직과 동종유사업무를 수행하는 경우 사용사업주는 정당한 이유 없이 이들의 근로조건을 차별할 수 없다.

기간제 및 단시간근로자 보호 등에 관한 법률 제8조(차별적처우의 금지)

「① 사용자는 기간제근로자임을 이유로 당해 사업 또는 사업장에서 동종 또는 유사한 업무에 종사하는 기간의 정함이 없는 근로계약을 체결한 근로자에 비하여 차별적 처우를 하여서는 아니 된다.
② 사용자는 단시간근로자임을 이유로 당해 사업 또는 사업장의 동종 또는 유사한 업무에 종사하는 통상근로자에 비하여 차별적 처우를 하여서는 아니 된다.」(위반 시 직접적인 벌칙은 없지만 노동위원회가 확정한 차별시정명령을 불이행할 경우 1억 원 이하 과태료, 노동청의 차별시정 이행상황 제출요구를 불이행할 경우 500만원 이하 과태료)

파견법 제21조(차별적 처우의 금지 및 시정 등) 제1항

「파견사업주와 사용사업주는 파견근로자임을 이유로 사용사업주의 사업 내의 동종 또는 유사한 업무를 수행하는 근로자에 비하여 파견근로자에게 차별적 처우를 하여서는 아니 된다.」(위반 시 처벌은 위 기간제

법과 같다)

　　도급이 불법파견으로 행해졌다고 판단되면 그 실질을 파견으로 보는 것이므로 위의 조항이 적용된다. 즉 사내하도급근로자가 자신과 동종유사업무를 수행한 원청의 근로자보다 합리적인 이유 없이 차별받은 경우 그 근로조건의 차액을 청구할 권리가 있다.

> **대법2016다10254, 2016.6.10.**
> 「불법파견(위장도급)에서도 사용사업주의 근로자 중 당해 파견근로자와 동종 또는 유사업무를 수행하는 근로자가 있으면 그 근로자에게 적용되는 취업규칙 등에서 정하는 근로조건이 적용된다고 봄이 상당하다.」

❻ 차별시정 방법

직접고용 후의 사내하도급 근로자의 근로조건 설정은 파견법 제6조의2에 2가지 방법으로 언급되어 있는데 이를 사내하도급의 불법파견 기간에도 준용할 수 있다고 본다.
① 사용사업주의 근로자 중 당해 파견근로자와 동종 또는 유사업무를 수행하는 근로자가 있는 경우에는 그 근로자에게 적용되는 취업규칙 등에서 정하는 근로조건에 의할 것
② 사용사업주의 근로자 중 당해 파견근로자와 동종 또는 유사업무를 수행하는 근로자가 없는 경우에는 당해 파견근로자의 기존의 근로조건의 수준보다 저하되어서는 아니 될 것의 2가지 중 하나의 방법이다.
　이 조항위반에 대한 벌칙은 없지만 앞 페이지의 차별시정 절차가 적용된다.

❼ 실무에서의 적용

사내하도급이 위장도급(불법파견)인지 합법도급인지를 판단하는 것은 경영자나 실무자, 근로감독관이나 판사도 판단하기 매우 어려운 고난도 업무 중의 하나다.

불법파견으로 판정되면 원하청 법인뿐만 아니라 각 대표이사도 형사처분 받을 뿐만 아니라 원청은 직접고용의무까지 부담하게 된다.

사내하도급은 회사마다 각양각색의 형태로 전개된다. 같은 업무지휘감독에 관한 리스크라 하더라도 회사마다 어느정도 수위로 진행되는지, 다른 항목들의 리스크는 어느수준인지 등을 감안하여 사내하도급 전체의 리스크를 분석해야 한다. 전술한 검찰·고용노동부의 판단기준, 대법원의 구체적인 판단기준에 입각하되 각 사업장의 사내하도급 운영실태에 비추어 각 판단항목들의 중요도 비중도 달리 설정해야 한다. 100점 만점이라 할 때 각 항목들의 비중을 1/N로 해서는 정확한 리스크수준을 도출할 수 없다. 전문가의 도움으로 진행하는 것이 바람직하다고 하겠다.

MEMO

제20장

단체교섭

노조가 새로 설립된 A사업장의 노조위원장은 단체교섭을 시작하기 앞서 유급 전임자(타임오프전임자) 한 명을 운영하겠다고 회사에 통보했다.

인사팀장 우리회사는 직원 80여명밖에 안되고 사무직은 조합가입대상이 아니니 생산직 조합원만 보면 40명 밖에 안됩니다. 그러니 유급전임자를 둘 수는 없습니다.

노조위원장 유급전임자를 거부하면 부당노동행위인 거 모르십니까?

인사팀장 법적으로 회사가 동의해야만 유급전임자를 둘 수 있는 걸로 알로 있는데요.

노조위원장 회사가 유리할 때는 법대로 하고 아닐 때는 법을 무시하는 거 아닙니까?

인사팀장 지금 유급전임자를 얘기하는 거지 다른 법적 사항을 얘기하는 건 아닙니다.

노조위원장 정 법대로 하시겠다면 다른 것들도 법대로 요구할테니 단체교 섭 때 보십시다.

단체교섭은 헌법상 보장된 노동3권, 단결권, 단체교섭권, 단체행동권 중 하나다. 노동조합 및 노동관계조정법이 노동3권과 사용자의 의무를 다루고 있다.

2010.7.1.부터는 모든 사업장에 복수노조설립이 허용되었다. 단결권이 더 확대된 것이다. 이전에는 회사의 합병으로 인한 복수노조, 조직대상을 달리할 때의 복수노조(사무직노조, 생산직노조 등)만 허용되었다. 2010.7.1.부터 조직대상(예: 생산직)이 같더라도 얼마든지 생산직의 제2, 제3의 노조설립이 가능하다.

노동조합관련 실무를 하는 인사부서나 노동조합을 설립하려는 근로자나 교섭창구단일화절차, 복수노조간 공평한 처우, 단체협약의 일반적 구속력 등 난이도가 예전보다 상당히 올라갔다.

❶ 교섭창구 단일화

❶-1 교섭요구사실 공고

교섭창구단일화절차는 교섭요구사실을 공고하는 것부터 시작한다. 노조가 하나만 있더라도 그 노조로부터 교섭요구를 받은 회사는 지체없이 교섭요구사실공고를 근로자들이 볼 수 있는 곳마다 해야 한다. 어딘가에 또 다른 노조가 있을지 모르기 때문이다. 또 다른 노조가 교섭을 요구해오면 그때마다 즉시 교섭요구사실을 공고한다.

서울고법2013누16175, 2014.3.19.[51]
「노동조합법시행령 제14조의3에서 정한 교섭요구 사실 공고 절차는 하나의 사업장에 하나의 노동조합만이 존재하는 경우라도 적용된다.」

기존부터 있던 노조라면 단체협약 만료 3월 이전이 되는 날부터 회사에 교섭요구를 할 수 있다. 복수노조라서 단체협약이 2개 이상이면 가장 먼저 도래하는 단체협약의 유효기간 만료 3월 이전이 되는 날부터 사용자에게 요구할 수 있다.(노동조합법 시행령 제14조의2, 시행규칙 제10조의2)

노동조합이 요구하는 공문에는,
- 노동조합 명칭과 대표자 성명
- 노동조합의 주된 사무소 소재지
- 교섭요구일 현재 조합원 수

노조로부터 이 공문을 받으면 회사는 **지체 없이 근로자들이 근무하는 곳마다 게시해야 한다. 전자게시판에 했어도 벽 게시판에 해야 한다.** 근무 중에 PC에 접근하지 못하는 직원들도 있을 수 있기 때문이다. 정당한 이유 없이 즉시 공고하지 않거나 다르게 공고하는 경우 노동조합은 노동위원회에 시정을 요청할 수 있다. 회사가 하는 교섭요구사실공고는 7일간 해야 한다. 공고 첫날은 제외하고 7일이다.(노동조합법 시행령 제14조의3). 7일간 적법하게 공고해야 다음 단계인 교섭요구노동조합을 확정할 수 있다.

---

51 서울행정법원은 "하나의 사업장 내에 하나의 노동조합이 존재하는 경우에는 '노동조합 교섭요구 사실 공고' 절차를 거칠 필요가 없다고 봄이 상당하다."고 판결하였다.(서울행법2012구합30424, 2013.5.2.)

교섭요구사실 공고(예시)

회사는 ○○노동조합으로부터 20 . . .교섭요구가 있어 노동조합법 시행령 제14조의3제1항에 따라 7일간 그 사실을 공고하니 회사와 교섭하려는 노동조합은 공고기간 내에 아래 사항을 기재하여 회사에 교섭을 요구하시기 바랍니다.

= 아 래 =

1. 교섭요구 노동조합의 명칭: ○○노동조합
2. 그 대표자:
3. 교섭요구일자: 20   .   .   .
4. 교섭을 요구한 날 현재 조합원 수: 명
5. 다른 노동조합이 교섭을 요구할 수 있는 기간: 20 . . .~20 . . .(7일간)
6. 교섭을 요구할 때 기재해야 하는 사항
 – 노동조합의 명칭과 대표자 성명
 – 노동조합의 주된 소재지
 – 교섭요구일 현재 조합원 수

20 년   월   일

주식회사 ○ ○ ○ (직인)

❶-2 교섭요구노조 확정 공고

이 공고 7일간 아무 노조로부터 추가로 교섭요구해온 사실이 없으면 **최초**

에 요구한 노조가 교섭노조로 확정된다. 추가로 교섭을 요구해온 노조가 있으면 복수노조이므로 교섭창구단일화절차를 거쳐야 한다.

최초 노조 하나인 게 분명해졌으면 다음과 같이 교섭요구노동조합 확정공고를 지체없이 근로자들이 근무하는 곳마다 5일간 게시한다. 공고 첫날은 제외하고 5일이다. 동시에 교섭을 요구해 온 노조에게도 귀 노조가 교섭요구노조로 확정되었음을 통지해야 한다.(노동조합법 시행령 제14조의5). 그러나 이것이 교섭창구로 확정되었음을 의미하는 건 아니다.

교섭요구노동조합 확정공고

노동조합법시행령 제14조의5제1항에 따라 회사는 교섭요구사실공고기간(20 . . .~20 . . . 7일간)중 교섭을 요구한 노동조합에 대해 아래와 같이 5일간 공고합니다.

= 아 래 =

1. 교섭요구노동조합의 명칭: ㅇㅇ노동조합
2. 그 대표자:
3. 교섭요구일자: 20   .   .   .
4. 교섭을 요구한 날 현재 조합원 수: 명
5. 공고기간: 20   .   .   .~20   .   .(5일간)

20 년   월   일

주식회사 ㅇ ㅇ ㅇ (직인)

최초의 교섭요구사실이 적법하게 이행되지 않은 채 실시하는 교섭요구 노조확정공고는 효력이 없다. 처음부터 다시 시작해야 한다. **노동조합활동을 저해하려는 사용자의 고의성이 있었다면 부당노동행위에도 해당될 수 있다.**

📖 중노위 중앙2018교섭31, 2018.4.16.
　「교섭요구 노동조합 확정공고 이전에 교섭요구 사실 공고를 전체 사업장에 게시하지 아니한 중대한 하자가 있다면 **교섭창구 단일화 절차를 다시 개시하여야 한다.**」
교섭요구노조가 확정되는 날은 이 공고문의 공고만료일로 본다.

📖 대법2014다11550, 2016.2.18.
　「교섭대표 자율결정기간의 기산일이 되는 노동조합 및 노동관계조정법 시행령 제14조의6 제1항의 '확정된 날'은 공고기간 만료일을 의미한다.」

❶-3 교섭창구단일화

교섭을 요구한 노조가 둘 이상일 때 창구단일화절차진행이 필수다.(노동조합법 제29조의2). 창구단일화는 교섭요구노조로 확정된 노동조합들이 자율적으로 정한다. 위 1-2의 교섭요구노조확정공고일의 만료일 다음 날부터 14일 간 해야 한다. 다만, 사용자가 교섭창구단일화를 원하지 않고 각 노조와 개별적으로 교섭을 하는데 동의한 경우에는 당연히 노동조합들은 교섭창구단일화절차를 밟을 필요가 없다. 사용자가 개별교섭에 동의하는 사례는 매우 적다.

노조들 자율적으로 창구단일화를 못한 경우(사용자가 개별교섭에 동의도 하지 않은 경우), 노동조합들 중 전체 노동조합원(전사)의 과반노조가 있으면 그 과반노조가 자동으로 교섭대표노조가 된다. **과반이란 2개 이상의 노조가 위임이나 연합 등의 방법으로 교섭창구단일화절차에 참여한 노동조합들이 전체의 과반수가 되는 경우도 포함**된다.

이도저도 아닌 상황(과반노조도 없고 사용자가 개별교섭에도 동의하지 않은)에서는 공동교섭대표단으로 진행된다. 교섭창구단일화절차에 참여한 노동조합중 전체조합원의 10%이상의 조합원을 보유한 노동조합은 공동교섭대표단의 일원이 될 수 있다. 각 노조가 보유한 조합원수에 비례하여 교섭위원수를 둘 수 있다.

공동교섭대표단 구성마저 노조들간 원만히 합의가 되지 않을 때는 해당 노동조합의 신청에 따라 관할노동위원회가 각 노조의 조합원비율을 고려하여 결정한다.

❶-4 과반수노조의 통지의무

교섭요구노조로 확정된 노동조합들 중 과반노조는 교섭요구노조확정공고가 만료된 날(정확히는 다음 날)부터 **5일 이내에 사용자에게 자신이 과반노조라는 사실을 통지해야 한다.** 통지문에는 노동조합의 명칭, 대표자 성명, 과반수 노조라는 사실을 기재해야 한다.(노동조합법 시행령 제14조의7).

이 통지문을 받은 사용자는 통지를 받은 날부터(정확히는 받은 날의 다음 날부터) 5일간(첫 날은 제외하고 5일) 전 근로자가 볼 수 있는 곳에 게시하여 다른 노동조합과 근로자가 알 수 있게 해야 한다.(노동조합법 시행령 제14조의7제1항,제2항)

이 공고를 본 다른 노동조합이 그 과반노조의 과반수여부에 이의를 제기하고자 할 때는 회사가 공고하는 5일 간내에 노동위원회에 이의를 신청해야 한다. 이의제기 노동조합이 없으면 그 과반노조가 교섭대표노조로 확정된다.

❷ 교섭단위 설정과 분리

교섭단위란 교섭대표노동조합을 결정해야 하는 단위를 말한다. 한 회사에 하나의 교섭대표노동조합이 원칙이다. 그러나 생산직노조 사무직노조가 공동교섭단으로 구성되었거나 생산직이 과반노조라 생산직노조가 교섭대표노동조합이 되는 경우 등에는 사무직과 근로조건이나 제도가 달라 교섭이 원활하지 않을 수 있다. 교섭단위의 분리가 필요하다. 한 회사에 현격한 근로조건의 차이, 고용형태, 교섭관행 등을 고려하여 분리하는데 그 분리 권한은 사용자나 노동조합의 신청을 받은 노동위원회에게 있다. 흔하지는 않다.

〈교섭단위분리를 결정한 대법원의 최초 판결〉

이 사건은 지노위에서는 교섭단위분리신청 기각, 중노위에서는 교섭단위분리결정을 했었다.

대법2015두39361, 2018.9.13.

「원고의 상용직 근로자들은 기본적으로 그 외 직종과 달리 상용직 관리규정의 별도 규율을 받고, 임금체계가 근본적으로 다르며, 그 외 직종과 업무내용이 명확히 구분되고, 다른 직종과 사이에 인사교류가 허용되지 않으며, 원고의 상용직 근로자들은 그 외 직종 근로자들과 별도의 협의체 또는 노동조합을 조직·구성해 왔고, 별도로 임금협약을 체결하여 왔으며, 이 사건 노동조합(전국공공운수사회서비스노동조합)에는 원고의 상용직 근로자만 가입되어 있고, ○○도시관리공사 노동조합에는 그 외 직종 근로자만이 가입되어 있는 등 조합별로 소속 직종이 명확히 구분되어 있는바,

상용직 근로자들과 그 외 직종 근로자들 사이의 근로조건 및 고용형태 상 차이와 그 정도, 기존 분리교섭관행 등에 비추어 보면, 이 사건 노동조합(전국공공운수사회서비스노동조합)이 별도로 분리된 교섭단위에 의하여 단체교섭권을 행사하는 것을 정당화할 만한 사정이 존재하고, 이로 인하여 ○○도시관리공사 노동조합이 교섭대표노동조합으로서 상용직 근로자들을 계속 대표하도록 하는 것이 오히려 노동조합 사이의 갈등을 유발하는 등 근로조건의 통일적인 형성을 통해 안정적인 교섭체계를 구축하고자 하는 교섭창구단일화 제도의 취지에도 부합하지 않는 결과를 발생시킬 수 있는 경우로 판단된다. 따라서 원고 사업 내 상용직 근로자들에 대하여는 노동조합법 제29조의3 제2항에서 규정하고 있는 교섭단위를 분리할 필요성이 인정된다.」

〈교섭단위분리를 결정한 노동위원회 사례〉

중노위 중앙2018단위11, 2018.9.17.

「정규직과 상용직 사이에 현격한 근로조건의 차이가 존재하고, 정규직 근로자들로 구성된 노동조합이 상용직 직종의 이해관계를 대표·대변한다고 보기 어려워 상용직 직종을 별도의 교섭단위로 분리 결정할 필요성이 있다.」

중노위 중앙2018단위3, 2018.4.2.

「도료사업부와 다른 사업부문은 근무형태, 근무시간 및 임금체계와 상여금 지급 방식 등 근로조건의 현격한 차이가 있다. 또한 사용자는

각 사업부문의 공장에 조직된 노동조합과 개별교섭을 하면서 특히 도료사업부의 경우 동 사업부에 조직된 하나의 노동조합과의 교섭결과를 도료사업부의 다른 공장에도 동일하게 적용하는 등 이 사건 회사에서는 실질적으로 사업부문별로 다른 형태의 단체협약이 적용되고 있다.

따라서 사업부문간 현격한 근로조건의 차이와 그간의 개별교섭 관행 및 다수의 노동조합이 설립되어 있는 사정을 고려하면 기존의 교섭단위를 유지하여 교섭창구 단일화 절차를 통해 결정된 교섭대표노동조합이 각 사업부문에 퍼져있는 근로자 및 노동조합의 이익을 균형 있게 반영할 수 있다고 보기 어려우므로 도료사업부를 별도의 교섭단위로 분리함이 타당하고, 이와 같은 초심지노위 결정에 위법 또는 월권이 있었다고 볼 수 없다.」

〈교섭단위분리신청을 기각한 노동위원회 사례〉

중노위 중앙2018단위5, 2018.6.4.
「식당업무 담당 무기계약직 및 기간제근로자와 정규직 근로자 간의 근로조건, 고용형태, 개별교섭 관행 등을 고려하면 별도의 교섭단위로 분리할 필요성이 없다.」

❸ 교섭대표노조의 권한과 책임

복수노조하에서 교섭대표노동조합은 단수노조의 노동조합과 동일한 권한과 책임을 보유한다.(노동조합법 제29조의5)
　① 노동쟁의의 정의
　② 교섭권을 위임받은 자의 권한과 상대방에 통지
　③ 교섭등의 원칙
　④ 조합주도 아닌 조합원의 쟁의행위금지

⑤ 노조의 적법쟁의행위 지도 · 관리 · 통제책임

⑥ 쟁의행위에서 필수유지업무 근무근로자의 지명

⑦ 노조의 쟁의행위기간 중의 임금요구금지

⑧ 사용자의 직장폐쇄 개시요건

⑨ 조정위원회의 구성

⑩ 특별조정위원회의 구성

⑪ 노조와 노조로부터 위임받은 자의 단체협약체결 기타 단체교섭거부행위 등의 규정에서의 "노동조합"은 "교섭대표노동조합"으로 본다.

❹ 교섭대표노조의 지위유지기간

교섭대표노조는 앞 쪽에서 본 바와 같이 단체교섭을 진행하고 단체협약을 체결할 권한을 가진다. **한번 교섭대표노조지위를 득하면 2년간 유지된다. 2년간의 기산일은 여러개 단체협약이 있는 경우 유효기간 시작일이 가장 빠른 단체협약 기준으로 그 유효기간 시작일로부터 2년이다.** 고용노동부의 기존 행정해석은 유효기간 시작일이 가장 늦은 단체협약기준으로 2년으로 삼았으나 **대법원 판결 후 행정해석을 변경하였다. 소수노동조합의 교섭권을 폭넓게 보장하기 위함이다.**

📖 변경후 행정해석, 노사관계법제과−101, 2018.1.10.

「같은 날에 유효기간의 시작일이 다른 단체협약과 임금협약을 체결한 경우라면 효력 발생일이 먼저 시작되는 단체협약(임금협약 포함)을 기준으로 교섭대표노동조합의 지위유지기간을 산정하여야 할 것임.」

「같은 날에 유효기간의 시작일이 다른 단체협약과 임금협약을 체결한 경우라면 효력발생일이 나중에 시작되는 단체협약(임금협약 포함)을 기준으로 교섭대표노동조합의 지위유지 기간을 산정하여야 할 것임.」

이 2년 동안은 새로운 노조가 설립됐더라도 유효기간 중에는 사용자에게 교섭을 요구하거나 교섭창구단일화 등을 요구할 수 없다. 회사 내 단체협약들 중 유효기간이 가장 빠른 단체협약 기준으로 만료 3개월 전때부터 교섭을 요구할 수 있다.

❺ 유급전임자(근로시간면제자)와 무급전임자

노동조합의 전임자는 회사로부터 급여를 받는 유급전임자(근로시간면제자)와 무급전임자 두 종류가 있다. **모두 회사업무에서 빠지기 때문에 사용자가 동의를 해야만 전임자가 될 수 있다.** 무급전임자의 급여를 노동조합 재원으로 지급한다 하더라도 사용자의 동의가 있어야 무급전임자가 될 수 있다.

노동조합법 제24조(노동조합의 전임자)제1항
「① 근로자는 **단체협약으로 정하거나 사용자의 동의가 있는 경우에는** 근로계약 소정의 근로를 제공하지 아니하고 노동조합의 업무에만 종사할 수 있다.」

사용자가 동의한 경우, 전임자는 법에 정한 인원과 연간 시간수 안에서 회사로부터 급여를 지급받는다. 근로시간면제자다. 타임오프전임자(time off)라고도 한다. 노사합의서로 체결한다.

고용노동부고시 제2013-31호, 2013.6.25.

1. 조합원 규모별 근로시간면제 한도

조합원 규모	시간 한도	사용가능인원
99명 이하	최대 2,000시간 이내	• 조합원수 300명 미만의 구간: 파트타임으로 사용할 경우 그 인원은 풀타임으로 사용할 수 있는 인원의 3배를 초과할 수 없다.
100명~199명	최대 3,000시간 이내	
200명~299명	최대 4,000시간 이내	
300명~499명	최대 5,000시간 이내	
500명~999명	최대 6,000시간 이내	
1,000명~2,999명	최대 10,000시간 이내	• 조합원수 300명 이상의 구간: 파트타임으로 사용할 경우 그 인원은 풀타임으로 사용할 수 있는 인원의 2배를 초과할 수 없다.
3,000명~4,999명	최대 14,000시간 이내	
5,000명~9,999명	최대 22,000시간 이내	
10,000명~14,999명	최대 28,000시간 이내	
15,000명 이상	최대 36,000시간 이내	

＊ '조합원 규모'는 「노동조합 및 노동관계조정법」 제24조제4항의 '사업 또는 사업장'의 전체 조합원 수를 의미하며, 단체협약을 체결한 날 또는 사용자가 동의한 날을 기준으로 산정한다.

2. 노동조합의 지역분포에 따른 근로시간면제한도 할증

대상	추가 부여 되는 근로시간면제 한도	
	광역자치단체 개수	시간
• 전체 조합원 1,000명이상인 사업 또는 사업장	2~5개	(사업 또는 사업장 연간 근로시간면제 한도)×10%
	6~9개	(사업 또는 사업장 연간 근로시간면제 한도)×20%
	10개 이상	(사업 또는 사업장 연간 근로시간면제 한도)×30%

＊ 광역자치단체 개수 산정기준
① 광역자치단체는 지방자치법 제2조제1항제1호에 따른 특별시, 광역시, 특별자치시, 도, 특별자치도를 말한다.
② 광역자치단체의 개수는 해당 사업 또는 사업장의 전체 조합원 5% 이상이 근무하는 것을 기준으로 산정한다.

2019년 3월 현재 광역자치단체수는 17개다. 부산, 울산, 창원처럼 인근 거리이고 같은 도에 각각 사업장이 있어도 각각 광역자치단체이기 때문에 3개 시·도(부산, 울산, 경남)를 구분하여 각 광역자치단체에 소속된 사업장의 조합원이 각5%이상인지를 따진다. 하지만 수원, 화성, 평택처럼 가까이 있는 시라도 이들의 광역자치단체는 경기도 하나이기 때문에 이 3개 시의 조합원 합이 5%가 넘어야 한다.

❻ 근로시간면제자의 유급업무범위

노사현장에서 해석상 다툼이 많은 대목 중의 하나다. 대체로 이견이 없는 업무들은 사용자와의 단체교섭, 협의(노사협의회, 사내복지기금, 노사공동위원회 등), 고충처리, 산업안전활동(안전보건위원회, 작업환경측정, 건강진단 등), 노사공동워크숍 등이다. 단체교섭의 경우 단체교섭 진행시간과 앞뒤 1~2시간 정도를 유급으로 인정해 주는 것이 보통이다.

그 외 노사관계의 건전한 발전을 위한 노동조합의 유지·관리업무에 소요되는 시간(노동조합법 제24조제5항)이 있다. 노동조합유지에 필수적인 조합원 총회나 대의원대회, 이에 준하는 활동시간으로서 합리적인 범위 내에서 설정해야 한다.

근로시간면제한도 매뉴얼, 고용노동부, 2010.6. 30쪽

「근로시간 면제자로 지정되지 않은 조합원의 총회, 대의원회, 임원선거 등 노조 활동은 근무시간 외에 하여야 함. 다만 노사가 합리적 수준에서 단체협약으로 달리 정하는 것이 가능하나 부당노동행위에 해당하는 사례가 발생할 수 있으므로 구체적인 양태와 유급처리 수준에 따라 개별적으로 판단해야 함.」

즉, 합리적 이유 없는 과도한 시간설정은 위법의 소지가 있다는 의미다.

📖 **노사관계법제과-698, 2010.9.8**

「근로시간면제자로 지정되지 않은 노조간부 및 일반 조합원의 조합활동은 근무시간외에 하거나 근무시간중에 할 경우 무급이 원칙임. 근무시간 중의 유급 조합활동은 사유·횟수·시간 등을 정해 놓고 합리적 범위 내에서 인정되어야 함. 단체협약에 포괄적으로 열거하고 횟수나 시간 등을 정하지 않아 합리성이 결여된 경우 근로시간면제제도 취지에 어긋나므로 유효성을 인정하지 않을 수 있음.」

❼ 복수노조일 땐 근로시간면제한도를 공정하게 배분

복수노조하에서는 **사용자는 물론 노동조합도 공정대표의무가 주어진다. 노조들 간에 차별을 두어서는 안 된다.**(노동조합법 제29조의4). 차별을 받았다고 생각하는 노동조합은 차별행위가 있은 날로부터 3개월 이내에 노동위원회에 그 시정을 신청할 수 있다.(동법 시행령 제14조의12)

사용자와 교섭대표노동조합은 근로시간면제한도도 각 노조들에게 공정하게 배분해야 한다.

📖 **서울행법2018구합2483, 2018.8.30.**

「A노조에게만 관계 법령에 따른 한도를 초과하는 근로시간면제를 부여하고 B노조에게는 근로시간면제를 배분하지 않은 행위는 지배·개입의 부당노동행위에 해당한다.」

부당노동행위죄(노동조합법 제81조)는 사용자에게만 적용되는 법규다.

중노위2014공정38, 2015.2.9.

「교섭창구 단일화 후 근로시간면제를 소수노조에 배분하지 않고 교섭대표노조가 장기간 독점 사용한 것은 공정대표의무 위반이다.」

❽ 근로시간면제자에게 과도한 급여지급은 부당노동행위

근로시간면제자로 합의가 되면 사용자는 **그가 정상근로시 받던 급여수준은 보장해야 한다.** 실제 연장근로나 휴일근로를 하지 않게 되더라도 정상근로시 받아왔던 초과근무수당들이 있다면 이 급여도 보전해주어야 한다. **그러나 과도하게 지급하는 경우 부당노동행위가 될 수 있다.** 노동조합이나 해당 근로시간면제자가 원했어도 그러하다.

중노위 중앙2016부노140,146, 2016.10.12.

「이 사건 사용자는 고용노동부장관의 고시에서 정한 근로시간면제한도(총 6,000시간)에 따라 신청 외 노동조합들의 임원들에게 이미 근로시간면제한도 6,000시간을 모두 부여하고 있음에도 불구하고, 이와는 별개로 신청 외 노동조합들의 근로시간면제자들에게 **고정연장근로수당(연장근로수당 및 휴일근로수당) 및 직책수당을 지급하고 있는바,** 이를 포함할 경우 이 사건 사용자에게 노동조합 및 노동관계조정법상 허용된 **근로시간면제한도를 초과(533시간 초과)한 것이 되므로 이는 같은 법 제81조제4호 및 그 단서에서 허용된 범위를 벗어난 부당노동행위에 해당**한다고 할 것이다.

이 사건 사용자는 이들 근로시간면제자들에게 지급된 고정연장근로수당 및 직책수당에 대해 이들 근로자들이 실제 현장에서 근로를 제공하고 있고, 그 금액도 사업장의 통상적인 급여지급기준을 토대로 정한 것이라고 주장하나, 근로시간면제자가 근로시간면제시간(근로시간부분 면제자의 경우에는 근로시간면제시간과 현장업무시간을 포함한 시간)을 제외한 시간에 실제 고정적 활동을 수행하였다는 입증도 없고, 그 금액도 이 사건 회사 내에서의 직책에 따른 것이 아닌 노동조합 내에서의 직책에 따라 순차적으로 차이를 두도록 정하고 있는 것을 감안하면, 이러한 사용자의 주장은 타당성이 있다고 볼 수는 없을 것이다.

따라서 근로시간면제한도를 초과하여 지급한 고정연장근로수당과 직책수당은 지배 · 개입의 부당노동행위에 해당한다.」